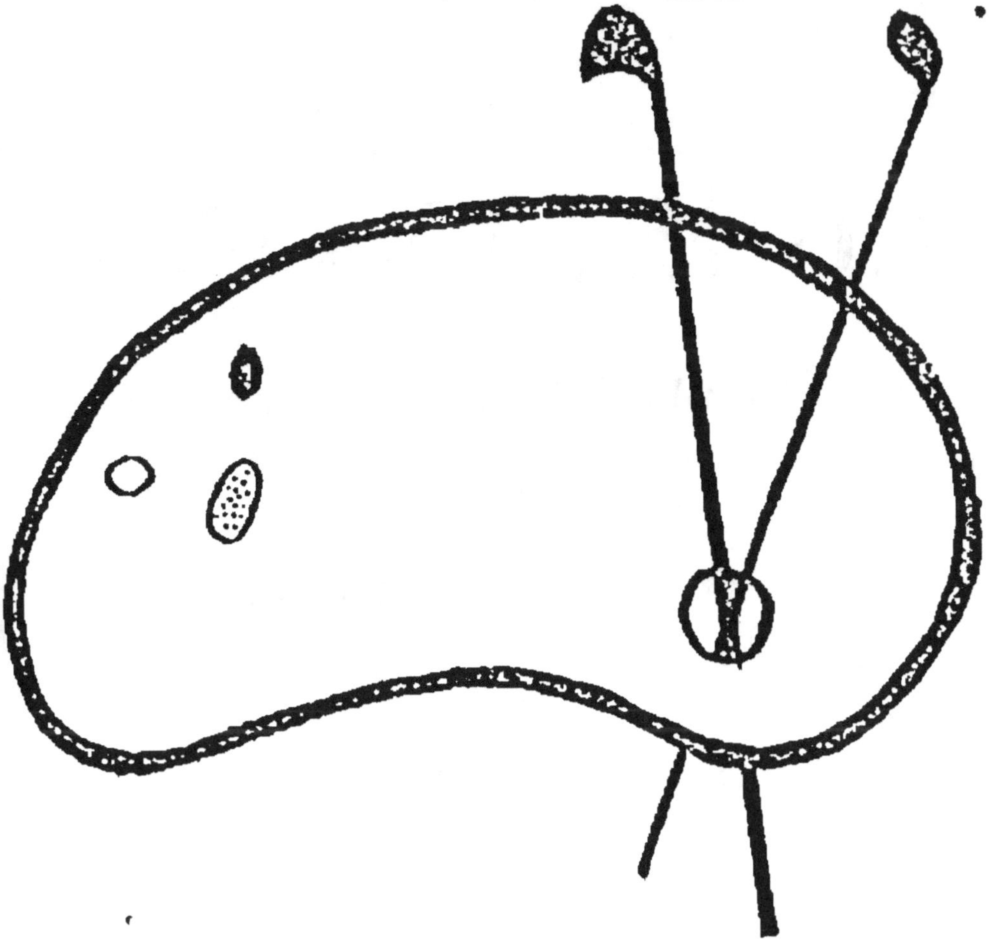

COUVERTURE SUPERIEURE ET INFERIEURE
EN COULEUR

SOUVENIRS

DE

CONSTANTINE

Journal d'un Lieutenant du Génie

RÉDIGÉ EN 1838-39

ET COORDONNÉ EN 1893

PAR

le Général Ch. CADART

PARIS

LIBRAIRIE DE FIRMIN-DIDOT ET CIE

IMPRIMEURS DE L'INSTITUT, RUE JACOB, 56

TYPOGRAPHIE FIRMIN-DIDOT ET Cⁱᵉ. — MESNIL (EURE).

SOUVENIRS

DE

CONSTANTINE

TYPOGRAPHIE FIRMIN-DIDOT ET Cⁱᵉ. — MESNIL (EURE).

SOUVENIRS

DE

CONSTANTINE

Journal d'un Lieutenant du Génie

RÉDIGÉ EN 1838-39

ET COORDONNÉ EN 1893

PAR

le Général Ch. CADART

PARIS

LIBRAIRIE DE FIRMIN-DIDOT ET Cⁱᵉ

IMPRIMEURS DE L'INSTITUT, RUE JACOB, 56

1894

AVANT-PROPOS

Lorsqu'à la fin d'une vie bien remplie, on voit le vide se faire peu à peu autour de soi et qu'on est arrivé à un âge auquel l'avenir n'appartient plus, on aime à regarder en arrière et à invoquer le passé. Telle est ma situation. Aussi ai-je relu dernièrement avec plaisir des notes écrites dans la province de Constantine, en 1838 et 1839, au début de ma carrière militaire.

Cette lecture a été pour moi d'un grand intérêt. Des choses et des faits, qui ne m'apparaissaient plus que comme des rêves, sont redevenus des réalités saisissantes. J'ai revécu, pour un instant, de cette vie de hasards et de privations qui m'avait laissé de si piquants souvenirs.

Je pense que ces notes, bien qu'elles datent de plus d'un demi-siècle, auront quelque intérêt pour ma famille, et j'ai pris plaisir à les coordonner. Je n'avais aucune intention de les livrer à la publicité; mais on m'a fait remarquer qu'elles pouvaient aussi intéresser les jeunes officiers et les personnes qui s'occupent de l'Algérie. Je persiste à penser que le présent travail a surtout un caractère intime, mais je cède à cette observation, un peu trop flatteuse peut-être, et j'affronte la publication en demandant pour elle bon accueil.

Je ne me dissimule pas que cette publication tiendra une bien modeste place, parmi tant d'ouvrages remarquables écrits sur l'Algérie par des hommes plus compétents. J'aurai, du moins, apporté ma petite pierre à l'édifice.

Ce travail se compose de douze chapitres et d'un appendice renfermant les documents qui n'auraient pu être intercalés dans le récit sans trop l'alourdir.

SOUVENIRS DE CONSTANTINE

CHAPITRE PREMIER.

VOYAGE DE PARIS A TOULON.

Mes débuts. — Départ de Metz, puis de Paris. — Incidents de voyage. — Dijon. — Descente de la Saône en bateau à vapeur. — Lyon. — Descente du Rhône. — Saint-Péray. — Un officier de chasseurs d'Afrique. — Pont-Saint-Esprit. — Avignon. — Histoire de brigands. — Aspect de la Provence. — La mer. — Marseille, anecdotes. — De Marseille à Toulon. — Cuges. — Gaspard de Besse. — Gorges d'Ollioules. — Toulon, le port et l'arsenal. — Des forçats.

Comment est-il arrivé que, moi, qui ai toujours été convaincu que la vie la plus heureuse était celle qu'on peut passer au milieu des siens, jouissant des mêmes joies et partageant les mêmes chagrins; comment est-il donc arrivé que j'aie adopté la carrière militaire, laquelle, pour être convenablement suivie, entraîne le renoncement à la vie de famille?

La réponse à cette question est facile.

Ce sont des circonstances, indépendantes de ma volonté, qui déterminèrent pour moi, comme pour beaucoup d'autres jeunes gens, la profession que j'embrassai.

Admis en 1832 à l'École polytechnique, je travaillais, comme une grande partie de mes camarades, avec le désir d'entrer, à ma sortie, dans une carrière civile. J'ai manqué mon but, mon numéro de sortie m'a classé dans le génie militaire.

J'allai sans enthousiasme à l'École d'application d'artillerie et du génie. Mais j'étais émancipé, la chose est flatteuse pour un jeune homme! Ma solde était modique, il est vrai, mais je pouvais me suffire à moi-même. L'appétit vient en mangeant, dit-on; eh bien! à l'user, les goûts militaires me vinrent. Je me trouvais dans une situation honorable et suffisante, dans une voie toute tracée, qui devait aboutir à un avenir assuré. Je n'hésitai pas à continuer à suivre cette voie. A ma sortie de l'École, j'entrai dans le

3ᵉ régiment du génie à Metz; c'est là que, en 1838, après une année passée, à ma grande satisfaction, dans ce régiment, je reçus l'ordre d'aller remplir les fonctions de mon grade de lieutenant dans une compagnie détachée à Constantine. C'était six mois après la prise de cette ville. La province était loin d'être pacifiée. Il y avait donc quelques hasards à courir, ce qui ne me déplaisait pas.

Je n'avais pas sollicité ce déplacement. Dans ma longue carrière militaire, j'ai toujours eu pour principe de ne jamais rien demander et de faire tout ce qui m'était ordonné. Je reçus, d'ailleurs, l'avis de mon changement de résidence sans grand enthousiasme, parce qu'il m'éloignait de ma famille, mais avec un certain intérêt de curiosité et bien décidé à faire consciencieusement mon devoir.

L'époque de mon départ de Metz coïncidait avec l'envoi à Montpellier d'un détachement du 3ᵉ régiment : on aurait pu me charger de la conduite de ce détachement; mais je fus assez heureux pour échapper à cette corvée et pour obtenir une permission de vingt jours, dont je profitai pour voir à Reims ma famille, et à Paris un excellent oncle, frère de ma mère, qui m'avait donné maintes preuves d'intérêt et d'attachement.

Je partis de Paris en *diligence* le 29 avril 1838, et il me fallut plus de trois jours pour arriver à Châlon-sur-Saône. Je me vois encore dans la cour des Messageries Laffitte et Caillard, lieu témoin de tant de départs et de tant d'arrivées, arrosé de tant de larmes. J'étais fortement ému. Ma pauvre tante, qui avait bien voulu m'accompagner, pleurait à chaudes larmes. Ce fut un cruel déchirement.

La route suivie par la diligence fut tout autre que celle que je pensais devoir parcourir. Nous passâmes par Nangis, Provins, Nogent-sur-Seine, Troyes, Châtillon-sur-Seine pour arriver, sans aucun incident qui mérite d'être cité, à Dijon, le troisième jour, à neuf heures du matin.

Je n'étais pas d'humeur à prendre une grande part aux conversations de mes compagnons de voyage.

L'orateur était un M. de V***, ancien officier de l'empire, alors propriétaire à Carpentras. Un sergent-major de vétérans, en retraite, qui me faisait vis-à-vis, lui donnait la réplique. Il quittait Poissy, lieu de résidence de sa compagnie

et allait, avec sa femme, s'établir dans son pays
(la Bresse). Madame était Corse et tout naturellement de la famille du grand empereur, — les
Corses ne sont-ils pas tous plus ou moins parents
de Napoléon? — L'union de ces deux époux,
pour être un peu *originale* dans ses manifestations, n'en était pas moins touchante. Ils étaient
tous deux bien portants et destinés à jouir longtemps de la modeste pension que le sergent-
major avait obtenue pour prix de ses nombreux
et loyaux services. Il fallait entendre l'énumération et l'exposé détaillés de leurs projets!

Notre compartiment était complété par deux
personnages muets. Un Dijonnais, devenu habitant de Nantes, et sa fille, jeune personne de
quinze à seize ans, qu'il allait présenter à ses
parents de Dijon.

Ce fut donc un duo que j'entendis pendant
presque toute la durée de cette première partie
de mon voyage. Duo parfois très piquant! L'officier parlait surtout des campagnes et des généraux du premier empire. Quant au sergent-
major, il savait tout, il avait tout vu, il avait été
partout, même en Algérie. — Il avait commencé
sa carrière dans la marine, comme aspirant. —
Ces anciens sous-officiers vous ont un aplomb,

une façon de s'exprimer tout à fait originale. Leur manière d'être est un peu exagérée dans les vaudevilles. C'est leur charge qu'on met en scène! On peut se demander s'il ne vaudrait pas mieux les représenter au naturel.

Grâce à M. de V***, j'ai pu passer, sans ennui, les trois heures de séjour qui me furent imposées à Dijon.

Nous parcourûmes ensemble la ville dans tous les sens; nous visitâmes le musée, installé dans le palais des ducs de Bourgogne et qui renferme deux tombeaux très remarquables. Je ne crois pas en avoir vu de plus beaux, même à Saint-Denis.

Nous avions la bonne fortune d'être à Dijon le 1er mai, jour de la fête du roi; aussi nous ne manquâmes pas d'assister à la messe solennelle qui fut célébrée dans l'église Notre-Dame, à cette occasion. Les officiers de la garnison, la cour royale, le tribunal, en un mot toutes les autorités, y assistèrent en grand costume. On y fit de bonne musique.

Je regrette que la cérémonie m'ait empêché d'examiner attentivement cette église, qui présente un assemblage heureux du style grec et du style gothique; sa voûte était d'ailleurs en réparation. Mais nous avons pu visiter à loisir la cathédrale, l'église Saint-Bénigne, qui est un édifice des plus remarquables.

Nous nous rendîmes sur le port, puis au jardin botanique, qui présente beaucoup d'intérêt.

Dans une promenade qui se trouve à proximité et qui fut autrefois consacrée au tir de l'arquebuse, on voit un orme gigantesque. C'est certainement un des plus beaux arbres que j'aie vus de ma vie. Il est probable qu'il est un de ceux qui ont été plantés dans toutes les communes de France au temps de Sully.

A six heures du soir, nous montions en diligence pour arriver à Châlon à trois heures du matin. Nous nous rendîmes immédiatement sur le quai de Saône pour prendre le bateau à vapeur conduisant à Lyon.

A quatre heures, nous étions partis.

C'est une bien douce manière de voyager que celle de descendre une rivière en bateau à vapeur. A ma grande satisfaction, une partie notable de mon voyage en France s'est faite ainsi. Pendant la première journée, je suis presque toujours resté sur le pont du bateau. C'est à peine si j'ai pu m'arracher à la contemplation du paysage qui se déroulait devant nous pour aller prendre un déjeuner, que M. de V** avait bien voulu faire préparer.

J'avais quitté Paris par une température encore assez froide, *le* 29 *avril;* la verdure commençait à peine à se montrer; mais sur les rives de la Saône la végétation était déjà en pleine activité.

Nous avons passé successivement en revue Tournus, Mâcon, Villefranche, Trévoux et Neuville. Puis bientôt le voisinage d'une grande ville (Lyon), s'annonça d'une façon non équivoque. La rivière était encaissée, et sur les collines de droite et de gauche, s'élevait une série de maisons de campagne, entourées d'une verdure splendide.

En général, les maisons n'étaient pas dignes de leur cadre. La plupart m'ont paru construites avec beaucoup de prétention, leur aspect était plutôt bizarre qu'élégant : ce sont les œuvres de commerçants enrichis, peu artistes et désireux de faire de l'effet. Ils avaient voulu donner à des baraques l'apparence de châteaux.

Nous arrivâmes au quai de débarquement vers deux heures de l'après-midi, loin encore du centre de la ville. Après une querelle avec les portefaix qui voulaient, malgré notre résistance, s'emparer de nos malles, après une longue station dans le bureau d'inspection de la douane et une course d'une demi-heure, nous arrivâmes enfin sur la place Bellecour et bientôt à l'hôtel de Provence, où nous devions descendre; il était plus de trois heures.

Mon compagnon de voyage, qui connaissait la ville, voulut bien m'en faire les honneurs jusqu'au dîner. Il n'y a aucun intérêt à parler ici des choses que j'ai visitées en sa compagnie; elles sont trop connues. Je me contenterai de dire que la ville de Lyon est fort remarquable, surtout par son assiette. Elle est très montueuse dans certaines parties. Là, les maisons, bâties en amphithéâtre les unes au-dessus des autres, sont d'un aspect tout à fait original. Nous rentrâmes à l'hôtel en suivant le quai de la rive droite du Rhône, que bordent de fort belles maisons et un grand nombre d'édifices publics; mais il paraît mort, tandis que le quai de Saône est couvert de boutiques et a un air animé qui plaît.

Nous fîmes traîner notre dîner en longueur. La nuit vint. Fatigués par trois nuits passées en diligence, nous nous mîmes au lit à huit heures. Du reste, nous devions nous trouver le lendemain à quatre heures du matin à l'extrémité de la ville pour prendre le bateau du Rhône.

A l'heure indiquée, nous mettions le pied sur le pont du bateau. La machine chauffait depuis longtemps. Les voyageurs accouraient en foule. L'équipage se préparait au départ.

Bientôt l'impulsion fut donnée, puis le mouvement, d'abord lent, s'accéléra.

Que ce voyage de Lyon à Avignon présentait d'agrément et d'intérêt! Quel beau fleuve que le Rhône! Qu'il a de majesté et de grandeur!

A gauche, nous avions une vallée superbe; à droite, nous longions les montagnes rocheuses du Vivarais, si remarquables en sites variés. Dans ce pays, la culture témoigne de l'infatigable activité des habitants. Il n'est pas de petite crevasse qui ne soit cultivée; des murs de soutènement, en pierres sèches, sont établis par étages pour empêcher les terres de descendre dans le fleuve. Sur les espaces conquis sont plantées des vignes, cultivées avec le plus grand soin. Ici, l'homme lutte, corps à corps, avec la nature et il est toujours vainqueur. On voit des récoltes abondantes là où l'on ne devrait rencontrer que des rochers arides; mais que de persévérance ne faut-il pas aux laborieux habitants de ces campagnes! Souvent un orage détruit leurs travaux de plusieurs années. Les eaux se frayent un passage à travers les murs de soutènement, les renversent, et les terres, apportées avec tant de peines et de fatigues, sont entraînées dans le fleuve. Malgré ces accidents et de bien nombreuses chances d'insuccès, l'opiniâtreté des vignerons surmonte les obstacles. Les murs renversés sont relevés : aux terres entraînées sont substituées d'autres terres et le désastre est bientôt réparé. C'est à cette persévérance infatigable qu'on doit la belle végétation qui couvre ces pentes rapides.

Ces montagnes sont encore intéressantes à un autre point de vue : elles abondent en sites pittoresques. C'est le pays des ruines du moyen âge. A chaque instant, on aperçoit de vieux châteaux démantelés, fièrement campés sur des rochers escarpés comme d'immenses nids d'aigle. Il en est qui paraissent tellement inaccessibles qu'on douterait presque qu'il fût possible d'y arriver. J'ai remarqué entre autres le château de Crussol, situé au-dessus de Saint-Péray, qui se dresse vers le fleuve, armé de deux tours comme de deux cornes menaçantes : c'est d'ailleurs sous ce nom que ces tours sont désignées par les habitants du pays. Lorsqu'ils sont loin de leur village, ils désirent revoir ces cornes qui leur sont si chères et les réclament avec instance. Le rocher sur lequel le château de Crussol est bâti est maintenant exploité comme carrière de pierres. Il est à craindre que cette belle ruine ne disparaisse. L'intérêt de l'exploitant déterminerait, cette fois encore, un acte de vandalisme.

La plupart des villes et des villages qui bordent le Rhône présentent aussi des points de vue remarquables : Vienne, Tournon, Valence, etc., sont admirablement situées.

Valence me rappelle un officier de chasseurs d'Afrique, dont le régiment était à Oran. Il avait pris le bateau au départ de Lyon. Nous eûmes bientôt fait connaissance, et je trouvai en lui et en sa femme d'aimables compagnons de voyage. Je profitai de la complaisance de cet officier pour lui faire une multitude de questions sur l'Algérie. Il était heureux d'y avoir fait un long séjour, et il était plus heureux encore d'y retourner. Il touchait au terme d'un congé de convalescence, obtenu à la suite d'un accident terrible, dont il avait failli être victime. Dans une poursuite des Arabes, il avait fait, à cheval, une chute du haut d'un escarpement de plus de 20 pieds. Le cheval était resté sur place et le cavalier avait été grièvement blessé.

Dans mon ignorance complète de la vie qu'on pouvait mener en Algérie, j'étais loin de supposer qu'il pût y emmener cette jeune femme, à peine mariée. Je hasardai quelques réflexions dans ce sens. Quel ne fut pas mon étonnement lorsque j'appris qu'elle était fort contente de suivre son mari à Oran, où elle trouverait des amis et même un parent !

Notre voyage sur le Rhône continua avec la même rapidité et le même plaisir. Nous ne nous lassions pas d'admirer les nouveaux sites et les nouveaux points de vue qui se déroulaient sous nos yeux. La végétation paraissait de plus en plus avancée. Moi qui venais pour la première fois dans le midi de la France et qui avais quitté Paris depuis trois jours seulement, Paris où le froid se faisait encore sentir, où il gelait blanc toutes les nuits, je ne pouvais croire à un tel changement.

Bientôt on nous annonça le pont Saint-Esprit. C'est le seul pont en pierre qu'on trouvait sur le Rhône depuis Lyon. En revanche, les ponts en fer y sont très multipliés. Ils sont, en général, fort élégants et construits sur le même modèle, comme ceux de la Saône, d'ailleurs.

On nous prévint que le passage du pont Saint-Esprit offrait quelque danger. Là, le Rhône est très rapide et l'arche sous laquelle devait passer le bateau était de dimension à peine suffisante, les bateaux employés à cette époque étant des bateaux à aubes; aussi prend-on, à quelque distance au-dessus du pont, un pilote du pays.

Ce passage du pont Saint-Esprit se fait avec une certaine solennité : autrefois, avant de l'entreprendre, équipages et passagers faisaient une prière en commun. En 1838, la prière était abandonnée; mais on n'en prenait pas moins certaines précautions : ainsi le pilote fait arrêter la machine, afin de ne pas laisser au bateau une vitesse indépendante de celle du courant. Les passagers doivent se placer de manière à lui laisser la vue libre dans toute l'étendue de l'axe du bâtiment. Le silence est expressément recommandé. Le bateau passe comme un trait. Si l'on se retourne, on voit le pont déjà bien loin. Ses arches sont au nombre de dix-sept; on passe sous deux d'entre elles seulement : l'une vers la rive droite, l'autre vers la rive gauche. Le pont Saint-Esprit présente cette particularité curieuse : son tablier ne repose que sur l'extrados des voûtes.

J'ai appris postérieurement à ce voyage qu'avant 1830, on courait sur le Rhône, à la hauteur de Valence, un danger assez sérieux. Il se trouvait, au milieu du fleuve, un rocher vers lequel le courant se dirigeait et, par de grandes eaux, on avait grand'peine à empêcher les bateaux de s'y heurter.

Quelques-uns y avaient péri corps et biens. Pour remédier, autant que possible, à ce danger, une certaine quantité de petits batelets stationnaient en aval de cette roche, prêts à porter secours aux naufragés. Aujourd'hui, des travaux de pétardement ont débarrassé le lit de la rivière de ce dangereux obstacle.

Peu de temps après le passage du pont Saint-Esprit, nous aperçûmes la cime couverte de neige du mont Ventoux et nous ne la perdîmes pas de vue jusqu'à Avignon, où nous arrivâmes vers six heures du soir. Le bateau continuait sa route jusqu'à Beaucaire, mais passait la nuit à Avignon : nous le quittâmes pour gagner du temps.

Il fallut repousser un nouvel assaut des portefaix; j'en trouvai cependant un, plus raisonnable que les autres, qui porta immédiatement mes bagages au bureau d'une diligence, partant à huit heures du soir pour Marseille.

Je profitai du peu de temps dont je pouvais disposer pour risquer une reconnaissance dans la ville. Sur les bords du Rhône, l'ancienne enceinte subsiste : c'est un mur d'une vingtaine de pieds de hauteur, crénelé à son sommet et flanqué de distance en distance de tours carrées. La partie supérieure du mur fait saillie dans toute sa longueur : ce qui semble indiquer l'existence de mâchicoulis. J'ai visité l'église Notre-Dame des Doms, qui ne m'a paru remarquable que par sa disposition intérieure, toute différente de celle des églises du Nord, et surtout par une profusion d'ornements et de peintures à tons chauds. Des rideaux rouges, qui garnissaient les fenêtres, donnaient à tous les objets une teinte d'un effet singulier, mais agréable.

Dans une autre église d'une moindre importance, j'ai trouvé le même caractère et les mêmes rideaux ; mais, en même temps quelque chose de bizarre, je dirai presque de repoussant. De chacun des piliers de la nef sortent perpendiculairement, à une hauteur d'environ $2^m,50$ au-dessus du sol, des bras nus peints d'une couleur rouge-sang, qui tiennent chacun un candélabre supportant un cierge. L'effet est déplorable.

A Avignon, on traverse le Rhône sur un pont supporté par des piles en charpente. Il est placé en aval d'un pont en pierre non terminé. Au milieu de la rivière se trouve sur ce dernier une petite chapelle. Je me suis demandé, sans pouvoir trouver de réponse satisfaisante, sur lequel des deux on dansait tout en rond!..

Nous quittâmes Avignon à l'heure convenue; je trouvai dans la voiture un chirurgien-major, qui se rendait à Toulon, son pays natal. Sa société me fut très agréable et très utile. Bientôt nous arrivâmes sur les bords de la Durance. C'était pour l'instant un assez faible cours d'eau coulant dans un ravin très large et assez profond; mais vienne la fonte des neiges, ou un orage abondant, et cet immense ravin ne pourra plus contenir les eaux qui se précipiteront avec fracas dans la plaine, détruisant et emportant avec furie tout ce qu'elles rencontreront. On avait commencé, à peu de distance d'Avignon, la construction d'un pont sur cette rivière. Les précautions les plus grandes avaient été prises pour assurer sa solidité. Survint une crue, et le pont presque terminé fut détruit. Les culées elles-mêmes furent transportées au loin à la grande satisfaction des paysans, qui pensaient que les piles du pont, en rétrécissant le lit du torrent, augmenteraient les dégâts produits par les inondations.

Vers deux ou trois heures du matin, nous étions à proximité du bois des Taillades où, quelque temps auparavant, pendant la même nuit, trois diligences avaient été arrêtées par des bandits, qui avaient dévalisé les voyageurs.

On ne peut se dissimuler que l'endroit est très propice aux expéditions de ce genre. Une campagne déserte, hérissée de rochers; sur la route. une montée très rapide qui, ne pouvant être franchie qu'au petit pas des chevaux, exige plus d'une heure. Il est vrai que, depuis cette époque, on a pris soin de détruire le bois qui longeait la route et qui fournissait d'excellentes embuscades aux bandits. Je dois avouer que je n'étais pas tout à fait rassuré. Qu'aurait-on pu faire si la diligence avait été attaquée? Personne n'était armé que moi, et encore à quoi aurait pu me servir l'épée que je portais, enfoncé, comme je l'étais dans une étroite voiture, où tout mouvement m'était interdit?

J'ignorais d'ailleurs qu'un corps de garde

avait été établi près du lieu témoin de ces méfaits et qu'un certain nombre de védettes observaient la route.

Il me tardait que le jour parût. Je désirais beaucoup examiner cette Provence dont les uns ont dit tant de bien et les autres tant de mal. Je fus bientôt convaincu que ces jugements contradictoires étaient la conséquence d'un malentendu. Ils s'expliquaient aisément; car, dans cette contrée, d'immenses espaces sont hérissés de rochers et par conséquent dénués de toute espèce de végétation, tandis que sur d'autres points la terre végétale abonde, d'où une végétation luxuriante et par suite de charmantes villas. Entre Aix et Marseille, les lieux incultes sont en grande quantité. Et on a profité de cette circonstance pour y établir de nombreuses fabriques d'acide sulfurique. On est sûr que les vapeurs d'acide sulfureux, qui sont le produit de cette fabrication, ne nuiront ni aux plantes ni aux hommes.

Bientôt nous fûmes à peu de distance de Marseille. Je n'avais point encore vu la mer et je brûlais de la voir. A chaque instant je mettais la tête à la portière. Elle se présenta enfin avec une belle couleur bleu foncé, semblable à un immense lac couvert d'une multitude de petites barques et sillonnée de grands navires qui s'avançaient majestueusement, toutes voiles déployées. Quel spectacle! Peu de temps après, nous étions entourés des bastides qui forment en quelque sorte une ceinture à la grande ville. Nous étions au mois de mai, les chaleurs ne s'étaient point encore fait sentir et la verdure d'où elles émergeaient formait un encadrement ravissant.

Parlerai-je de l'effet que la vue de Marseille, cette ville si belle et si riche, a produit sur moi? Quel vaste port! Quelle affluence de navires de tous pays! Toute la surface du bassin est couverte de vaisseaux; c'est à la lettre. J'ai passé douze heures à Marseille et je suis resté plus de la moitié de ce temps sur le port. J'admirais le spectacle qu'il présente. Quelle vie! Quel mouvement! Mais aussi quel ordre! Les navires sont rangés par catégories : là sont ceux chargés de blé; ici on débarque du coton; là du soufre, etc.

Pour qui verrait ce port à l'échelle de $\frac{1}{10.000}$ il produirait l'effet d'une fourmilière. Les mouvements se font dans toutes les directions, sans jamais se nuire et s'embarrasser.

Ajoutez à cela l'intérêt avec lequel examine un

navire celui qui en voit pour la première fois. Un navire, cette machine si compliquée et si simple tout à la fois, que le moindre effort met en mouvement, qui peut changer de direction au moindre geste de celui qui commande. C'est un coursier docile dont le gouvernail est le mors gigantesque. Que l'homme est grand sur un navire!

C'est en vain que la nature a séparé les diverses parties du monde par des mers immenses, abîmes profonds, bouleversés par d'effrayantes tempêtes. L'homme a surmonté ces obstacles. Que dis-je? l'obstacle lui-même est devenu pour lui le plus puissant moyen de communication, surtout depuis qu'on emploie dans les navires la force de la vapeur comme moteur.

Marseille est une ville fort agréable, très populeuse et très animée. C'est avec raison que les habitants vantent leur Cannebière, leur cours (prononcez *course*) et leurs allées de Meilhan.

Elle a pris un accroissement considérable depuis la prise d'Alger. On a bâti de nouveaux quartiers et on en bâtit encore. Ces nouvelles constructions sont, en général, fort élégantes et bien entendues.

Je me demande si les Marseillais ont le goût

des arts. Ils admirent les statues lourdes et grossières de leur hôtel de ville et l'arc de triomphe qu'on leur construit, monument dans lequel les détails de sculpture ne m'ont pas paru d'un heureux effet. C'est un peuple de négociants qui ne vit et ne respire que pour le commerce.

La vie des Marseillais se résume en ceci : Aller à la Bourse le matin, donner de la besogne à leurs commis, dîner et passer la soirée au spectacle. La Bourse se tenait à l'entrée de la rue Saint-Ferréol et sur la place adjacente. La foule qui s'y pressait était tellement compacte et serrée, qu'il eût été au-dessus des forces humaines de se frayer un passage à travers cette agglomération. Cette séance de Bourse est indispensable à la vie de tout négociant.

A l'époque dont je parle, aucun militaire n'était reçu à Marseille dans la société, lors même qu'il y aurait pris naissance. Le chirurgien-major, mon compagnon de voyage, m'a raconté le fait qui a donné lieu à cet exclusivisme. Il remonte à quelques années.

Un jeune militaire avait inspiré une passion très vive à une jeune fille de la ville. Celle-ci fut demandée en mariage par un habitant de

Marseille et la demande favorablement accueillie par les parents. Dans un bal, où se trouvait aussi l'officier, le prétendu fit, comme c'était son droit, une cour assidue à la demoiselle; l'officier s'en aperçut; une querelle s'ensuivit. L'affaire, bien qu'elle n'ait pas eu de suites, s'ébruita et le mariage fut rompu. Le père, qui était un homme très influent, réunit ses amis, et il fut convenu que, pour éviter semblables aventures à l'avenir, on ne recevrait plus aucun militaire dans la société. On profita du départ du régiment pour mettre à exécution cette convention, qui depuis a été rigoureusement observée.

De Marseille à Toulon, il n'y avait pas de service de voiture organisé. Nous ne pûmes trouver qu'une mauvaise patache, équipée pour ainsi dire à nos frais, et traînée par trois mauvaises rosses. Mon camarade et moi nous occupions le coupé. Nous partîmes à sept heures du soir. Il faisait un temps splendide. En sortant de la ville, la route était, comme toujours, blanche et couverte d'une épaisse couche de poussière; à droite et à gauche, se succédaient de nombreuses bastides avec leurs jardins et leurs bosquets.

Au delà du rayon des bastides ce fut la campagne de Provence, aride et hérissée de rochers; le pays était très accidenté. Bientôt nous arrivâmes à Aubagne, petite ville assez jolie dont les habitants passent pour des joueurs effrénés. De montées en montées nous atteignîmes un endroit très pittoresque, renommé par les brigandages qu'y commit pendant ces dernières années la bande du trop fameux Gaspard de Besse.

Pour épargner quelque fatigue aux chevaux et nous dégourdir les jambes, nous quittâmes la voiture. Il faisait un de ces clairs de lune presque électriques, particuliers aux pays méridionaux. La route était taillée dans le roc, sur le côté gauche d'un ravin profond. Nous cheminions entre des rochers presqu'à pic de plusieurs centaines de mètres de hauteur, dans les fissures desquels croissaient de maigres arbres résineux. C'étaient de belles horreurs!

Mon compagnon me racontait, chemin faisant, divers traits de la vie de ce chef de bandits, ce héros du pays, qui avait, tant de fois, mis les gendarmes en défaut. On désespérait de l'arrêter lorsqu'il fut pris par hasard. Sa bande se recrutait parmi les forçats libérés et ceux qui parvenaient à s'échapper du bagne. Il se trouvait un jour dans une auberge avec un forçat évadé. Ce dernier fut reconnu par les gendarmes, qui se mirent en devoir de l'arrêter. Il opposa la plus vive résistance. Mais se sentant faiblir : « A moi, de Besse ! » s'écria-t-il. Cet appel eut pour conséquence l'arrestation du chef de bandits ; car on prêta main-forte aux gendarmes, enchantés d'une pareille capture.

Tout en cheminant, nous arrivâmes sur l'une des hauteurs qui entourent Cuges. C'est un village tout à fait isolé du reste du monde. Il est bâti dans un vaste entonnoir qui paraît sans issue. Le fond de cet entonnoir est d'une fertilité d'autant plus remarquable, qu'elle contraste avec la stérilité et l'aridité des terrains supérieurs.

A Cuges, on est sensiblement à une distance égale de Toulon et de Marseille. Nous y fîmes une halte de quelques heures pour laisser reposer l'attelage et le réconforter par quelque nourriture.

Au sortir de l'entonnoir, nous retrouvâmes nos montagnes, nos rochers et nos sapins. Puis vinrent le Beausset et l'entrée des gorges d'Ollioules. Ce que nous avions vu de ravins, de rochers et de montagnes avant d'arriver à ces gorges n'était rien. Il faut environ deux heures pour les traverser. La route est très étroite, très sinueuse, bordée à gauche par un ravin profond et encaissée par d'énormes rochers; on voit rarement à plus de trente ou quarante mètres devant soi. Il est impossible de prévoir de quel côté on va se diriger, tant les détours sont fréquents et inattendus. On ne peut se lasser de regarder et d'admirer ces rochers abruptes qui présentent les formes et les aspects les plus variés.

Le village d'Ollioules se trouve à la sortie de ces gorges, du côté de Toulon.

En approchant de cette ville intéressante, je revis la mer avec un nouveau plaisir. Les hauteurs qui couronnent la rade, celles qui entourent la ville et les forts qu'elles portent captivèrent mon attention.

Mon compagnon de voyage était bien heureux d'arriver enfin dans sa ville natale; il me nommait tous les points remarquables que nous pouvions apercevoir. Il parlait avec bonheur de tout ce qu'il aimait. Là, tous les ans se donnait une belle fête où il n'avait garde de manquer; ici, il avait un parent qui possédait une jolie maison de campagne. Il chassait de ce côté, pêchait dans cet endroit, etc., etc. J'étais heureux de son bonheur, mais je faisais un douloureux retour sur moi-même et je ne pouvais m'empêcher de penser que moi je quittais mon pays et les miens.

Nous entrâmes dans la ville vers sept heures du matin; j'espérais y rester quelques jours, mais mon espérance fut déçue. Un bateau à vapeur — le *Vautour* — partait le lendemain dimanche pour Alger, je dus m'y embarquer.

Je n'ai pu visiter Toulon qu'à la hâte; car il fallut employer une bonne partie de la journée à mettre ma correspondance à jour et à faire quelques emplettes. J'ai pu cependant trouver le temps de voir le port et de reconnaître dans l'arsenal le vapeur sur lequel je devais m'embarquer le lendemain.

Le port a un tout autre caractère que celui de Marseille. Au premier coup d'œil, vous reconnaissez qu'il s'agit ici de marine militaire et non de marine marchande. Tout ce qui vous entoure le proclame, et dans les rues qui donnent accès au port vous ne rencontrez que des officiers de marine et des matelots.

Dans l'arsenal, au contraire, vous vous trouvez au milieu des galériens qui font le service de la rade. On les emploie à toute espèce de travail, mais plus spécialement comme rameurs pour remorquer les chalands et conduire les embarcations.

Ces malheureux sont, pour la plupart, arrivés au dernier degré de l'abjection. Quelles figures! Quelle manière d'être! Et dire qu'il y a parmi eux des jeunes gens de famille! Ils sont enchaînés deux à deux. Leur tête est rasée. Leur habillement consiste en une mauvaise veste de couleur aurore et un pantalon de la même couleur. Je me suis laissé dire cependant que tous ne portaient pas cet ignoble costume et ne sont pas condamnés à ces rudes travaux. Ceux qui montrent quelque repentir et dont la conduite est bonne sont traités avec moins de rigueur. On m'a parlé d'un ex-notaire, qui était employé dans les bureaux, et d'un huissier, qui était autorisé à faire un petit commerce.

CHAPITRE II.

VOYAGE DE TOULON A ALGER ET A BONE.

Embarquement pour Alger. — Intérêt que présentent les aspects variés de la mer. — Le mal de mer. — Mes compagnons de voyage. — Ile Majorque, visite à Palma, sa cathédrale; déjeuner à la *funda* (hôtel). — Arrivée à Alger. — Physionomie curieuse de sa population si variée d'origine. — Des maisons arabes. — La cathédrale. — Visite et dîner chez le colonel Vaillant, directeur du génie. — Rencontre de Du Fay. — Départ pour Bône. — Bougie. — Fort Gouraya. — Arrivée à Bône.

Le dimanche matin, après avoir répondu à l'appel sur le pont du bateau, au lieu de retourner en ville, ce que j'étais libre de faire jusqu'à l'heure du départ, je restai à bord où je passai mon temps à visiter le navire. Tout y était nouveau pour moi et par conséquent du plus grand intérêt. L'activité qu'on y déployait pour se préparer au départ, les allées et venues des matelots obéissant à la voix impérieuse du second qui dirigeait les manœuvres captivaient toute mon attention. Je me promenais de l'avant à l'arrière, de l'arrière à l'avant, examinant tout et ne pouvant retenir mon admiration. C'était la première fois que je mettais le pied sur un navire de cette importance.

Dès que le canot qui apportait les dépêches fut arrivé, on leva l'ancre et la machine fut mise en mouvement. Il était dix heures.

Ce fut pour moi un instant solennel. Le dernier lien qui m'attachait au sol de France était rompu ; chaque tour de roue allait m'éloigner des miens et me rapprocher d'un pays inconnu où je devais me rendre dans une province non encore pacifiée, dans une ville à peine conquise, pour faire partie d'une compagnie du génie où je ne connaissais personne. Quels sujets de réflexions et d'inquiétude ! Eh bien ! je dois avouer que je n'en fus pas autrement ému.

La nouveauté de la situation, le mouvement du bord me donnèrent des distractions qui rendirent les raisonnements impossibles. Mes yeux, comme ceux des autres passagers, étaient fixés sur la terre de Provence, qui s'effaçait de plus en plus. Et, encore sous l'impression des nombreuses sensations que m'avaient fait éprouver les divers incidents de mon voyage sur le sol français, je me pris à évoquer le souvenir des aimables compagnons avec lesquels je m'étais trouvé et je me demandais si, parmi les nombreux officiers embarqués sur le *Vautour*, je ne ferais pas quelque connaissance agréable. Sur un navire, la chose était plus difficile que dans une diligence. Là, le contact étant forcé, il est impossible de ne pas échanger quelques mots qui, si l'on se convient, sont tout naturellement suivis d'autres.

En raison des grandes dimensions du bateau, on allait et venait sur le pont comme sur une promenade publique où l'on ne peut accoster que des personnes connues. Quant à moi, qui ne fume pas, je n'avais pas même à ma disposition, pour faire connaissance, le prétexte de demander du feu à un confrère.

Les premières heures se passèrent donc dans un isolement absolu, mais très supportable en présence du spectacle si varié qu'offrait la vue de la mer. On passe sa vie sur un navire d'une manière vague, inexplicable : il n'est pas nécessaire de faire quelque chose pour chasser l'ennui. Le spectacle que vous offre la mer suffit à vous occuper. Entre autres choses, je ne pouvais me lasser de contempler les effets du choc des palettes des roues sur les vagues que traversait le bateau. Quelles masses abondantes d'écume! Quelle variété de couleurs brillantes produites par la réfraction des rayons solaires! Mais cette espèce de béatitude ne dura que quelques heures.

Le mal de mer survint. C'est une étrange indisposition! Elle vous abat complètement; adieu toute gaieté! Pas la moindre vigueur; vous n'êtes plus susceptible d'aucun effort. Je ne sais si celui qui vous annoncerait que le bâtiment va sombrer, réussirait à provoquer le moindre mouvement. Ce serait à vous faire renoncer à tout voyage maritime, si ce malaise ne disparaissait pas presqu'instantanément dès que vous êtes à terre. Il vous reste bien pendant une journée un léger étourdissement, mais généralement il n'est pas de nature à vous empêcher de reprendre vos occupations.

Presqu'aucun passager ne résista à l'épreuve. Les dames — il y en avait une demi-douzaine sur le *Vautour* — furent plus particulièrement éprouvées. La plupart furent malades pendant toute la traversée. Quant aux hommes, le second jour ils étaient à peu près remis. Pas un ne manqua à la table commune. Là, des conversations s'engagèrent, des groupes se formèrent, et j'eus des compagnons pour le reste du voyage : un capitaine du génie, M. Galbaud-Dufort, homme aimable dont je n'ai eu qu'à me louer alors et plus tard; deux officiers d'état-major, dont Saget, et un capitaine de spahis.

Le deuxième jour de la traversée, vers cinq ou six heures du soir, nous vîmes la terre à notre gauche — à bâbord, comme disent les marins. — C'étaient les montagnes de l'île Majorque, l'une des Baléares. Pendant toute la nuit, nous filâmes le long de la côte et le troisième jour, de grand matin, nous étions dans la rade de Palma, la capitale de l'île. L'ancre fut jetée et nous obtînmes du commandant du bord la permission d'aller à terre. Un canot majorcain nous y transporta, mes quatre compagnons et moi. Nous visitâmes la ville autant que le temps dont nous pouvions disposer le permettait. Un Français, et qui plus est, un Champenois, nous servit de guide.

La belle cathédrale, œuvre des XV° et XVI° siècles, excita notre admiration. La lumière y est distribuée très habilement. Il y règne une demi-obscurité, qui porte au recueillement. L'extérieur est presque sans ornements, mais l'intérieur en est couvert à profusion. Au pourtour sont des chapelles d'une élégance et d'une richesse extraordinaires. L'orgue surtout est remarquable par les sculptures et les peintures dont il est couvert. L'intérieur du chœur est interdit aux regards profanes par un beau lambris en bois sculpté ; il est à une assez grande distance du maître-autel. L'espace qui les sépare est couvert de nattes où s'agenouillent les fidèles. Il n'y a point de chaises dans les églises d'Espagne.

Entre le chœur et l'autel se trouve le tombeau de don Juan d'Aragon et dans une chapelle latérale celui d'un général français : ces deux monuments attirent l'attention. Au-dessus du chœur, au chevet de l'église, est une rosace d'un bel effet, garnie de vitraux des couleurs les plus vives.

Après notre tournée, notre guide nous conduisit dans une *funda* (hôtel) du pays, où l'on nous servit un déjeuner à l'espagnole, dans lequel le chocolat jouait le rôle le plus important, à ma grande satisfaction, car le reste des mets était, à mon avis, trop épicé. Le tout fut arrosé d'un vin muscat du pays, qui nous parut digne d'être offert à nos compagnons de voyage. Nous en emportâmes en conséquence une bouteille avec deux douzaines d'oranges.

Palma est une jolie ville, située sous un ciel délicieux. La population est d'environ trente mille âmes. Les femmes que nous avons rencontrées portaient avec coquetterie des mantilles noires ou blanches très élégantes. Les prêtres sont nombreux dans cette ville. Ils portent un long chapeau (formé Basile). A onze heures 1/4, nous étions de retour à bord; un instant après, on levait l'ancre et nous voguions vers Alger.

Le lendemain matin, les côtes d'Afrique étaient en vue. Alger apparaissait dans le lointain, comme une immense toile blanche couvrant la pente d'une colline. C'était la terre étrangère que j'avais sous les yeux, celle pour laquelle je venais de quitter la France et les miens. Je me demandais quelles épreuves m'y attendaient.

J'avais beaucoup entendu parler de l'Algérie, soit au régiment, soit dans le monde; et les appréciations avaient été si diverses, que je ne savais qu'en penser. Cependant j'étais sur le pont, immobile, les regards fixés sur cette terre lointaine dont les formes indécises encore se dégageaient peu à peu.

Je questionnais avidement ceux de mes compagnons de voyage qui l'avaient déjà habitée et je pouvais, grâce à leurs renseignements obligeants, examiner la côte avec plus d'intérêt. A mesure que le bâtiment s'approchait, la ville se dessinait avec plus de netteté. On distinguait son môle, son phare, sa casbah et tous les forts qui en défendent les approches. Je ne pouvais détacher mes yeux de cet intéressant spectacle.

Enfin l'ancre fut jetée. Nous nous élançâmes, mes compagnons et moi, dans un des bateaux qui se pressaient autour du navire, et bientôt nous étions sur le quai de débarquement. Il était couvert de portefaix maures, dont quelques-uns n'avaient pas attendu que nous fussions à terre pour se précipiter sur nos bagages. Impossible de les repousser. Ils s'emparaient, qui d'une malle, qui d'un porte-manteau, qui d'une épée, etc.; les plus petits objets avaient un porteur spécial. Tous s'acheminèrent, courant en désordre, vers l'hôtel de Paris où nous devions descendre; malgré ce tumulte et cette confusion, aucun objet ne fut égaré. Un de mes camarades se trouvait à l'hôtel, qui m'offrit une chambre dans le pavillon du génie, rue des Consuls. J'acceptai avec reconnaissance.

Alger est une véritable capitale; on y trouve à peu près tout ce qu'on veut. Les cafés et les restaurants y pullulent. *Au Gastronome*, les officiers du génie ont une pension confortable et d'un prix modéré. Les rues Bab-Azoun, Bab-el-Oued, de la Marine sont tout à fait françaises et largement ouvertes. C'était une nécessité pour la circulation. Mais y avait-il nécessité de pratiquer dans les maisons qui les bordent des ouvertures si grandes et si nombreuses?

Si l'on y réfléchit bien, on verra que le système arabe de construction est plus rationnel et mieux approprié au climat. Dans la partie montueuse de la ville, où les Européens ne se sont point encore établis, les rues sont étroites et recouvertes presqu'entièrement par les encorbellements des étages supérieurs. N'est-ce pas ce qu'il y a de mieux pour se défendre de la chaleur et se soustraire à l'action des pluies abondantes de la saison d'hiver? D'autre part, la disposition des maisons, résultat précieux d'une expérience de plusieurs siècles, n'est-elle pas aussi bien entendue que possible, pour se défendre des chaleurs de l'été? Elles n'ont à l'extérieur qu'un très petit nombre d'ouvertures très étroites. Tous les jours se prennent sur une cour intérieure, entourée de galeries couvertes. Ces cours peuvent, au besoin, être garanties, par une toile, des rayons du soleil.

On trouve même dans beaucoup d'entre elles une vasque avec jet d'eau qui entretient une fraîcheur très agréable.

Une des choses les plus intéressantes de la ville d'Alger, c'est le spectacle que donne le mouvement de sa population si diversement composée : Turcs, Maures, Arabes, Kabyles, Juifs, Espagnols, Français, etc., se coudoient dans les rues fréquentées. Les boutiques minuscules des marchands indigènes sont fort originales. Le marchand, assis au centre, les jambes croisées, et fumant sa longue pipe, peut, sans se déranger, atteindre tous les objets placés à la périphérie sur des rayons et les présenter aux chalands. L'absence à peu près complète de voitures lui imprime aussi une physionomie toute particulière.

J'ai visité l'église cathédrale (ancienne mosquée), remarquable par la fraîcheur et l'élégance de ses ornements ; les murs y sont revêtus de carreaux de faïence coloriés qui font un excellent effet. Une tribune règne tout autour.

Ces carreaux de faïence sont aussi très employés dans les maisons particulières. C'est un luxe bien utile ; car ils entretiennent la fraîcheur. L'hôtel où se tient l'état-major de la place et celui de la direction du génie doivent à cet ornement, et aux belles colonnes qui supportent leurs galeries, d'être regardés comme les plus remarquables maisons de la ville, après l'hôtel du gouverneur toutefois.

J'accompagnai le capitaine Dufort dans la visite qu'il fit au directeur, le colonel Vaillant. Il en était connu et fut invité à dîner, et moi aussi par contre-coup. Ses commensaux étaient le général Auvray, chef d'état-major du maréchal Valée, et deux officiers supérieurs d'artillerie. J'ouvris à peine la bouche pendant le dîner, et plus d'une fois je regrettai de n'avoir pas trouvé quelque faux-fuyant pour me dérober à cette obligation. Cependant la conversation de ces Messieurs m'intéressa. Ils avaient fait partie de l'expédition de 1830 et assisté à la prise d'Alger. D'après leurs dires, il semblerait que le succès des assiégeants est plutôt dû à l'incurie des Turcs et à des circonstances imprévues, qu'aux bonnes dispositions prises par les Français. D'autres personnages aussi compétents, que j'ai entendus postérieurement traiter le même sujet, ne partagent pas tout à fait cette manière de voir. *Tot capita, tot sensus* (appendice *a*).

Mon séjour à Alger fut bien court. Le colonel Vaillant, auquel je demandais d'y rester quelques jours pour y faire des emplettes, me le refusa assez durement.

J'ai rencontré à Alger le brave Du Fay, mon voisin de salle à l'École polytechnique; nous le plaisantions sur une jeune fille de son pays nommée Claudine, dont il était éperdûment amoureux. Il a trouvé en elle une femme charmante qu'il a épousée en sortant de l'École. Il était entré dans les constructions navales. Il a voulu me conduire dans son canot à bord de l'*Achéron,* où je prenais passage pour Bône.

A cinq heures du soir, l'ancre fut levée. La mer était belle; nous filions rapidement le long de la côte, et vers dix heures du matin, nous étions en face de Bougie. Nous pûmes aller passer trois heures à terre.

Bougie est une charmante petite ville, d'un aspect champêtre et riant. Les maisons s'élèvent au-dessus de bosquets touffus, et la campagne qui l'entoure paraît fort agréable. La vieille enceinte en briques qui la défendait autrefois est aujourd'hui presque entièrement détruite du côté de la mer; mais elle a été réparée du côté de la terre. La ville regarde l'ouest. Une ceinture de forts et de blockaus l'entourent, mais leur protection n'est pas suffisante pour ceux qui s'aventureraient hors de la ville; car les habitants des environs sont très belliqueux, et la garnison de la place, qui est très faible, ne peut avoir d'action au dehors.

Le fort Gouraya, situé le long de la côte, sur un pic très élevé, domine la ville. Un long mur crénelé, qui gravit la pente de la montagne, assure la communication de cet ouvrage avec la place. Bien que le temps fût très serein, le fort était encore dans les nuages, à l'heure de notre départ pour Bône.

Notre voyage se continua heureusement, et nous arrivâmes le lendemain de bonne heure à Bône, terme de notre navigation. Il me restait à aller à Constantine, mais je ne devais pas le faire de quelque temps. La province de Constantine était loin d'être pacifiée, comme je l'ai déjà fait observer. Il fallait être en forces pour y entreprendre le moindre voyage avec sécurité. J'ai donc été forcé d'attendre à Bône une occasion favorable. Elle ne s'est présentée qu'au bout de six semaines.

CHAPITRE III.

SÉJOUR A BONE.

Bône (appendice *b*). — Sa situation, sa casbah, son port. — Maison du génie. — Première idée d'un journal. — Arrivée de trois camarades. — J'achète un cheval. — Traité de la Tafna et ses conséquences. — Visite au brick *le Dragon*. — Le rocher du Lion. — Un douar arabe. — Le commandant de la Calle. — Des colons. — Bain au rocher du Lion. — Admission de quelques indigènes dans l'armée française. — Nuits passées sans sommeil. — Une prisonnière. — Jugement du maréchal des logis Resghi. — Accidents nombreux. — Chute du capitaine Mangay. — Anecdotes sur l'interprète Larbi. — Reconnaissance de notre autorité par les indigènes. — Promenades diverses aux environs de la ville. — Grande reconnaissance à l'ouest de Bône. — Préparatifs de départ pour Constantine.

C'est pendant les loisirs que m'a donnés mon long séjour à Bône, que j'ai noté les divers incidents de mon voyage et que j'ai pu recueillir une foule de renseignements, qui vont faire l'objet de ce troisième chapitre.

La ville de Bône est bâtie, comme Bougie, sur le côté est d'une rade foraine. Elle est entourée d'un bon mur défensif, flanqué de tours carrées assez rapprochées; la forme générale de l'enceinte est celle d'un quadrilatère dont la mer baigne deux faces. Les autres faces sont précédées d'un fossé, qui sert d'égout et dont les exhalaisons malsaines contribuent, pour une grande part, aux maladies fréquentes des habitants. La ville est, d'ailleurs, mal tenue sous le rapport de la propreté. Les marais de la Bougimah, qui se jette dans la Seybouse à peu de distance de la ville, sont, en outre, une cause permanente de fièvres. L'assainissement de ces foyers d'infection a été entrepris par le service du génie militaire et sera terminé sous peu.

La ville renferme très peu d'indigènes; les Maltais et la garnison forment à peu près toute la population. Les troupes sont pour la plupart baraquées. Il y a, hors de l'enceinte, plus de 1,200 mètres courants de baraques. La casbah, bâtie sur un monticule qui domine la ville d'assez près, l'écraserait de ses feux, mais cette citadelle voit assez mal ses abords. Le port est fréquenté par les corailleurs de la Calle et par quelques navires marchands. Les communications entre Bône et Alger ont lieu assez régulièrement tous les quinze jours par des bateaux à vapeur, et le service des dépêches est fait deux fois par semaine entre Bône et Constantine par des spahis qui les échangent à Medjez-el-Amar.

Il y avait, en 1838, dans presque toutes les villes et postes importants de l'Algérie, une maison ou une baraque affectée au service du génie. A Bône, cette maison était assez grande pour loger tous les officiers attachés à la chefferie et donner asile aux officiers de passage. C'est là que je fus conduit le 12 mai, à ma sortie du bateau à vapeur, dans une chambre qui ne contenait pour tout mobilier qu'un lit de sangle, une table en bois blanc et un pliant. C'était luxueux pour un homme qui venait de passer une semaine presque tout entière dans une cabine de bateau à vapeur! J'étais admis de droit à la table commune. Le nécessaire était donc assuré.

Les officiers de la place me reçurent avec beaucoup d'amabilité, mais je n'en connaissais aucun. Chacun d'ailleurs avait son service et ses affaires. J'étais donc, hors le temps des repas, dans un isolement complet.

Mon séjour devant se prolonger, — car le dernier convoi pour Constantine était parti depuis quelques jours seulement, — je dus, après avoir pris le repos nécessaire pour me remettre de mes fatigues, chercher à m'occuper. On ne pouvait circuler *seul* sans danger autour de la ville que dans un rayon fort restreint; les promenades m'étaient donc à peu près interdites. D'autre part, j'eus bientôt dévoré les feuilletons et les quelques livres qu'on put mettre à ma disposition. C'est alors que l'idée me vint de noter, jour par jour, mes impressions, les divers incidents de ma vie et les renseignements intéressants que je pourrais recueillir. J'avais trouvé là un excellent remède contre les conséquences fâcheuses de l'oisiveté et de l'isolement. Je m'étais créé une compagnie, j'avais un auditeur toujours disposé à m'écouter et auquel je pouvais communiquer toutes les pensées qui me traversaient l'esprit.

15 *mai, à Bône.* — Je ne puis me défendre de m'abandonner parfois à la rêverie, cet état voisin de la béatitude où l'esprit vole de sujets en sujets sans en approfondir aucun. Je repassais aujourd'hui dans ma mémoire les circonstances de mon départ de Paris, lorsqu'un violent coup de tonnerre vint couper court à mes réflexions. Une pluie abondante tombait sur la ville. Ce n'était pas des gouttes, mais bien des nappes d'eau

qui tombaient. Cette pluie n'avait pas duré dix minutes et tout était inondé.

19 mai. — Un convoi est arrivé de Constantine. Il nous amène trois camarades : Chareton, Lucas et Juge.

Le premier est de ma promotion; je le connais depuis cinq ans. Il a fait son temps en Algérie. On l'envoie à Toulon. Pendant son séjour à Bône, nous logions dans la même chambre. Je lui achetai son cheval, le brave *Biquet,* qui n'était pas brillant, mais solide, et qui m'a fait un bon service pendant toute la durée de mon séjour en Algérie.

Lucas m'était tout à fait inconnu; sa qualité — dominante — défaut si l'on veut, c'est la haine de toute autorité. Il gagnerait, je crois, beaucoup à être connu. C'est un homme antique pour la droiture et la franchise. On lui a souvent reproché la conduite sans gêne qu'il tient à l'égard de tous ceux qui sont en relation avec lui, surtout à l'égard de ses supérieurs.

Quant au petit Juge, c'est un excellent garçon. Je l'ai connu très timide, et aujourd'hui je lui trouve beaucoup d'aplomb. Est-ce à la barbe effrayante qui couvre son visage qu'il le doit? Produirait-elle sur lui l'effet que la longueur de sa chevelure produisait sur Samson?..... Ce que je lui entends dire des occupations qui m'attendent à Constantine me fait désirer de m'y rendre le plus tôt possible. Si je n'avais pas de bagage à y transporter, je me déciderais peut-être à partir avec les spahis qui portent la correspondance.

22 *mai*. — Maintenant que j'ai un cheval, je puis me permettre d'étendre un peu mes promenades. Aujourd'hui j'étais dans la plaine, examinant la briqueterie avec le camarade qui la dirige, lorsque j'entendis un coup de canon. La casbah arbore son pavillon. C'est un bateau à vapeur qui arrive de France. Je reviens à franc étrier... je cours vers le port; je m'avance jusqu'au bout du débarcadère. Rien! Je monte sur la terrasse de notre pavillon. Rien encore!... Enfin le bateau arrive. Les barques du port volent à sa rencontre et reviennent chargées de passagers. Je crois reconnaître un camarade. C'est Charrier! Je cours à sa rencontre et l'amène au pavillon du génie.

On m'apporte deux lettres de France, l'une, de Reims. C'est une grande joie! L'autre, de Montpellier. Elle me donne des nouvelles de mon pauvre *Lowe*, mon chien, qui a quitté Metz avec le détachement que j'aurais pu être chargé de conduire dans cette ville. Il a beaucoup souffert pendant cette longue route.

24 *mai*. — Chareton, Maritz et Lucas viennent de s'embarquer pour la France sur l'*Achéron* qui m'a amené ici, il y a dix jours. Je les ai accompagnés jusqu'au bateau. J'en reviens, le cœur un peu gros. Je ne puis m'empêcher de penser que leur exil est fini et que le mien commence.

Un peu de réflexion me ramène à la réalité; ma situation n'a rien qui doive m'attrister. Ici, tout le monde se plaint que Bône est une ville sans ressources. Est-ce vrai? Pour moi, il y a peut-être trop de ressources. Ai-je besoin d'une table aussi bien servie que la nôtre? Ne peut-on pas satisfaire son appétit, sans deux services de trois ou quatre plats chacun, sans vaisselle de porcelaine et sans couverts d'argent? Est-il nécessaire de boire des vins de Bourgogne, de Lamalgue et même quelquefois de Champagne? Enfin, le café n'est-il pas un objet de luxe? Dans mon enfance, dans la petite maison de mon père, mes repas étaient beaucoup plus modestes, et je ne m'en suis pas plus mal porté. Au contraire!

25 *mai*. — Hier, en ouvrant ma bourse, j'ai trouvé quarante francs de moins. Cette découverte m'a fait de la peine, moins à cause de cette petite perte qu'à cause de la défiance que ce fait m'inspire contre ceux qui m'entourent. C'est un enfer que d'être amené à se défier des gens qu'on emploie. J'ai pris des renseignements sur le soldat qui me sert d'ordonnance. On m'a dit qu'il était au-dessus de tout soupçon. Je ne puis m'expliquer cette disparition.

Un camarade, qui arrive d'Oran, parlant du traité conclu à la Tafna, entre le maréchal Bugeaud et Abd-el-Kader, le déclare avantageux à la France. En effet, les peuples nomades sont insaisissables. On ne peut les combattre que lorsqu'ils le veulent bien. Il leur suffit d'emporter leurs tentes au loin pour échapper à toute répression. Ils ont sur nous l'avantage, inappréciable dans un pays dénué de voies de communication, de pouvoir vivre, avec quelques figues et quelques dattes, ce qui réduit à rien, pour eux, les impédimenta dont nos colonnes sont encombrées. On peut les châtier quelquefois en brûlant leurs moissons. Ils n'en vivent pas moins. En somme, leur extrême mobilité les sauve.

Abd-el-Kader sera chargé, en quelque sorte, à l'avenir, de la police des indigènes. C'est à lui qu'incombera désormais la répression des délits.

Déjà ce nouvel état de choses a des conséquences heureuses. Avant le traité, les Arabes faisaient des courses jusque sous les murs de la ville d'Oran, en dépit de la ligne de blockhaus qui l'entoure. Aujourd'hui, on jouit d'une grande tranquillité sur ce point.

Il n'en est pas de même à l'ouest de cette province, où il est imprudent de s'aventurer en mer sur des barques sans défense. Les Marocains ne se font aucun scrupule de couper la tête, pour les dépouiller à leur aise, à ceux qu'ils rencontrent isolés.

26 *mai*. — Depuis l'acquisition de *Biquet*, je me donnais le plaisir de faire tous les jours une promenade à cheval. Me voilà forcé de renoncer pour quelque temps à cet exercice salutaire, une légère écorchure dont je n'ai pas tenu compte et qui est devenue fort douloureuse, m'obligeant à un repos absolu.

28 *Mai*. — C'était hier dimanche. Le soir, il y avait musique militaire sur la place; aussi était-elle couverte de monde. La plupart des officiers de la garnison y étalaient leurs grâces et leurs brillants uniformes. Officiers d'infanterie de ligne et d'infanterie légère, de chasseurs, d'artillerie et du génie, et surtout officiers de spahis.

C'étaient les plus brillants de tous. Ils sont vêtus à la turque : presque tous portaient des bottes de maroquin rouge. Les broderies les plus fantaisistes ne sont pas épargnées sur leurs vestes.

Il y avait très peu de dames. Les indigènes sortent à peine de leurs maisons; et encore sont-elles voilées et enveloppées de longues étoffes blanches. On les prendrait pour des spectres. L'arrivée ou le départ d'une dame française est ici un événement. Au petit nombre de dames qu'on voit dans les rues de la ville, on s'aperçoit bien vite qu'on n'est pas en France.

28 *mai*. — Aujourd'hui Charrier et moi, nous avons visité le brick le *Dragon*, de la marine royale, qui stationne dans la rade.

Les promenades en mer me sont très agréables, mais par un temps calme. Quand la mer est grosse, le plaisir est bien diminué. Malheureusement, elle n'était pas précisément calme, lorsque nous avons fait cette excursion. Assis à l'arrière du canot qui nous transportait, tantôt nous planions au-dessus de la tête des rameurs; puis, par un retour soudain, descendus dans le fond qui sépare deux vagues, nous voyions nos rameurs prêts à tomber sur nous. Il leur fallait de bien grands efforts pour gravir la pente de la vague qui nous surplombait.

Enfin nous accostâmes. Le second du stationnaire nous accueillit avec beaucoup de bonne grâce et prit la peine de nous faire visiter, lui-même, en détail, son bâtiment. Ce brick a un équipage de cent cinq hommes et dix-huit pièces de canon, dont deux seulement ont la même longueur que les pièces d'artillerie de terre et sont montées sur des affûts à roues ; les autres sont très courtes et portées par des affûts fixés à la coque qui ne permettent pas le recul. Ces canons sont peints en noir et les cuivres qui recouvrent leurs batteries sont aussi brillants que possible. C'est merveille de voir la propreté qui règne dans un bâtiment. Tout y attire l'attention: l'assemblage si ingénieux des cordages goudronnés, les mâts, les vergues. Sur les navires de l'État on voit des prodiges d'arrangement et de distribution : là, les espaces les plus petits et les plus irréguliers sont utilisés. On admire la salle d'armes, le carré des officiers et surtout la cale qui sert de magasin. On visite avec intérêt l'entrepont qui sert de logement aux matelots.

Les soldats saluent leurs officiers en leur portant les armes ; à bord, c'est par un coup de sifflet qu'on rend les honneurs. Nous eûmes les honneurs du sifflet à notre sortie comme à notre arrivée. En quittant le brick, nous fîmes le tour d'un trois-mâts anglais (navire marchand), puis nous nous dirigeâmes vers le rocher du Lion.

Il est parfaitement nommé. En avant d'un cap assez élevé, on voit un énorme Lion couché sur le ventre. Sa tête se présente avec majesté, une épaisse crinière la couvre. Ses pattes de devant s'étendent vers la pleine mer. Les vagues les couvraient et les découvraient périodiquement avec des flots d'écumes. On eût dit le Génie protecteur de l'Afrique. Placé en avant de ses rivages, il semble les défendre contre la fureur des vagues, en disant à la mer : Tu n'iras pas plus loin.

29 *mai*. —Hier, dans une promenade à cheval faite après le dîner, j'ai vu, pour la première fois, un douar d'Arabes.

Après avoir traversé la plaine de la Bougimah, nous avons pénétré dans la gorge dite des Karaisas, où se trouve un douar de la tribu de ce nom. C'est une réunion de tentes noirâtres en poils de chameau. Elles ressemblent, à s'y méprendre, à de grands tas de fumier. Il se faisait tard ; nous ne pouvions nous éloigner beaucoup, sous peine de nous trouver soudainement dans l'obscurité. Il a fallu se contenter d'une reconnaissance. En revenant, nous avons rencontré un jeune Arabe, qui nous a dit *bonsoir* en français. Cela m'a rappelé mes vacances de collégien que je passais dans un village des environs de Reims. Là, j'étais habitué à recevoir un bonjour amical de tous ceux que je rencontrais!

Cette promenade d'hier et quelques autres faites antérieurement me font comprendre le désir qu'ont beaucoup d'officiers de rester en Algérie. En cette saison, le pays est charmant, la verdure est magnifique. Les collines qui bordent les vallées des environs de Bône ont un aspect enchanteur. Pas de traces de culture. Elles semblent être sorties il n'y a qu'un instant des mains du Créateur. L'homme n'est que pour peu de chose dans ce qui se passe sur cette terre d'Algérie. Il se contente de profiter de ce que la nature a fait. Sa présence n'est révélée que par quelques étroits sentiers qui traversent les prairies, par quelques cultures clairsemées et par quelques tentes si basses que les grandes herbes des prairies les dérobent aux yeux. C'est ici qu'il faut étudier la nature! On est loin des chemins vicinaux de France, qui traversent des champs monotones où tout rappelle la règle et le compas.

Dans cette promenade, nous étions guidés par le capitaine du génie Carette qui, depuis quatre ans, n'a pas quitté la province de Bône. Désigné pour être employé à Paris, il ne nous quittera que lorsqu'il aura terminé le dessèchement de la plaine, travail très intéressant qui touche à sa fin. Cet officier distingué a étudié les ruines d'Hippone (*Hippo regius*), la ville que saint Augustin a rendue célèbre. Ces ruines, éparses sur une grande étendue de terrain, sont recouvertes d'une couche épaisse de terre végétale. On y a trouvé des colonnes de marbre encore debout et dont les bases sont à trois mètres de profondeur. Le sol est partout considérablement exhaussé. Les ruines les plus importantes et les mieux conservées sont celles des citernes.

Charrier va partir pour Medjez-el-Amar. Je me propose de l'accompagner jusqu'à moitié chemin de Dréan. Il est bien heureux de pouvoir se rendre si rapidement à son poste. Quand viendra mon tour? Voilà plus de quinze jours que j'attends!

Notons, pour ne pas l'oublier, une locution arabe assez originale. On demandait à Ben-Aïssa, lieutenant d'Achmet-Bey, pourquoi il n'avait pas suivi le bey dans sa retraite. Il répondit : « Moi et mon fils, nous l'aurions fait volontiers; mais je n'ai pas pu me décider à faire habiter ma maison sous la tente. » Ben-Aïssa est Kabyle. Il habite une maison en pierre : pour lui, maison veut dire famille. Il ne veut pas imposer aux siens l'obligation de changer de manière de vivre.

Hier, nous avions à notre table une autorité d'Algérie, le commandant de la Calle. La Calle est sur la côte, à environ 13 lieues à l'est de Bône. Ce n'est ni une ville, ni même un village : c'est, à proprement parler, un endroit où l'on pêche le corail. La France y eut jadis un comptoir; mais cet établissement tomba entre les mains des Anglais pendant la seconde restauration, lors de l'expédition de lord Exmouth. A cette époque, les troupes du dey d'Alger l'incendièrent et le détruisirent. Il n'a point été relevé jusqu'à présent, bien qu'il en ait été plus d'une fois question.

Le personnage dont il s'agit est le neveu d'un colonel, qui a commandé le 3ᵉ régiment de la garde royale. Il a servi, dit-il, dans le régiment de son oncle; mais ce fut un service pour rire. Il entra dans le régiment comme sous-officier et, peu de temps après, il devint officier d'ordonnance du colonel. On se demande où il a été chercher les épaulettes de capitaine qu'il porte aujourd'hui. Il en est tout fier. Mais prenez garde ! Que son grade, sa belle tenue et ses paroles doucereuses ne vous inspirent pas trop de confiance, et n'allez pas lui faire le moindre prêt : il serait très aventuré. A son arrivée en Algérie, on fit une souscription pour le tirer de la misère. Toute sa reconnaissance a consisté à déchirer à belles dents ceux qui y avaient contribué. Dans ces derniers temps, pour éviter les poursuites de ses créanciers, il a fait une retraite forcée dans une baraque située dans la vallée des Karaisas : ceux-ci n'ont pas craint d'aller relancer leur débiteur dans son ermitage.

Il a à son actif un fait singulier. Un jour, à Paris, dirigeant un cabriolet lancé au galop, il a failli renverser le roi Louis-Philippe lui-même, qui flânait sur les boulevards, suivant son habitude. Est-ce à cette circonstance qu'il doit sa célébrité ?

Hors de l'armée, il n'y a pas ici beaucoup d'Européens sérieux. Ceux qu'on nomme colons n'ont de colons que le nom. Ce sont des marchands de vin et de tabac, des limonadiers, des épiciers, des brocanteurs de toute espèce. Ils vivent de l'armée, ne sèment, ne plantent, ne cultivent rien. Ils font cependant de bonnes affaires, grâce à la majoration de leurs prix. Exemple : le restaurateur chez lequel nous prenons notre pension. Il nous fait payer cinquante-cinq francs par mois. Nous lui abandonnons nos vivres de campagne, soit environ vingt-cinq francs. Total, quatre-vingts francs, tandis qu'à Metz notre pension n'était que de quarante-cinq francs !

31 *mai*. — Hier, je me suis baigné près du rocher du Lion. Je suis resté couché près d'une demi-heure dans une baignoire naturelle. La mer était calme et transparente et je prenais plaisir à contempler les rochers à pic, rongés par la vague et les filets d'eau qui ruisselaient de toutes parts à travers leurs fissures. En avant, jusqu'à une distance d'environ deux cents mètres, la plage est semée de rochers à fleur d'eau, qu'une vague faible et presque insensible venait caresser par intervalles. C'était un spectacle charmant. A quelque distance, une modeste embarcation glissait sur la surface unie de la mer ; plus loin, c'était la mer bleue qui s'étendait à perte de vue.

Une bonne idée, qu'on ferait bien d'appliquer sur une grande échelle, c'est celle qu'on a eue dans la province d'Oran d'attacher à l'armée française des personnages jouissant d'une grande influence sur leurs compatriotes. Ainsi Mustapha-ben-Ismaël, kaïd des Douairs et des Smélas, sert en qualité de maréchal de camp : c'est un homme adoré des siens et respecté des Français, et il le mérite à tous égards. Malgré son âge déjà avancé, — il a plus de soixante ans, — il est d'une activité et d'une bravoure à toute épreuve. Son gendre sert en qualité de sous-lieutenant. Yousouf, autre personnage important, qu'il a été question de faire bey de Constantine, sert dans la même province en qualité de lieutenant-colonel.

Il fait une chaleur étouffante. Le siroco va souffler. Un brouillard épais couvre les montagnes : c'est un indice certain de son apparition prochaine.

Un camarade, qui a mal à la tête, parle sérieusement de se faire soigner par un médecin arabe parce que, d'après lui, le traitement arabe est plus rationnel que le traitement français. Ainsi, l'Arabe traite directement la partie affectée. Pour le mal de tête, il pratique une saignée de la manière suivante : il opère une strangulation et fait avec un instrument tranchant une incision sur le crâne.

Je viens de voir sur la place un rabbin qui se prélassait gravement, donnant sa main à baiser à ses coreligionnaires. Il était bel homme, très digne et vêtu d'une façon tout à la fois simple et élégante.

Les nuits passées sans sommeil sont un des plus graves inconvénients de ce pays d'Afrique. La nuit dernière a été tout particulièrement fatigante pour moi. La chaleur était excessive; une armée de puces et de moustiques m'assiégeait. Deux ou trois rats travaillaient à se frayer un passage à travers le plancher, pour pénétrer dans ma chambre. Des pigeons qui logent sur la terrasse roucoulaient à qui mieux mieux. Les chevaux piétinaient sur le pavé de l'écurie voisine. Quelques-uns même, mal attachés, sont allés faire visite à leurs voisins; de là, des ruades et des cris effrayants. Comment un honnête homme pourrait-il dormir au milieu d'un pareil vacarme ? Aussi je ne dors généralement qu'une nuit sur deux.

J'avais bien raison de craindre le siroco. Il souffle violemment depuis ce matin. On est accablé, en proie à d'écœurantes nausées. L'énergie manque totalement.

4 juin. — Hier, à la tombée de la nuit, après ma promenade quotidienne à cheval, je prenais l'air sur la terrasse de notre pavillon, lorsque j'entendis un chant de femme. Une chambre de la maison voisine, celle du consul sarde, était éclairée. La fenêtre était ouverte. C'était un signal sans doute; car bientôt des passants appelèrent la chanteuse. Elle fit descendre par la fenêtre une corde, à laquelle ils attachèrent un panier rempli de comestibles. Par discrétion, je crus devoir signaler ma présence par un *hum* léger. La femme lève la tête et me dit : « Que faites-vous là ? Vous n'avez-donc jamais vu de prisonnière ? » Elle m'apprend qu'elle était mariée au maître du port, qu'il se conduisait mal à son égard et que, désespérée de sa fâcheuse position, elle avait résolu de retourner en France par le bateau qui venait d'arriver; mais que son mari, ayant deviné son projet, la tenait enfermée dans cette chambre. Il m'était facile de favoriser son évasion; car la rue qui sépare notre pavillon de cette fenêtre est très étroite et j'avais une échelle sous la main. Je lui en fis la proposition; mais elle eut la sagesse de refuser. Quelle sottise j'allais faire! De quel droit me serais-je fait le protecteur de cette femme? Sans doute en ma qualité d'officier français, protecteur-né des femmes opprimées!... Quel fond d'ailleurs pouvais-je faire sur sa véracité?

5 juin. — Hier, le conseil de guerre s'est réuni pour juger une affaire d'une certaine importance, une affaire de désertion. L'inculpé était un Arabe nommé Resghi, d'une bonne famille de la tribu des Beni-Urgin, maréchal des logis aux spahis de Bône, bien connu dans la garnison.

Pour l'intelligence de cette affaire, quelques explications sont nécessaires.

Resghi, admis aux spahis de Bône lors de la formation de ce corps, y avait servi pendant six années avec distinction et tant de dévouement, qu'on l'avait nommé chevalier de la Légion d'honneur. L'annonce de sa décoration lui avait causé une grande joie. Plus d'une fois, il avait assisté à la remise des insignes de la Légion d'honneur faite à des officiers français, sur la place, en présence de la garnison, au son de la musique et des tambours. Le général leur avait attaché, lui-même, la croix sur la poitrine, puis donné l'accolade.

Ce spectacle l'avait ému, enchanté. — Les Arabes aiment le faste et l'éclat. — Il se voyait le héros d'une semblable solennité. Quelle ne fut pas sa déception, lorsque son commandant l'ayant fait appeler, lui remit, sans cérémonie, *de la main à la main,* la croix qui lui était destinée! Il ne pouvait en croire ses yeux. Ce sans-gêne l'humilia profondément, et quittant son escadron, il retourna dans sa tribu. Il se croyait d'ailleurs dans son droit. D'après lui, rien ne le liait aux Français que sa solde, et il y renonçait. Ceci se passait entre les deux expéditions de Constantine.

Une défection de 54 autres spahis de sa tribu, qui eut lieu à la même époque, aggrava sa situation. On pensa qu'elle s'était faite sous son influence.

Ceux-ci, à la première sommation qui leur fut faite, rentrèrent à Bône; quant à lui, aucun avis ne lui fut donné. Il écrivit à son commandant pour lui demander si, lui aussi, pouvait obtenir une amnistie entière. Aucune réponse ne lui fut faite. Il resta chez lui, mais se garda bien de porter les armes contre la France pendant la seconde expédition sur Constantine. Il se croyait donc en règle, et avait repris sa vie antérieure, lorsque des spahis, envoyés de Bône, le surprirent dans sa tente, le garrottèrent, et l'amenèrent à la prison militaire, où il est depuis un mois.

Au conseil de guerre tout se passa suivant les règles établies, sauf quelques incidents, conséquences forcées du milieu dans lequel on opérait. A son entrée, Resghi parut l'objet de la sympathie générale. Bel homme, figure martiale, bonne tenue, la croix de la Légion d'honneur attachée à son burnous : tout le recommandait. Il était fort calme, et ne paraissait pas redouter le moins du monde l'issue de cette malheureuse affaire. Les témoins étaient nombreux ; car il avait convoqué une grande partie de ses anciens camarades.

Au début de l'audience, on procéda à la prestation de serment. Le muphti, en grand costume, fut introduit, portant un exemplaire du Coran. Or, le Coran de Bône est en deux volumes et il n'en apportait qu'un seul. On dut faire apporter le second, sans quoi le serment n'eût pas été valable. On plaça les deux volumes, l'un sur l'autre, celui de dessus un peu en retraite sur l'autre, pour qu'on les vît bien tous les deux. Alors, à l'appel de son nom, chaque témoin arabe s'avança et donna un coup de poing sur les livres. L'accusé en fit autant.

Au grand dommage de Resghi, les questions du président et les réponses durent passer toutes par la bouche d'un interprète, lequel se montra tout à fait insuffisant. A vrai dire, il semblait ne savoir ni l'arabe ni le français, tant les réponses de l'accusé et des témoins paraissaient saugrenues et peu en rapport avec les demandes faites par le président. C'était une véritable souffrance pour l'auditoire, surtout lorsqu'il s'agissait des réponses de l'accusé. Pour ceux qui pouvaient observer le jeu de sa physionomie, intelligente et mobile, il était certain que ses paroles étaient mal traduites. Il le sentait très bien. Quel supplice !

Le réquisitoire fut accablant. Le principal argument invoqué par le rapporteur, c'est qu'il avait été chef de complot, et qu'en conséquence il fallait faire sur lui un exemple qui donnât à réfléchir à ceux qui seraient tentés de l'imiter.

Deux avocats s'étaient présentés pour le défendre. L'un, vieux praticien, rompu peut-être aux affaires de chicane, mais certainement peu apte à traiter une affaire de cette nature où il fallait parler au cœur des juges. L'occasion était belle. En l'entendant parler à côté du sujet, je faisais, en moi-même, un plaidoyer plus approprié aux circonstances. Aussi éprouvai-je une certaine satisfaction quand j'entendis le second défenseur, un débutant, qui voulait se faire connaître et plaidait pour l'honneur, tandis que le premier n'avait donné son concours qu'à un prix exorbitant. Ce dernier présenta la défense dans un beau langage, sans faire aucun étalage de mots, avec une sensibilité communicative. Aussi, son émotion gagna l'assemblée et les juges eux-mêmes ne purent s'en défendre; mais tous ses efforts furent inutiles. La loi était là, sévère, inexorable. L'accusé, déclaré coupable, fut condamné à la peine de *mort*. Pauvre Resghi, tu méritais mieux!

Ses juges signèrent à l'unanimité un recours en grâce. Je quittai Bône quelque temps après ce jugement et n'ai pu savoir si leur requête avait été favorablement accueillie.

6 *juin* 1838, *à Bône*. — Ce jour fut un jour néfaste. Pendant la nuit, un brigadier du train du génie, qui avait eu l'imprudence de se coucher sur le toit d'une baraque, en est tombé pendant son sommeil, et s'est tué sur le coup. Un soldat d'infanterie, frappé d'une attaque d'apoplexie,

est mort aux Caroubiers. Dans la journée, un fourrier du génie s'est battu en duel et a eu le poumon percé d'un coup d'épée.

Le soir, après le dîner, à six heures et demie, les capitaines Carette et Mangay, Benoit et moi, sommes montés à cheval pour aller nous promener du côté du blockhaus de la plage Bernard ; nous y arrivâmes de bonne heure. Le capitaine Mangay proposa d'aller jusqu'au Fort Génois. Nous applaudîmes à cette proposition et nous voilà cheminant sur le sentier tracé à travers les rochers qui bordent la côte, sentier difficile et à peine praticable aux chevaux. Nos arabes s'en tiraient assez bien ; mais la jument française de Mangay se trémoussait de façon inquiétante. A deux portées de fusil du fort, elle s'emporta, et le capitaine fut projeté sur les rochers. Une contusion au front, une blessure assez considérable au-dessus de l'œil gauche, une écorchure au nez et une douleur assez violente dans l'articulation du col, tels furent les résultats de cette chute. Demeuré un peu en arrière, je pressai le pas ; Benoit descendit de cheval pour soutenir le blessé ; Carette courut à Bône chercher un docteur. Je poussai jusqu'au fort pour faire préparer ce qui pouvait être nécessaire aux premiers pansements. Il n'y avait malheureusement aucune ressource.

Deux barques de pêcheurs se trouvaient au pied du rocher sur lequel le fort est assis. Sur ma demande, l'un des deux patrons consentit à nous ramener à Bône. On dut faire transporter, par des soldats, le blessé à bord de la barque. Il était dans un grand état de faiblesse, presque sans connaissance. Là, à demi couché sur un matelas, la tête appuyée sur mes genoux, il supporta assez bien le trajet. Heureusement, la mer était calme et le vent favorisait notre retour : le trajet de huit kilomètres ne dura pas plus d'une heure. A notre arrivée — il était neuf heures — quatre sapeurs le transportèrent à l'hôpital. Là, on le saigna, on lui bassina la tête avec de l'eau fraîche, etc... Il passa une bonne nuit, et, le lendemain, on était en droit d'espérer que cet accident n'aurait pas de suites. L'événement justifia cette prévision.

Le pauvre capitaine Mangay est décidément bien malheureux avec ses chevaux. Il n'y a pas trois mois qu'il a fait à Alger une chute de cheval, dans laquelle il se cassait un bras.

Cette promenade, qui aurait pu être fort agréable, a été fort triste. Le chemin de Bône au Fort Génois est, en effet, très pittoresque. Cet ouvrage est très bien situé, l'air y est très sain; aussi la garnison est-elle ordinairement composée des convalescents de l'hôpital. Les soldats y sont logés dans des bâtiments en très bon état. Deux lieutenants y résident. Le mouillage des environs du fort est le plus sûr et le plus surveillé de la rade.

A quelque distance se trouve une ancienne carrière romaine, abandonnée, qui renferme un marabout vénéré, dit de Sidi Mohamed. A certaines époques, les Arabes viennent en foule y faire leurs dévotions.

Avant-hier, 7 juin, nous avons fait, sous la conduite de Carette, une autre promenade intéressante. Sortis par la porte de Constantine, nous avons visité les ruines d'un aqueduc romain qui, d'après sa direction et l'examen des lieux, nous a paru avoir été établi pour remplir les *citernes d'Hippone*. Il ressemble, mais avec de moindres dimensions, à celui qui existe à Jouy, près de Metz. Il est construit en briques de grandes dimensions et d'excellente qualité; les voussoirs des voûtes sont aussi en terre cuite.

Ces ruines se trouvent sur le bord d'un ruisseau qui se jette dans la Bougimah, dans une prairie parsemée de lauriers roses qui étaient alors en fleurs.

On trouve souvent chez les Arabes des hommes fort intelligents et bien doués. Tel est l'interprète du génie, un jeune homme de vingt et un ans nommé Larbi; il est né à Bône. Il fut de ceux qui, en 1832, ont été emmenés par Ben-Aïssa à Constantine; sa mère et sa jeune sœur étaient aussi parmi les captifs.

Quelque temps avant l'attaque de la ville, il avait vendu sa maison à un Arabe au prix de cinq cents francs, sous cette condition : « Si tu parviens à me ramener de Constantine ma mère et ma sœur, je te tiendrai quitte de trois cents francs. » La convention eut son effet, les deux femmes furent ramenées. Quant à lui, il parvint à sortir de Constantine par un égout et à revenir dans son pays. Il aime beaucoup les Français, et nous rend tous les services qui dépendent de lui.

Voici l'un de ces services, entre beaucoup d'autres. Une route, en construction, devait traverser un cimetière arabe. C'était une désolation dans le pays; les habitants se lamentaient; ils ne pouvaient se résigner à voir les tombeaux de leurs ancêtres détruits, leurs sépultures violées et leurs ossements foulés aux pieds; on pouvait redouter un mouvement populaire. Un jour, Larbi arriva, une pioche sur l'épaule et un sac à la main. On lui demanda ce qu'il venait faire : « Je viens enlever les ossements de mes pères, répondit-il. Peu leur importe d'être enterrés ici ou ailleurs. On fera la route si l'on veut, et les restes de mes aïeux ne seront pas profanés. » Son exemple fut suivi et l'ouverture de la route se fit dès lors sans encombre.

Le *blockhaus* dit *de la Fontaine* est assis sur un mur de construction romaine, à proximité d'un silo, dont on attribue également la construction aux Romains, *Roumi* (c'est un des noms que les Arabes attribuent aussi aux Français). Autour de cet ouvrage sont des baraques en planches couvertes en chaume, susceptibles de recevoir un effectif de deux cents hommes; ceux-ci couchent sur la paille.

Ce blockhaus est situé à l'entrée d'une gorge, dans laquelle on pénètre par un sentier assez praticable, qui s'engage dans une petite vallée, encaissée entre deux pentes raides, couvertes d'oliviers de la plus grande beauté. C'est un verger superbe, qui aboutit à une montagne escarpée, immense buttoir dont la cime est découpée par des dentelures de formes très variées. A la base de cette montagne s'écoule, avec un doux murmure, la source abondante d'où le blockhaus a pris son nom. Il existe vraisemblablement sur la montagne quelques ruines peu accessibles.

En se retournant, on voit, par la trouée que forme la vallée, la ville de Bône, qui, semblable à un immense voile blanc, se détache sur le bleu foncé de la mer.

Soirée du 9 juin. — J'ai passé ce jour-là, sur la terrasse de notre pavillon, une soirée délicieuse. La température était douce, le ciel pur, la lune pleine d'éclat; aucun bruit ne se faisait entendre, si ce n'est celui de la vague caressant à intervalles égaux le pied du môle. Dans toute l'étendue du golfe, les reflets de la lumière de la lune dessinaient un fleuve argenté; et, çà et là, au milieu de scintillations et de chatoiements variés, apparaissaient des navires mollement balancés par les vagues.

Le rivage opposé du golfe était quelque chose de vaporeux, estompé seulement pour ainsi dire :

les objets qu'on aperçoit dans le lointain, à la lumière indécise de la lune, prennent souvent un aspect fantastique. A gauche se dessinait la silhouette du fort Cigogne, encadrée par la mer brillante; à droite, enfin, — contraste frappant, qui décuplait l'éclat de toutes ces lumières, — on voyait les montagnes élevées et sombres habitées par les Kabyles, sur lesquelles quelques points brillants indiquaient les lieux où ils font le charbon, qu'ils viennent vendre à la ville.

Promenade du 10 juin. — De quelque côté qu'on se dirigeât en sortant de Bône, on était sûr de faire une promenade agréable. En sortant par la porte de Constantine, côtoyant la Bougimah et s'engageant ensuite sur la route de Dréan, on jouissait d'un spectacle enchanteur. Peut-on imaginer quelque chose de plus gracieux que les monticules d'Hippone ? de plus coquet que les jolies barques glissant légèrement sur la Séybouse? de plus agréable à l'œil que cette immense prairie qui s'étend à gauche de la rivière et ces beaux oliviers qui s'élèvent à droite? Plus loin, on trouvait le lieu dit *Jardin de Joseph*. Quel délicieux verger, dont la nature a fait tous les frais et où se développe une végétation extraordinaire! Quel ensemble de merveilles!

Au risque de multiplier les redites, je reprends les impressions déjà ressenties dans mes promenades autour de Bône. Le 13 juin, toujours sous la conduite du capitaine Carette, nous nous sommes engagés dans un sentier tortueux, à peine assez large pour laisser passer un homme à cheval. Le sol était si rocailleux, que nos montures ne savaient où poser leurs pieds; bien plus, en certains points, une végétation luxuriante empiétait sur le passage.

Nous avions sous les yeux un admirable spectacle. Ici des bois d'oliviers, là des touffes de lauriers roses entremêlés à des myrthes fleuris, des roseaux géants, des fougères colossales, de splendides figuiers. Le sol disparaissait sous ce fouillis de plantes.

Ce lieu avait un aspect sauvage. Tout semblait indiquer que l'homme n'avait pas passé par là. On voyait la mer à quelque distance. Nous cherchions un chemin qui pût nous conduire sur la plage, lorsqu'une voix menaçante se fit entendre. C'était un indigène qui nous défendait de passer dans sa propriété : il était hors de lui. On sait combien en France les gens du Midi sont démonstratifs; les Arabes le sont encore plus, si c'est possible... Carette lui demanda avec calme, en arabe, de nous indiquer un chemin qui pût nous conduire à la mer. Il quitta son travail, et, avec beaucoup de complaisance, il nous guida vers un endroit qui nous permit de gagner facilement la plage. On n'est pas toujours aussi complaisant en France, dans nos campagnes surtout.

Dans un certain rayon autour de Bône, nos relations sont assez amicales avec les indigènes. Ils approvisionnent de légumes le marché de la ville; ils y amènent quelques fruits. Les tribus des Karaisas et des Beni-Urgin font des transports de foin pour l'administration et pour les colons. Nous avons vu se diriger vers Bône des files de 80 à 100 mulets, qui disparaissaient sous les énormes masses de foin qu'ils transportaient.

Le fait suivant, de date récente, fait voir que notre autorité commence à être acceptée dans ce pays. Un meurtre vient d'être commis dans une tribu, dont le territoire est situé à une vingtaine de kilomètres de Bône. Le frère du cheik de cette tribu a été tué d'un coup de fusil par un Arabe de la même tribu, qui lui reprochait de s'être approché de sa tente pour regarder sa femme. Le cheik, qui, d'après les usages arabes, aurait pu, lui-même, punir le meurtrier, a préféré invoquer la justice française. Le procureur du roi s'est transporté sur les lieux. Il informe.

Les Arabes ont, en général, un sens droit. En dehors de la guerre sainte, où le fanatisme les aveugle, on pourrait certainement avoir avec eux de bonnes relations. Si l'on court, dans ce pays, de sérieux dangers en voyageant sans armes ou en trop petit nombre, cela vient de ce que les bandits y sont plus nombreux qu'en France et qu'il n'y a pas de gendarmes pour les surveiller.

J'ai beaucoup vanté, et avec raison, nos charmantes promenades autour de Bône; mais il faut se rappeler qu'elles ont *toutes* été faites sous la conduite d'un officier connaissant le pays : c'était, le plus souvent, le capitaine Carette. J'ai été moins heureux dans celles que j'ai entrepris de faire seul.

1° En voulant aller dans un endroit dit *la Petite Oasis*, situé sur la Seybouse, à environ deux lieues de Bône, j'eus la maladresse de m'engager dans des marais à peine praticables, et dans des prairies, nouvellement fauchées et mal nivelées, où mon cheval ne savait où mettre le pied. J'ai dû tourner bride, sous peine de voir ma monture s'enfoncer dans la vase.

2° Le 15 juin, j'ai voulu revoir la vallée des oliviers, où Carette m'avait conduit un soir ; mais je me trompai de chemin et je dus, après diverses tentatives infructueuses faites pour revenir à la ville à travers champs, reprendre en sens contraire le chemin qui m'avait amené à proximité d'un douar inconnu pour moi. C'était, je crois, prudent. Il se faisait tard. Le lendemain, 16 juin, je fus bien dédommagé de ma déconvenue de la veille. Le commandant Dauteville, chef du génie à Bône, désirait, depuis longtemps, faire une reconnaissance dans les montagnes situées à l'ouest de la place. Une excursion fut organisée pour ce jour là. Nous étions une vingtaine de cavaliers ; un guide et un interprète nous accompagnaient. Une mule, chargée de provisions de bouche, était conduite par deux sapeurs conducteurs.

Cette promenade fut du plus grand intérêt, pour moi surtout. C'était la première fois que je gravissais des montagnes de quelque importance, et je ne pouvais me lasser de contempler l'immense étendue de pays que nous découvrions. Le panorama s'agrandissait à mesure que nous nous élevions.

En Algérie, la transparence de l'air est telle que tous les objets sont distincts, même à une distance très considérable.

Ces montagnes, qui, de la plaine de Dréan, paraissent dénudées, étaient couvertes de la plus belle végétation. Les vallées qui les découpent sont très ombreuses. La chaleur y est tempérée et les sources y sont abondantes; aussi, la sécheresse s'y fait à peine sentir, et la verdure y persiste même pendant l'été.

Partis de Bône à quatre heures et demie du matin, nous fîmes une courte halte à sept heures, sous un immense caroubier près duquel se trouve une source d'eau limpide. Vers neuf heures, nous arrivâmes au sommet de la montagne; puis, en descendant vers l'ouest, nous rencontrâmes un ravin ombragé d'arbres magnifiques, parmi lesquels dominaient les châtaigniers et les chênes; au fond, se trouvait un ruisseau.

Là, un Arabe se présenta à nous; nous lui fîmes demander, par l'interprète, du lait et des œufs. Il nous quitta et revint, peu de temps après, avec cinq ou six enfants qui apportaient le lait et les œufs demandés. On alluma du feu, on fit cuire les œufs et on déballa les provisions. Nous fîmes grand honneur à ce déjeuner champêtre.

Le repas terminé, nous nous remîmes en route, toujours vers l'ouest, en enjoignant à nos sapeurs de rester, avec leur mule, à l'endroit de cette seconde halte.

A chaque pas, nous trouvions à admirer. Une forêt vierge, composée d'arbres magnifiques, attira surtout notre attention : on y voyait çà et là des troncs gigantesques, couchés sur le sol et dans un état de décomposition plus ou moins avancée. On ne peut douter qu'à une certaine époque, ces lieux n'aient été entièrement couverts de magnifiques forêts; elles se reconstitueraient d'elles-mêmes, si les Arabes n'avaient la déplorable habitude de les incendier de temps en temps pour préparer des pâturages à leurs bestiaux! Toutefois, dans leur état actuel, ces bois pourraient être exploités avec profit. Le châtaignier y abonde, le chêne vert et le chêne-liège y sont d'une grande beauté.

Après avoir traversé quelques ravins et gravi un certain nombre de pentes assez rudes, nous nous trouvâmes sur un sommet d'où l'on apercevait à droite le rivage de la mer, en avant le lac Fetzara et, à gauche, la vaste plaine de Dréan et les trois étages de montagnes qui y font suite. Au dernier plan se fait remarquer la montagne appelée *la Selle de la Jument,* à cause de sa forme. C'est un point géodésique des plus remarquables; car on l'aperçoit de la casbah de Bône et d'un sommet voisin de Constantine. Le capitaine d'état-major de Boblaye, qui cherche à réunir, par une triangulation, Constantine, Bône et Stora, a déjà tenté, mais sans succès, d'y faire une station. Arrivé au sommet, le brouillard lui a interdit toute espèce d'observation.

La retraite fut commencée vers midi. Nous nous dirigeâmes, par un autre chemin, vers l'endroit où nous avions laissé la mule et les sapeurs; ce chemin passait à proximité du douar d'où l'on nous avait apporté du lait et des œufs. C'était un groupe de cinq ou six misérables cabanes couvertes de mauvaises toiles. A notre approche, il en sortit une meute de chiens féroces qui nous auraient fait un mauvais parti, si nous n'avions été armés de bâtons. Les femmes sortirent de leur retraite pour les retenir et nous apportèrent de nouveau du lait et des œufs, que nous n'acceptâmes pas, bien entendu.

Pour se garantir du soleil, le commandant s'était couvert la tête d'un foulard; l'une d'elles le demanda pour son enfant. Bientôt nous eûmes rejoint nos sapeurs. Ils étaient entourés des habitants du douar et paraissaient en très bonne intelligence. Nous donnâmes du sucre et des sous à tous les gamins. Un d'entre nous avait un briquet à friction ; il eut l'idée de faire allumer une allumette par un enfant. Grand étonnement : tous voulurent en faire autant.

Le chef du douar nous demanda une bouteille pour mettre de l'huile. On fit droit à sa demande et, à ce cadeau, on ajouta deux verres, dont il ne parut pas se soucier.

Ces montagnards paraissent avoir des mœurs douces ; mais il ne faudrait pas trop s'y fier. Tous ont une grande habitude du maniement des armes. Sans armes, ils paraissent les meilleures gens du monde ; armés, ils prennent subitement une tournure martiale. Celui que nous avions vu en premier lieu n'était pas armé, il était venu à nous d'un air tout à fait bon enfant ; à notre retour, il nous apparut avec un fusil à long canon sur le dos : c'était un tout autre homme.

Un des bambins, à peine âgé de dix ans, avait un yatagan à sa ceinture. Deux autres tenaient des espèces de flageolets, avec lesquels ils jouaient un air plaintif et monotone que j'ai peu apprécié.

Après cette dernière station, nous nous hâtâmes de reprendre le chemin de la ville, où nous arrivâmes vers trois heures et demie. La course avait duré onze heures.

Un bon point au sapeur conducteur et surtout à la mule qui portait les provisions. C'était merveille de voir avec quelle adresse et quelle intelligence cette bête se tirait des mauvais pas.

Notons encore qu'il reste dans ces montagnes des traces de conduites d'eau en poterie, indices certains d'une civilisation antérieure.

19 *juin*. — C'est en compagnie du capitaine Brincard que j'ai fait ma dernière promenade dans les environs de Bône. Nous avons voulu, avant notre départ pour Constantine, visiter le lieu dit *la Grande Oasis,* dont on nous avait dit des merveilles. Il est situé à environ 10 kilom. de la ville, sur les rives de la Seybouse. On ne l'avait pas trop vanté : c'est un endroit charmant, un véritable paradis terrestre, ce que j'ai certainement vu de plus beau dans mes promenades. Les figuiers, les grenadiers, les orangers y abondent, tous de la plus belle venue. On y voit des arbres d'Europe, des trembles, entr'autres, qui donnent un ombrage magnifique. Ce lieu enchanté est habité par une fraction de la tribu des Beni-Urgin, dont les cabanes sont disséminées

dans les jardins. Nous avons été acueillis par de très gracieux bonjours. Un seul des habitants a manifesté de l'inquiétude en nous apercevant : il nous prenait peut-être pour des maraudeurs; il nous a accompagnés jusqu'à la limite de sa propriété, sans doute pour prévenir les dégâts.

Sur la lisière de l'oasis, on voit une grande quantité de ruches. A l'extérieur, des terrains assez étendus sont cultivés en céréales. La moisson était faite; plus de la moitié de la paille était restée sur pied. Les indigènes ne recueillent que la partie supérieure qu'ils coupent à la faucille.

En retournant à Bône, nous avons été tout surpris de voir passer près de nous un cabriolet découvert, qui contenait un monsieur et deux dames. Il était attelé de deux chevaux et conduit par un postillon monté sur l'un d'eux.

On annonce le prochain départ d'un convoi pour Constantine : j'en suis bien heureux. Je vais donc enfin sortir du provisoire et mener une vie active et occupée.

Je commençai immédiatement mes préparatifs de voyage. Le magasin de ma compagnie (outils, armes et effets d'habillement) était resté à Bône. Mon capitaine désirait vivement qu'il fût transporté à Constantine et m'avait écrit, à diverses reprises, pour me recommander de le faire expédier par le premier convoi. Je pris les mesures nécessaires : les outils furent mis en ballots susceptibles d'être transportés par des mulets, et les effets et les armes furent encaissés pour être chargés sur des prolonges. Mais, quand je demandai à l'intendance de me fournir des moyens de transport, je ne pus rien obtenir ; elle ne m'accorda pas même ceux nécessaires pour me faire suivre de mes effets particuliers. Il n'y eut pas moyen de se faire affecter sur les prolonges le plus petit coin pour y placer une malle, une valise et quelques objets de literie qui formaient tout mon bagage. Avec quelques camarades, entre autres le capitaine Brincard qui se rendait à Constantine pour remplir un emploi de capitaine en second dans la compagnie où j'étais classé comme lieutenant, nous cherchâmes en vain à équiper des mulets à nos frais. Ils étaient tous retenus par l'administration. Par bonheur, un sergent du génie, plus avisé, trouva le moyen de faire placer la malle de M. Brincard, la mienne et ma valise, comme complément d'un chargement. Les colis du magasin de la compagnie et mes objets de literie restèrent à Bône.

CHAPITRE IV.

VOYAGE DE BONE A CONSTANTINE.

Départ. — Pont romain. — Dréan. — La grand'halte. Nechmeya, ses défenses. — Départ d'une troupe de son campement. — Hammam-Berda, ses eaux thermales. — Un campement en rase campagne. — Guelma, visite des ruines de Calama. — Dîner à Guelma, retour au campement. — Grand'halte du lendemain. — Medjez-el-Amar, sa situation, son étendue. — Hammam-Meskoutine, excellent dîner. — Aspect du pays au delà de Medjez-el-Amar. — Ras-el-Akba. — Cavalier arabe. — Sidi Tamtam, pêche miraculeuse. — Le convoi reçoit des renforts. — Étape de dix lieues, en pays désert. — Dernière étape de six lieues. — Un camp de soldats-faucheurs. — Entrée à Constantine.

Le 21 juin, jour du départ, je me rendis, suivant l'ordre donné, à cinq heures du matin, au rendez-vous général à proximité du pont de la Bougimah; mais, en raison des difficultés que présenta l'organisation du convoi qui se composait d'éléments hétérogènes, nous ne pûmes nous mettre en route qu'à sept heures et demie.

Nous espérions, le capitaine et moi, voyager en

officiers isolés et jouir d'une liberté qui nous permettrait de nous écarter de la colonne pour aller examiner les choses intéressantes qui pourraient se trouver à peu de distance de la route. Notre espoir fut déçu et nous fûmes chargés de la surveillance d'un détachement de 70 canonniers, qui se rendaient à Constantine pour y compléter les batteries d'artillerie; nous dûmes, en conséquence, marcher dans la colonne à une place fixée, à l'arrière-garde; nous la conservâmes jusqu'à Medjez-el-Amar.

La première journée, nous ne rencontrâmes rien de remarquable, si ce n'est, à trois lieues environ de Bône, à droite, un pont, dit pont de Constantine, évidemment de construction romaine, et très solide : il a trois arches en plein cintre; le sol de ce pont a une courbure très prononcée, qui le rend impraticable aux voitures. Dès neuf heures, Dréan nous apparaissait avec ses baraques; mais nous n'y arrivâmes qu'à midi.

Ce camp est entouré de fortifications en terre bastionnée et d'un assez bon profil; sa forme est celle d'un rectangle allongé; sur l'une des petites faces, du côté de Bône, se trouve l'entrée du camp couverte par une façon de demi-lune qui renferme les meules de foin constituant l'approvisionnement. La garnison habite de bonnes baraques. La position de Dréan m'a paru excellente, tant sous le rapport défensif que sous le rapport hygiénique. Une fontaine organisée par le service du génie et située à deux cents pas du camp, fournit une eau limpide et abondante.

Nous fîmes dresser, pour la première fois, notre tente. Afin de ménager nos provisions, nous prîmes nos repas, déjeuner et dîner, au restaurant de l'endroit (cantinière Martin). A notre grand étonnement, nous fûmes bien et confortablement servis.

Le lendemain, à quatre heures du matin, nous quittions Dréan. La route ne présente rien de remarquable; mais il n'y avait pas besoin d'être un agronome émérite pour reconnaître que les terres qui la bordent seraient, en bonnes mains, d'une grande fertilité.

Nous déjeunâmes à la grand'halte, en plein champ. La gaieté présidait au repas. D'excellent café fut le complément du déjeuner, aussi bien pour les soldats que pour les officiers. Il en fut ainsi pendant tout notre voyage.

Nous arrivâmes de bonne heure à Nechmeya.

C'est un fort étoilé avec réduit; mais la fortification n'est qu'ébauchée. Elle consiste en un mauvais fossé creusé en avant d'un parapet, sans forme défensive, qui n'a pas plus de 1^m,60 de hauteur. On pourrait franchir ce parapet à cheval. Le sol du camp sert de banquette. Ce fort a de plus l'inconvénient d'être dans un entonnoir, commandé de toutes parts, à portée de pistolet. Il arrive assez souvent que, malgré les sentinelles, les Arabes viennent pendant la nuit tirailler sur le camp ; on m'a dit que, quelques jours avant notre passage, un soldat avait été blessé. La garnison se compose de quatre compagnies d'infanterie, environ 250 hommes d'effectif.

Cette troupe est sous la tente et les officiers habitent des huttes en feuillage.

Un ruisseau charmant coule près du camp ; ses rives sont garnies de lauriers-roses. Nous n'avons pas pu, le capitaine et moi, résister au désir de nous baigner à leur ombre.

Nechmeya possède aussi des approvisionnements assez considérables de foin ; nous avons profité de cette circonstance pour passer la nuit à la belle étoile, couchés sur le foin et enveloppés de nos burnous.

Le lendemain, dès trois heures du matin, les clairons sonnaient de toutes parts, à pleins poumons : *Debout! Debout!...* C'était chose curieuse de voir dans l'ombre tous ces hommes se lever, s'organiser, et toutes ces silhouttes s'agiter dans tous les sens : bientôt tout devient immobile. Chacun est à son poste, l'appel se fait. Le signal du départ est donné. Cette masse compacte s'allonge et couvre la route comme un long ruban noir. Pendant quelque temps, tout est silencieux; on n'entend que le bruit des quarts frappant en cadence contre les douilles des baïonnettes. On n'a pu encore secouer entièrement le sommeil, et l'on dort quelque peu en marchant; mais le soleil se lève, les yeux s'ouvrent, les langues se dérouillent; la vie est revenue.

Comme je l'ai dit, on déjeunait à la grand'-halte. Dès l'arrivée, la nappe était mise, — une couverture étendue sur le sol. — On se groupait autour. On mangeait d'un grand appétit, on buvait sec, et la fatigue disparaissait. On cherchait, pour prendre ce repas, à s'établir à l'ombre de quelques arbres; mais, à deux étapes plus loin, à partir de Medjez-el-Amar, il n'y a plus d'arbres. Il fallait se contenter de l'ombre que donnaient les prolonges!

Nous arrivâmes à Hammam-Berda, vers huit heures. Ce n'est point un camp, mais un petit fort en maçonnerie. Les prolonges et les autres voitures furent placées à droite de la route, sur un terrain légèrement en pente, de manière à enclore un carré, dans l'intérieur duquel la troupe campa. Un poste avancé fut placé au sommet de la colline, et pendant la nuit le camp fut entouré d'un cordon de sentinelles. A gauche de la route, un peu au-dessus du pied de la colline, sont les sources thermales qui ont donné leur nom à cette localité. Leur température est de 27 degrés Réaumur. On voit les restes des constructions élevées par les Romains pour les utiliser : ce sont des bassins circulaires, dont la paroi intérieure est encore intacte. Dans quelques endroits, une végétation abondante les entoure. Les lauriers-roses y sont nombreux et l'effet qu'ils produisent est charmant. Avant l'occupation française, il y avait aussi sur ce point de grands arbres qu'il n'a pas été possible de faire respecter : il faut du bois pour la soupe.

Après le déjeuner, avec la permission du commandant du convoi, nous partîmes, les capitaines Regnault, Brincard, M. Duménil et moi, pour Guelma, station occupée par les Français, sur la rive droite de la Seybouse, à 5 ou 6 kilom. d'Hammam-Berda. Il était onze heures, la chaleur était accablante. On nous avait dit qu'en moins d'une heure, au pas de nos chevaux, nous pouvions y arriver. Au bout d'une demi-heure, nous rencontrâmes des soldats qui en venaient. Nous leur demandâmes combien de temps il fallait encore : « Une bonne heure, » nous répondirent-ils, et ils avaient grandement raison. Aussi, à notre arrivée, nous étions accablés de fatigue.

Le capitaine Guérin et le lieutenant Rittier, qui étaient attachés à cette place, nous accueillirent avec la meilleure grâce du monde et nous offrirent des rafraîchissements : c'était du repos et du sommeil surtout qu'il nous fallait. Après quelques instants, Brincard et Rittier nous quittèrent, et Regnault se coucha sans façon sur le lit de Guérin, où bientôt il ronfla de la belle manière. Duménil suivit bientôt son exemple, et je restai seul en face de Guérin, qui, fort aimable, me racontait des choses très intéressantes sans aucun doute. Je faisais des efforts inouïs pour résister au sommeil ; mes paupières se fermaient malgré moi. Depuis, il m'a été impossible de me rappeler un traître mot de ce qu'il a pu me dire. Mon supplice dura environ une heure, après laquelle Brincard vint me délivrer. Sa présence me permit de cesser de prendre part à la conversation. Je m'appuyai contre le mur et je fis comme Regnault et Duménil.

Après ce repos si nécessaire, nous nous mîmes en marche, sous la conduite de Rittier, pour visiter les ruines qui couvrent une grande étendue de terrain. Nous fîmes d'abord le tour du camp. Son enceinte, construite en pierres de taille de grande dimension et presque cubiques, est celle qui a été élevée par Bélisaire, après la destruction de la ville de *Calama* par les Vandales. Elle occupe le plateau qui dominait cette ancienne ville. — C'est une position essentiellement militaire. — Des tours carrées assez rapprochées en assurent le flanquement. Pour la rendre défensive, les premiers occupants français se sont contentés de ramasser des pierres éparses au pied des murs et de réparer les brèches en les replaçant les unes sur les autres sans mortier; leurs formes régulières et leur volume suffisaient d'ailleurs pour assurer la stabilité de l'ouvrage.

Dans un angle du camp se trouvaient des ruines très importantes, entr'autres celles d'un établissement de bains qui dut être très considérable. Ces édifices avaient été construits avec des pierres analogues à celles de l'enceinte; elles provenaient sans aucun doute des anciennes murailles de la cité détruite.

Guelma serait un séjour bien intéressant pour un archéologue. On y rencontre partout des pierres couvertes d'inscriptions latines. Les Français, en reconstituant les murs, ont eu l'attention de placer en belle vue les plus intéressantes de ces pierres. Des fouilles amèneraient certainement de précieuses découvertes.

Après avoir visité le camp, nous fîmes une excursion dans les ruines de l'antique cité de *Calama*. Elles couvrent une immense surface de terrain, dont la plus grande partie se trouve au-dessous du plateau occupé par l'établissement actuel. Que de réflexions s'emparent de l'esprit à la vue de tant de murs détruits, seuls restes de tant de somptueux édifices! Ils étaient pourtant construits avec un grand luxe de solidité. Maintenant, de gigantesques chardons dominent en vainqueurs toutes ces pierres renversées. Rittier attirait notre attention sur ce qu'il connaissait de plus remarquable. Nous admirions les ruines d'un cirque immense dont les parties inférieures sont parfaitement conservées.

C'était donc là que se donnaient les horribles

spectacles dont le peuple romain était si avide; où les *matrones* se plaisaient à voir couler le sang. Ces lieux avaient retenti du rugissement des lions et des cris féroces des tigres. Ils étaient maintenant silencieux et l'herbe recouvrait ces banquettes, où les habitants de *Calama* venaient s'asseoir en foule, parés de leurs habits de fête.

A chaque pas, c'étaient des choses intéressantes : une belle pierre consacrée à Hercule, des tombeaux creusés dans le roc, d'immenses citernes; puis enfin le théâtre, édifice d'une dimension colossale et si bien conservé qu'on pourrait y étudier les mœurs scéniques des anciens. Nous ne pouvions nous lasser de contempler toutes ces merveilles. Il fallut, à notre grand regret, s'y arracher.

De retour au camp, nous trouvâmes un excellent dîner. Rien n'y manquait, pas même le champagne. Aussi, le repas fut-il de la plus grande gaieté. Rittier nous raconta, sur le colonel Duvivier et sur lui-même, des choses très intéressantes.

Elles sont rapportées dans une note spéciale insérée dans l'appendice (*i*).

Le camp de Guelma a été parfaitement installé par le colonel Duvivier et par ce brave capitaine Hackett, qui fut tué glorieusement à l'assaut de Constantine.

A notre passage, il était occupé par douze compagnies d'infanterie, par un détachement du génie et un détachement d'artillerie. Tout le monde est logé, soit sous de bonnes baraques, soit même dans des constructions en pierre. On avait amené récemment au milieu du camp l'eau d'une source très abondante dont le goût était un peu marécageux; mais on se croyait fondé à penser qu'une fois le canal d'arrivée nettoyé, ce goût disparaîtrait.

A sept heures et demie, nous quittâmes nos hôtes, et nous avions rejoint notre campement à neuf heures. Nous passâmes la nuit au milieu de notre ceinture de voitures, sous notre petite tente. C'était la première fois que nous n'étions défendus ni par un fossé, ni par un parapet. A ce propos, on nous raconta des histoires variées sur l'audace et l'astuce des Arabes qui, malgré les postes avancés et les couronnes de sentinelles ont, maintes fois, trouvé le moyen de s'introduire dans les camps provisoires pour y commettre des vols. Ils avaient, disait-on, volé vingt-cinq chevaux à l'un des convois qui nous avaient précédés. Quant à nous, nous passâmes une nuit excellente et aucun vol ne fut signalé.

Le lendemain, à l'heure ordinaire, trois heures du matin, le réveil fut sonné, et à quatre heures nous étions en route pour Medjez-el-Amar, que les soldats appelaient toujours le Grand Camp, à cause de son étendue. La route que nous suivions côtoie la Seybouse sur sa rive gauche, sans toutefois s'astreindre à en suivre toutes les sinuosités. La vallée est belle, assez boisée; les bords de la rivière surtout sont charmants; les oliviers y abondent et les lauriers-roses qui garnissent ses rives font le plus heureux effet.

C'est surtout à la grand'halte que cette contrée nous apparut avec tous ses charmes. Nous déjeunâmes près de la Seybouse qui, dans cet endroit, n'est qu'un faible ruisseau, coulant entre d'énormes cailloux, sous un berceau presque continu de lauriers-roses. On a quelque peine à quitter des lieux si agréables pour se remettre en route et affronter les rayons d'un soleil brûlant.

Le camp de Medjez-el-Amar est bien mieux placé sous le rapport du pittoresque et au point de vue agricole qu'au point de vue militaire : il est appuyé à la rive gauche de la rivière, dont les bords sont très escarpés. C'est une faute grave, en pays ennemi, d'avoir négligé le côté militaire. Cette faute ne peut s'excuser que par la nécessité dans laquelle on s'est trouvé d'improviser, en quelque sorte, ce camp, sans qu'il ait été possible de faire la moindre étude préalable du terrain (1). Le principal inconvénient de la situation de cet établissement, c'est qu'il ne peut être occupé avec quelque sécurité que si l'on établit une couronne de postes sur les mamelons qui l'entourent et le dominent à petite portée; aussi a-t-on jugé à propos d'y organiser un réduit adossé à la rivière. (Appendice d.)

En avant de l'enceinte, un groupe de baraques de cantiniers, qu'on nomme le village, est entouré par un mauvais fossé.

On voit enfin, de l'autre côté de la rivière, une espèce de petit ouvrage à cornes, appelé la tête de pont, dont les branches sont flanquées par l'enceinte du camp. C'est assez compliqué, comme on voit.

A notre arrivée, notre premier soin fut d'installer notre tente, puis nous nous rendîmes aux baraques occupées par les officiers du génie.

---

(1) On serait tenté de penser qu'on ne l'a considéré, dans l'origine, que comme un établissement provisoire à occuper seulement pour préparer la deuxième expédition de Constantine.

C'étaient le capitaine Bouteilloux et les lieutenants Charrier et Montespan. Charrier, dont j'ai relaté le passage à Bône, était de ma promotion. M. Bouteilloux s'était déjà fait une réputation dans le corps du génie. Ces messieurs nous firent partager leur bien-être et nous reçurent avec la plus grande cordialité. Un excellent déjeuner nous fit oublier nos fatigues. Nous fîmes ensuite, Charrier et moi, une petite promenade dans le camp, la tête de pont et le lit de la rivière, sur la rive gauche de laquelle ce brave camarade organisait une jolie fontaine, qui promettait de donner de l'eau en abondance; mais ce n'était que l'avant-goût de l'excursion fort intéressante que nous devions faire l'après-midi, — six cavaliers réunis, — aux sources thermales d'Hammam-Meskoutine, à une heure du camp.

Là, nous pénétrâmes en quelque sorte dans un des laboratoires de la nature, le plus grand chimiste que l'on puisse rencontrer; on le voyait opérer à la face du ciel.

Pour se rendre à Hammam-Meskoutine, on suivait d'abord la rive gauche de l'oued Zenati, puis on descendait dans le ravin, aux bords escarpés, dans lequel se trouve son lit. Il fallait traverser plusieurs fois la rivière par des gués assez peu praticables aux chevaux, pour arriver à un endroit où l'activité des phénomènes naturels se ralentit. Là se trouvaient, sur un espace assez étendu, de nombreux cônes blanchâtres, s'élevant de 1 mètre à 1^m,50 au-dessus du sol.

Ces cônes étaient formés de couches concentriques superposées, chacune un peu en retraite sur la couche intérieure. Quelques-uns n'étaient point encore entièrement terminés. Leur sommet était percé d'un trou rond de quelques centimètres de diamètre par lequel sourdait, au milieu d'abondantes vapeurs, un liquide trouble à haute température. A peine arrivé à l'air, ce liquide déposait un limon, composé de carbonate de chaux et de fer hydraté, qui formait, en s'étalant sur le sommet des cônes, les couches dont j'ai parlé. On comprenait facilement comment les cônes s'étaient élevés peu à peu, jusqu'à l'instant où, la force de projection du liquide étant épuisée, le dépôt avait fermé l'exutoire. Alors le liquide s'était ouvert un autre passage à travers le sol. L'âge relatif des cônes terminés aurait pu être déterminé approximativement après un examen attentif.

A peu de distance, se passaient en pleine activité des phénomènes plus curieux. Qu'on se représente un massif, en forme de muraille, d'une quinzaine de mètres de hauteur, placé dans l'alignement d'une des rives du Zenati et découpé sur sa face visible par une série de gradins, que couronnent des corniches entourant des bassins : au-dessus de cette muraille étaient disposés avec une irrégularité, qui n'était pas sans charme, des cônes semblables à ceux dont il vient d'être question. La matière qui constituait ce massif était tantôt d'un blanc éclatant, tantôt d'un jaune ocreux très vif. Des cônes supérieurs s'élançaient, au milieu d'abondantes vapeurs, des jets de liquide de $0^m,70$ à $0^m,80$ de hauteur, lequel s'écoulait sur la paroi desdits cônes et, arrivé à leur base, était recueilli sur une surface légèrement inclinée vers la rivière. De là, il s'épanchait en nappes le long du couronnement du massif. Puis, tombant de bassins en bassins, de corniches en corniches, au bas de la muraille, il formait un ruisseau abondant et fumeux qui allait grossir l'oued Zenati. Ces nappes successives et tremblotantes étaient du plus bel effet. Ce n'est pas tout. Par suite du dépôt des matières tenues en suspension dans le liquide, il se formait des franges élégantes qui, stalactites variées de forme et de couleur, garnissaient les divers étages des corniches.

Ce spectacle était vraiment féerique, surtout lorsque le vent, chassant les vapeurs, mettait tout l'ensemble à découvert.

A la vue de ces merveilles, on ne pouvait s'empêcher de reconnaître qu'il y a bien loin des inventions et des créations de l'homme aux effets produits par le Créateur. Lorsque Dieu entreprend de faire jouer les grandes eaux, il y réussit à l'admiration et à la stupéfaction de tous!

A l'issue des orifices qui les fournissent, les eaux avaient une température de 90° centigrades. Elles cuisaient parfaitement le poisson, de sorte qu'on aurait pu se préparer facilement et rapidement un plat de poisson, en pêchant en amont dans l'oued Zenati.

Ces eaux ont un goût sulfureux et on leur a reconnu des qualités médicinales, qu'on utilise dans un établissement de bains créé depuis cette époque.

Nous retournâmes à Medjez-el-Amar en suivant les crêtes des hauteurs qui s'élèvent sur la rive droite de l'oued Zenati. Un bon dîner préparé par les soins du capitaine Bouteilloux nous réconforta; nous y fîmes grand honneur. Il était fort agréable de manger, bien assis, en face d'une bonne table, couverte d'excellents mets.

Pour comble de prévenances, Charrier m'offrit son lit et je dois avouer que je ne me fis pas trop prier pour l'accepter. Privé de ma literie, je couchais sur la terre nue depuis mon départ de Bône.

Le lendemain matin, nous étions debout avant l'aube et nous nous mîmes gaiement en route; après Medjez-el-Amar, plus de verdure, plus de lauriers-roses, pas le moindre buisson! Dans le trajet de plus de vingt lieues qui restent à faire pour arriver à Constantine, on n'aperçoit que *trois* arbres, situés sur une hauteur assez éloignée de la route. Aussi, hier, après la grand'halte, les soldats avaient coupé du bois en quantité suffisante pour faire la soupe pendant trois jours. Ils portaient presque tous de petits fagots.

Bientôt, nous commençâmes à gravir les pentes du Raz-el-Akba. La route monte en pente assez douce sur le flanc de la montagne, il nous fallut plus de trois heures pour arriver au sommet.

L'année dernière, lors de la marche sur Constantine, l'ascension du Raz-el-Akba avait été de la plus grande difficulté, à cause du mauvais temps. Les terres étaient profondément détrempées et les efforts des chevaux ne pouvaient qu'à grand'peine vaincre la résistance du sol au mouvement des roues enfoncées jusqu'au moyeu. Les voitures ne purent atteindre le plateau qu'au bout de deux jours.

A peu près parallèlement à la route se trouve un ravin, qui contient les ruines d'une ville très importante, *Announa* : ruines dont on dit des merveilles. J'aurais bien voulu les visiter; impossible. La colonne marchait et je me devais à mes canonniers.

La grand' halte se fit à proximité d'un autre ravin, que la route traverse perpendiculairement. A la hauteur d'un douar, situé à environ cinq cents mètres sur la gauche, un Arabe, monté sur un cheval de grande taille, vint caracoler devant nous. Il voulait vendre ce cheval. C'est un sacrifice auquel ils se décident difficilement. Chez eux, les chevaux font, en quelque sorte, partie de la famille; ils habitent avec eux, ils sont traités comme des amis. Il y avait donc lieu de se méfier. Cet animal me paraissait fort beau. Pour avoir le mot de l'énigme, je m'adressai à un officier de chasseurs. « C'est une vieille ruine, » me dit-il.

Le soir, nous campâmes à sept lieues de Medjez-el-Amar, au lieu dit Sidi Tamtam, sur la rive gauche du Zenati. En arrivant, nous y trouvâmes en bataille quatre compagnies du 3ᵉ bataillon d'Afrique, venues pour nous servir d'escorte. Nous eûmes le temps d'aller prendre un bain dans la rivière, ce qui, après les chaleurs de la journée, nous fit le plus grand bien et le plus grand plaisir. Ce cours d'eau est très poissonneux. Quelques officiers se mirent à pêcher et la pêche fut miraculeuse. On n'aurait jamais pu soupçonner qu'un aussi petit ruisseau pût contenir autant et de si gros poissons !

Comme à Hammam-Berda, on forma un quadrilatère avec les voitures, on établit des postes avancés et un cordon non interrompu de sentinelles fut chargé de veiller à la sûreté du camp. Nous fûmes rejoints à Sidi Tamtam par les mulets arabes que l'intendance avait loués à Bône pour le transport du matériel ; — ils avaient marché toute la journée sur nos ailes — et par deux escadrons de chasseurs d'Afrique, venant de Bône pour relever leurs camarades de Constantine. Aussi le lendemain, le convoi prit-il un aspect formidable. Les zéphirs marchaient à l'avant-garde; les chasseurs protégeaient nos derrières et une vingtaine de cavaliers éclairaient nos flancs; c'est dans ces conditions que nous fîmes le reste de notre voyage.

Nous nous étions levés de bien bonne heure ; car nous avions dix lieues à faire. C'est beaucoup sous le soleil d'Afrique et au mois de juin. Nous cheminâmes toute la journée à travers des plaines immenses couvertes d'herbes sèches. Le chardon était la seule plante qu'on aperçût à cette époque de l'année.

Cette contrée a l'aspect d'un désert, aucune terre n'est cultivée, et alors ceux qui parmi nous étaient opposés à l'occupation s'empressèrent de partir en guerre. « Quelle folie! disaient-ils, com-« ment a-t-on pu songer à s'établir dans une « contrée aussi déshéritée? Quel produit pourra-« t-on jamais en tirer, etc., etc. » On ne peut certainement nier que, dans son état actuel, cette contrée ne présente aucune ressource; mais, avant de la condamner et de décider qu'on n'en pourra jamais rien faire, il faut observer et réfléchir un peu. On aperçoit trois arbres sur une hauteur à une certaine distance de la route; on voit presque partout de la terre végétale en couches assez épaisses. Ne pourrait-on pas en tirer parti avec de l'humidité? Comment créer de l'humidité? En plantant des bois.

La présence de ces trois arbres isolés, sur une hauteur exposée à tous les vents, c'est-à-dire dans un endroit où règne la plus grande sécheresse et partant, situés dans les conditions les plus défavorables, n'indique-t-elle pas qu'un reboisement n'est pas impossible? On objectera sans doute qu'une opération de cette nature exigerait beaucoup de temps et de capitaux et que personne ne voudrait se charger d'une telle entreprise. Je le crois. Mais n'est-ce pas là une œuvre nationale au premier chef, et qui peut douter que nos neveux en tireraient de grands avantages? D'ailleurs, cette terre a fait, autrefois, ses preuves. C'était elle qui produisait les céréales abondantes dont les proconsuls d'Afrique gratifiaient les citoyens romains, pour capter leurs suffrages.

Pour comble de malheur, pendant cette rude journée, le siroco soufflait, le siroco! un véritable fléau qui vous casse bras et jambes. Eh bien! quand on a supporté les pluies diluviennes de l'automne sans abri, voire même sous de mauvaises tentes comme celles en service, on se demande si, en campagne, le siroco n'est pas moins insupportable que les pluies. A ceux qui ont été exposés à l'un et aux autres à faire la réponse.

Quoi qu'il en soit, nous n'arrivâmes à l'endroit où nous devions camper qu'à quatre heures et demie de l'après midi, et encore, avant de s'y établir, fallut-il le débarrasser des chardons qui le couvraient.

Il nous restait six lieues à faire le lendemain pour arriver à Constantine : c'était peu de chose pour des hommes entraînés. On peut voir cette ville du haut du *Somma,* mamelon élevé et couvert de ruines : — on pense qu'il y avait, sur ce point, un monument funéraire d'une grande importance, — mais cette satisfaction nous fut refusée. L'horizon était couvert de brume, et nous n'avons pu juger de l'effet singulier que produit, dit-on, l'îlot blanc que forme la ville, au milieu des montagnes environnantes.

A deux lieues en avant de Constantine, se trouvait un camp de soldats envoyés pour récolter les foins. Nous fîmes la grand'halte à peu de distance de ce camp, sur les bords du Bou-Merzoug. Les officiers du génie de la place vinrent, à plus d'une lieue de distance, nous souhaiter la bienvenue. Nous entrâmes avec eux à Constantine, le 27 juin, un peu tard, et très fatigués surtout des dernières journées, où nous avions dû marcher en ordre et militairement.

CHAPITRE V.

SÉJOUR A CONSTANTINE (1).

Situation de cette ville, appendice *d* — La casbah. — Nature des habitations. — Maisons des officiers du génie. — Leur manière de vivre. — Danger de cheminer sur l'escarpement. — Visite aux cascades du Rummel. — Un incendie à la casbah. — Tentative d'assassinat sur des soldats. — Le général Négrier. — Un meurtre à Guelma. — Attaque de la correspondance. — Un dîner chez le général. — Circoncision. — Obsèques. — Mœurs arabes. — Des interprètes. — Visite du terrain des attaques. — Départ du général Négrier, sa cause. — Le hakem, conseil d'enquête. — Anecdotes sur Amouda. — Départ du sous-intendant, du payeur et du chef d'état-major. — Arrogance des domestiques de bonne maison. — Excursion à Salah-Bey. — Labour arabe. — Les Arabes provoquent les écorchures sur les animaux en service. — Comme il faut toujours se garder des Arabes.

La situation de la ville de Constantine (*Cirta* des Romains) est unique au monde. Elle est bâtie

(1) Pendant cette période j'avais beaucoup d'occupations. En dehors de mon service, je passais ma vie dans l'intimité d'un groupe de camarades qui m'étaient très sympathiques. Sur la terre étrangère, des compatriotes se recherchent volontiers. Il me restait donc peu de temps à consacrer à mes notes; j'ai dû les rédiger à bâtons rompus.

sur un bloc de rocher qu'une effroyable convulsion du sol a détaché des montagnes qui l'environnent. Cet immense bloc a la forme d'un quadrilatère dont les dimensions moyennes sont en longueur 650ᵐ et en largeur 500ᵐ.

Ses quatre angles regardent les quatre points cardinaux. Un ravin très profond, dont les parois sont à pic, brisé à angle droit, le détache de deux de ces montagnes, le Sidi Mécid et le Mansourah. Ce sont les deux côtés nord-est et sud-est du quadrilatère ; un des deux autres, celui du nord-ouest, est formé par un escarpement inaccessible qui domine la vallée du Rummel ; une partie seulement du quatrième côté est abordable. C'est donc une espèce de presqu'île.

Au fond du ravin s'écoule le Rummel, de la pointe sud à la pointe nord ; là, il se précipite dans la plaine, d'une hauteur de plus de soixante mètres, avec un horrible fracas. En temps ordinaire. cette chute forme trois cascades successives. Elle devient cataracte pendant la saison des pluies ou lorsque le fleuve est grossi par un orage.

La casbah occupe un espace assez étendu à l'angle nord de la ville ; le reste de la surface du quadrilatère est couvert de maisons serrées les unes contre les autres et séparées par des rues très étroites et de nombreuses impasses. Quelques-unes cependant méritent d'être signalées : ce sont, d'abord, les deux palais du bey, dont le plus récemment bâti est occupé par le général gouverneur ; la maison du bey Salah, dont nous avons fait un hôpital fort convenable ; celle du kalifa et surtout l'édifice vulgairement appelé caserne des Janissaires. Il se distingue par la solidité et même par l'élégance de sa construction. La cour intérieure est fort belle. Les galeries qui l'entourent au rez-de-chaussée et au premier étage sont vastes et supportées par des colonnes élégantes, couronnées de chapiteaux variés d'un bon style. Le sol des chambres est joliment carrelé.

Ajoutons que la plupart des maisons sont à deux étages, — on sent là l'influence du peu d'étendue de la surface dont on pouvait disposer pour les constructions, — et que dans un bon nombre d'entr'elles les parois intérieures des murs sont revêtues en faïence. Cette ornementation très agréable à l'œil donne, en outre, aux appartements une fraîcheur très appréciée pendant la saison des chaleurs.

Les officiers du génie occupaient dans la casbah deux maisons, situées à peu de distance du sommet de l'escarpement ; là, se trouvait une assez vaste plate-forme, mal nivelée, où les affleurements du roc formaient des espèces de gradins; on s'y rendait après le dîner pris en commun et on y passait presque toujours la soirée avec les officiers d'artillerie qui demeuraient à proximité.

Chacun prenait la position qui lui convenait; la configuration du terrain s'y prêtait à merveille et là, debout, assis ou couché, on passait le temps à deviser, en fumant, les regards fixés sur la plaine immense qui se développait à plus de cent quatre-vingts mètres au-dessous de cet observatoire naturel. Nous suivions le vol capricieux des aigles et des vautours qui, en quête de leur proie, évoluaient gracieusement, à cinquante ou soixante mètres au-dessous de nos pieds; nous admirions le soleil qui disparaissait derrière les montagnes de Milah et les effets de lumière variés qui se produisaient alors dans la plaine.

Pour éviter la fraîcheur du soir, qui se fait sentir subitement sous la latitude de Constantine, nous nous séparions ordinairement peu de temps après le coucher du soleil, non sans avoir formé, lorsque le service le permettait, quelques projets de promenade à l'extérieur pour le lendemain.

Le capitaine Foy, neveu du général bien connu,

commandait la compagnie dont je faisais partie. Il était l'âme de nos réunions, et sa conversation était aussi intéressante que variée. J'étais fort heureux de la sympathie qu'il me témoignait.

Un soir, en me rendant, un peu plus tard qu'à l'ordinaire, à cette réunion habituelle, je rencontrai le docteur, chargé du service médical des troupes du génie : il était en nombreuse compagnie. Une partie de ces officiers cheminait à un étage inférieur de l'escarpement. Nous les rejoignîmes non sans peine, mais mal nous en prit; car bientôt le chemin dégénéra en un sentier très étroit où l'on pouvait à peine mettre le pied. La position devenait critique. Le sol était formé d'un roc glissant; à droite s'élevaient des rochers à pic et à gauche on côtoyait un précipice d'une effrayante profondeur, 180 mètres peut-être. Une chèvre aurait refusé d'avancer!

Une fausse honte nous empêchait de retourner sur nos pas. Nous avions cependant conscience du danger, nous marchions sans mot dire. Tout à coup le chef de file fut arrêté par un obstacle. Le sentier était obstrué par un amas de terre fraîchement remuée, qui formait un talus raide recouvrant le sommet de l'escarpement inférieur. Nous engager sur ce talus, c'était nous exposer à le mettre en mouvement et à descendre avec lui dans le précipice. Nous nous consultâmes, et l'examen des lieux nous fit découvrir bientôt que ces terres meubles provenaient de fouilles faites pour dégager une ancienne poterne romaine, pratiquée dans un mur dirigé suivant la pente de l'escarpement. Ce mur, établi pour barrer le passage, était construit en belles pierres de taille placées par assises régulières, dont les joints étaient dégarnis.

Un des promeneurs, gymnaste habile, parvint, à la faveur des cavités que présentaient les joints ouverts, à se hisser au sommet du mur; il donna la main à celui qui le suivait, et tous, nous aidant les uns les autres, nous franchîmes cet obstacle par le même moyen. Au delà du mur, l'ascension de l'escarpement était possible. Nous pouvons nous vanter de l'avoir échappé belle, car le soleil venait de se coucher et l'obscurité, qui dans ce pays se fait presque subitement, commençait. Imaginez un peu ce que nous serions devenus !

On raconte qu'après la prise de la ville, Ben-Aïssa échappa aux vainqueurs en descendant cet escarpement. Tous ceux qui tentèrent cette périlleuse entreprise ne furent pas aussi heureux, bien qu'ils se servissent de câbles pour faciliter leur descente, car on trouva dans le précipice les cadavres d'un certain nombre de Kabyles.

Le malencontreux chemin, dont je viens de parler, nous conduisait du côté des cascades du Rummel. Nous entendions le bruit de ses eaux. Mais, cette voie eût-elle été viable, n'est pas celle qu'il eût fallu suivre pour les voir dans toute leur beauté. C'est de la plaine, en se plaçant bien en face, qu'on peut apprécier le mieux leur effet grandiose.

Aussi, un matin, le lieutenant d'artillerie Roland et moi, nous nous mîmes en route, sabre au côté, pistolets dans les fontes, pour aller jouir de cet admirable spectacle. De la casbah, c'est un véritable voyage, car il faut d'abord traverser la ville en diagonale, — on sort par le côté sud — puis contourner environ la moitié de son périmètre. Une fois hors des murs, c'est une promenade charmante, bien qu'un peu fatigante, en raison des pentes très raides qu'on est obligé de descendre pour arriver au fond de la vallée. Dans ce trajet, nous longions le pied de l'escarpement nord-ouest et nous arrivions peu à peu à voir la vallée sous son véritable aspect. D'en haut, c'est une surface plane; à mesure qu'on s'abaisse, on la trouve de plus en plus accidentée. La végétation luxuriante qu'on y trouve est d'autant plus belle qu'elle forme un contraste plus frappant avec la nudité des rochers gigantesques sur lesquels la ville est assise.

Le spectacle produit par la chute du Rummel défie toute description. Les eaux se précipitent avec un horrible fracas en formant trois cascades successives, avant d'arriver au niveau de la vallée. La hauteur totale de la chute est de plus de soixante mètres et la largeur de la nappe d'eau dépasse, en certains points, quarante mètres. Par un temps calme, le tout est voilé par un épais nuage de poussière jaune humide; mais viennent quelques raffales de vent, c'est un tableau magique qui s'offre aux regards émerveillés.

Si la rivière a été grossie par un orage ou par les pluies, les trois cascades se confondent en une seule et la force de projection devient parfois telle, que de hardis touristes ont pu passer sous l'immense parabole formée par cet énorme volume d'eau.

A droite sont étagés, d'une manière très pittoresque, sur l'escarpement dans lequel débouche la sortie des eaux, des moulins arabes mis en mouvement par des prises d'eau faites au-dessus des cascades. L'eau arrive sur des roues à augets par des conduites en bois inclinées à quarante-cinq degrés. Les nombreux suintements de ces conduites mal entretenues, et l'écoulement des eaux utilisées produisent des filets d'eau qui, de chutes en chutes, retournent au fleuve en traversant des bosquets d'une végétation splendide. Quelle admirable féerie !

Nous ne pouvions nous lasser d'admirer cette belle verdure et les arbres qui encadrent cette merveille de la nature, véritables géants que du haut de l'escarpement on serait tenté de prendre pour d'humbles buissons. Nous nous prenions à regretter qu'on n'ait pas eu l'idée d'organiser cet endroit si pittoresque en promenade. Quelques travaux de viabilité suffiraient.

Bientôt la chaleur, qui commençait à se faire sentir, nous rappela qu'il était temps de rentrer en ville, et, après un dernier coup d'œil, nous reprîmes le chemin que nous avions parcouru le matin, en nous en écartant quelque peu toutefois pour visiter la fontaine tarie de Sidi Memmour et, à proximité, une construction en maçonnerie organisée pour servir à donner des bains; car les eaux de cette fontaine passaient pour avoir de merveilleuses propriétés médicinales.

Cette visite aux cascades du Rummel nous a fait reconnaître que les savants les plus renommés peuvent être entraînés par l'esprit de système à de grossières erreurs. M. Dureau de la Malle n'a-t-il pas émis quelque part l'idée que l'ouverture de la fente du Rummel pouvait bien être l'œuvre du sage Massinissa et engagé les officiers du génie à examiner s'il n'existait pas sur les lieux quelques indices d'un travail humain ?

Nous passions la soirée, comme à l'ordinaire, sur la plateforme de l'escarpement, quand on vint nous prévenir qu'un incendie s'était déclaré chez le colonel du 61ᵉ de ligne. Il habitait, avec un certain nombre d'officiers de son régiment, une maison de la casbah assez voisine de la nôtre. On la voyait de ma chambre. Je rentrai immédiatement chez moi pour me rendre compte de la situation. Au-dessus du toit de la maison incendiée s'élevaient d'énormes tourbillons de fumée, éclairés par une grande quantité d'étincelles. Sur le faîte du toit se trouvaient des sapeurs, qui démolissaient la couverture en tuiles. J'y courus. Une pièce seule était incendiée. C'était un ma-

7.

gasin à fourrage, situé à l'étage supérieur; pour concentrer le feu, on boucha à l'extérieur les fenêtres de cette pièce et on se mit en devoir d'enlever le foin qu'on inondait d'eau afin de pouvoir le transporter dans la cour. A onze heures et demie, la pièce était vide et par conséquent tout danger avait disparu.

Cet incendie, qui, en résumé, a été sans importance, aurait pu être très dangereux; car, au-dessus du magasin aux fourrages, se trouvaient environ cinquante mille cartouches à balles, qu'on avait d'ailleurs commencé à déménager.

La plupart des habitants de la maison avaient perdu la tête. Il avait été nécessaire de monter sur le toit pour tâcher de découvrir le foyer de l'incendie. On pouvait y arriver facilement par une trappe pratiquée dans le plafond de la chambre du chirurgien major. Celui-ci n'eut pas l'idée de faire connaître cette particularité aux travailleurs, qui durent percer un mur épais et faire une ascension dangereuse : pendant cette opération, la situation s'aggravait. Si le sens commun est rare, le sang-froid ne l'est pas moins!

Ici, la multiplicité de mes occupations absorbe tout mon temps; je suis chargé de l'entretien des

bâtiments militaires, et tenu en conséquence à
me transporter presque quotidiennement dans
tous les coins et recoins de la ville : des réparations à faire à la caserne des janissaires, si
maltraitée par nos boulets; des ateliers d'ouvriers
d'art, menuisiers, serruriers, etc. Il est vrai
que, pour la surveillance de cette partie de mon
service, je suis bien secondé par un sous-officier
et deux caporaux; mais j'ai encore à diriger les
travailleurs chargés de l'entretien de la route
nouvellement ouverte de Constantine à Stora et
ce, sur une longueur de plus de dix kilomètres.
Enfin, je dois prochainement faire ouvrir une
profonde tranchée pour enclore le magasin aux
fourrages.

Tout naturellement, la comptabilité de ces différents travaux m'incombe. On peut juger, d'a-
près cette nomenclature, qu'il ne m'est guère
possible de tenir à jour mon cahier de notes.

Cette situation m'a empêché d'inscrire à sa date
le récit d'une tentative d'assassinat, faite par des
Arabes contre des soldats du 60° de ligne. Je le
regrette, car pour bien raconter un événement
dont on a été témoin, il faudrait pouvoir le faire
au moment même ou au moins peu de temps

après. Le récit que je vais faire un peu tardivement perdra nécessairement un peu de la couleur qu'il aurait eue; car cet événement m'avait fortement impressionné.

Le 7 juillet au matin, en sortant du rapport du commandant du génie, qui se faisait dans l'ancien palais du Bey, j'eus à traverser un attroupement assez considérable d'Arabes. Au centre de cet attroupement, qui s'était formé à proximité de la salle d'audience du général commandant la province, se trouvaient trois soldats d'infanterie dont deux avaient la tête enveloppée de bandeaux, quelques chasseurs et des indigènes. Tout ce monde était calme et semblait attendre un événement important.

Voici le fait dont ce rassemblement insolite était la conséquence.

On s'occupe en ce moment d'ouvrir, dans la direction de Stora, une route, qui permettra de transporter à Constantine les produits de l'exploitation d'une forêt située à environ 40 kilomètres de cette ville. Une compagnie du génie et deux bataillons d'infanterie sont employés à la confection de cette route, dont les 26 premiers kilomètres sont faits. Ces troupes sont campées à proximité de leur travail.

Trois soldats d'infanterie étaient hier matin sur cette route, à environ 2 kilomètres du camp, lorsqu'ils furent abordés par trois Arabes à cheval. Ceux-ci leur demandèrent du tabac. Ils leur répondirent qu'ils n'en avaient pas et allaient continuer leur chemin, quand un des Arabes, sans que rien ait pu faire soupçonner son dessein, tira un coup de pistolet sur l'un des soldats, pendant qu'un second Arabe arrachait à un autre Français son fusil. Le tireur manqua son coup ; mais le ravisseur du fusil cherchait à assommer ses adversaires à coups de crosse. Revenus bientôt de leur surprise, les deux Français qui étaient restés armés couchèrent leurs ennemis en joue : ceux-ci détalèrent au triple galop.

Or, le coup de feu avait été entendu du camp. Aussitôt, le maréchal des logis et quelques chasseurs qui se trouvaient aux avant-postes enfourchèrent leurs chevaux et s'élancèrent dans la direction d'où le bruit était venu. En quelques minutes, ils se trouvèrent sur le lieu de l'attaque et, d'après les indications des fantassins, ils se dirigèrent sur un douar assez rapproché. Là se trouvaient attachés, près d'une des tentes, cinq chevaux harnachés, tout fumants, qui venaient, sans nul doute, de rentrer d'une course précipitée. Ils se firent désigner par le cheik les Arabes auxquels appartenaient ces chevaux et les emmenèrent avec eux à Constantine. Les fantassins, après avoir été pansés, s'y rendirent aussi.

Tous avaient été appelés à comparaître devant le général Négrier, dont la justice expéditive était bien connue.

L'affaire était délicate. Il y avait cinq prévenus et seulement trois coupables. Comment les découvrir? Les Arabes ont de la générosité; ils ne sont pas gens à livrer les leurs pour se sauver eux-mêmes. Il y avait donc matière à discussion et les curieux ne s'en faisaient pas faute.

Bientôt la porte de la salle d'audience s'ouvrit. Le général était assis au fond, face à la porte, une table rectangulaire, couverte d'un tapis vert, devant lui; quatre ou cinq officiers siégeaient à ses côtés.

Les trois fantassins, les cinq prévenus et leurs gardiens, puis les chasseurs qui les avaient arrêtés furent successivement amenés à proximité du bureau. La partie de la salle restée libre fut livrée au public.

Après les serments et les recommandations d'usage, l'interrogatoire commença. Il fut relativement très court, bien qu'on fût forcé de recourir à un interprète. Les faits relatés ci-dessus furent parfaitement établis par les dépositions des victimes de la tentative d'assassinat et celles des chasseurs. Quant aux cinq prisonniers, il fut impossible d'en rien tirer. Alors le général les fit mettre sur un rang et ordonna qu'on fît passer successivement chaque fantassin devant chacun d'eux, avec recommandation de les bien examiner et de désigner les coupables; deux furent reconnus sans hésitation comme ayant pris part à l'attaque. Les trois qui restaient furent soumis à un nouvel examen, mais sans résultat. Les soldats déclarèrent qu'il leur était impossible de distinguer le troisième coupable.

Dans cet état de choses, on ne pouvait prendre aucune décision à leur égard. « Je leur donne
« vingt-quatre heures de réflexion, dit le général.
« Ils seront interrogés de nouveau demain et,
« d'après leurs réponses, il sera statué sur leur
« sort. » Ils furent immédiatement reconduits à la prison.

Quant à ceux qui avaient été reconnus, ils furent condamnés à mort, séance tenante, et l'exécution de la sentence ne se fit pas attendre.

On fit venir un peloton d'infanterie, qui se mit

en route en formant la haie. Les deux condamnés marchaient entre les deux files, l'un derrière l'autre, tenus chacun par un spahis. Le chaouch venait ensuite, son yatagan à la ceinture. En avant du cortège, un crieur annonçait l'exécution qui allait avoir lieu et ses motifs. *Tentative d'assassinat sur des Français,* etc..., en langue arabe, bien entendu.

La troupe se dirigeait vers la place du marché, située en avant de la porte de la Brèche, lieu ordinaire des exécutions. Mes camarades m'engageaient à aller assister à ce spectacle. Il faut avoir tout vu, me disaient-ils à qui mieux mieux. Ce n'était pas mon avis, je rentrai chez moi.

La décapitation faite de main d'homme paraît moins horrible que celle qui se fait par la guillotine. Le chaouch de Constantine passait pour très habile. Il avait, disait-on, coupé quatre têtes en moins d'une minute.

Le flegme des condamnés arabes est très remarquable. Ils marchent à la mort avec un sang-froid et une indifférence surprenants. Arrivés au lieu choisi pour l'exécution, ils s'agenouillent d'eux-mêmes, et, pour faciliter l'opération, ils ont soin de bien tendre le cou et de baisser les épaules.

SÉJOUR A CONSTANTINE.

J'avoue que, quoi qu'on en ait dit, j'approuve la conduite du général dans cette circonstance : car il est essentiel, dans ce pays, de frapper fort pour réprimer les brigandages. Il est nécessaire de suppléer à l'absence des gendarmes par la crainte du châtiment et, pour qu'un châtiment produise de l'effet, il faut qu'il suive de près la faute. Les Arabes ne comprennent rien aux lenteurs de notre justice.

Du reste, cette conduite du général Négrier ne lui nuit pas près des indigènes, au contraire : ce sont des hommes aux yeux desquels il faut surtout parler. Il a bien tout ce qu'il faut pour cela : belle prestance, figure martiale, belle tenue, etc. L'appareil de puissance dont il s'environne, les escortes nombreuses qui l'accompagnent dans ses excursions, tout contribue à fasciner des gens pour lesquels l'extérieur est la chose principale.

Ajoutons encore que si, d'un côté, le général sait faire bonne et prompte justice des délits, de l'autre, il prend grand souci des intérêts arabes, au point même d'être quelquefois blâmé.

Voici un fait qui donnera une idée de sa manière d'agir, et qui a trait à la construction de la route dont j'ai parlé précédemment :

Dans une excursion faite, pour déterminer l'emplacement d'un camp à porter en avant pour se rapprocher des travaux, on rencontra, à bonne distance, un site qui présentait tous les avantages possibles : c'était un coquet petit mamelon avec de l'ombrage, au pied duquel se trouvait une source d'une eau excellente et abondante. De l'avis de tout le monde, c'était ce qu'on pouvait trouver de mieux. « Je suis « forcé d'en convenir, dit le général, mais il y a « des douars à proximité; nos soldats iraient « inquiéter les Arabes et je ne le veux pas. » On plaça le camp sur un emplacement moins avantageux.

Cette conduite est en tous points semblable à celle que tenait le colonel Duvivier à Guelma, et tous deux sont parvenus au même résultat : ils se sont concilié l'affection des indigènes.

Cette réflexion me rappelle un fait d'assassinat, analogue au précédent, qui s'est passé à Guelma :

Une colonne française parcourait le pays pour le recouvrement des impôts, et des spahis éclairaient ses flancs. L'un d'eux, en traversant un ravin profond, où il était tout à fait hors de vue, fut assassiné par deux bandits, qui le dépouillèrent et s'emparèrent de son cheval. La nuit venue, ils conduisirent l'animal dans un douar peu éloigné pour le vendre; le cheik le reconnut et devina ce qui s'était passé. Il engagea les meurtriers à passer la nuit dans le douar et envoya un émissaire au colonel Duvivier. Dès le matin, un peloton de soldats se présenta, qui saisit les brigands et les emmena à Guelma. Le crime était patent : ils firent des aveux. Ils méritaient la mort. Mais le colonel était dans la plus grande perplexité : car son grade ne lui donnait pas le pouvoir de les condamner, et, quoi qu'il sentît bien qu'il était nécessaire de faire un exemple, il ne pouvait s'y résoudre.

Heureusement que, sur ces entrefaites, un général, le général Trézel, je crois, passa à Guelma et prit cette condamnation sous sa responsabilité.

On appliqua aux coupables la loi de l'Algérie. Ils furent livrés aux parents de la victime, deux de ses frères, qui les conduisirent sur la place du marché et les décapitèrent.

Ces choses qui nous font frémir, nous autres

Français, semblent tout à fait naturelles aux Arabes.

17 juillet. — Nous sommes en pleine paix. Nous n'avons à redouter aucune hostilité des tribus de la province : les attaques des brigands sont seules à craindre. C'est en raison de cette situation qu'a été organisé le service de la poste entre Constantine et Bône, qui nous met, par les bateaux à vapeur, en communication avec Alger et la France.

Une douzaine de spahis portent, deux fois par semaine, les dépêches d'ici à Medjez-el-Amar, où elles sont échangées avec celles venues de Bône par le même moyen. On a pensé, et jusqu'à présent il en avait été ainsi, qu'une troupe de cette importance suffisait pour assurer à ce service une sécurité absolue. Toutefois, pour ne pas exciter l'avidité des brigands, et donner aux courriers toute liberté d'allures, il leur a été expressément défendu d'accepter des compagnons de voyage, quels qu'ils fussent, sans la permission de l'autorité supérieure. Or, cette défense n'avait point été observée lors du départ du courrier du 17 juillet. Quatre bourgeois, deux Juifs et une douzaine de mulets chargés de marchandises, étaient partis avec les spahis. Un des mulets portait une somme de 20,000 francs.

Ce dernier détail devait être connu en ville et nul doute que les brigands n'en eussent été prévenus. Quoi qu'il en soit, cette espèce de convoi vigoureusement attaqué, à environ 20 kilomètres de Constantine, fut mis en déroute avec une perte de quelques hommes et un certain nombre de blessés. Les mulets furent emmenés par les vainqueurs. Quelques spahis, échappés au massacre, revinrent au grand galop en apporter la nouvelle à Constantine.

En ville, on se perd en conjectures sur la cause et sur les auteurs de cette attaque : on va jusqu'à penser qu'Achmet-bey, le bey dépossédé, n'y est point étranger. A l'état-major, on est convaincu que c'est un coup de main fait par une troupe de bandits alléchés par les marchandises et surtout les 20,000 francs qu'emportait le convoi. On a su plus tard que les assaillants n'étaient pas même au nombre de cinquante. Ils ont eu facilement raison des spahis qu'ils ont surpris, et dont les armes n'étaient pas même chargées! On pense que le nombre des tués est de six.

Une conséquence fâcheuse de cette attaque fut la perte de la correspondance qui était considérable. Ce courrier devait arriver à Bône tout juste pour le départ du bateau. Je tiens du payeur que les colis de la poste contenaient pour plus de 60,000 francs de traites. D'après les règlements, les traites perdues ne pourront être remboursées qu'après un laps de temps de six mois.

Cette aventure m'a rappelé que, pour abréger mon séjour à Bône, j'avais eu l'idée de venir à Constantine par la correspondance. Ce n'eût vraiment pas été prudent.

J'avais remis au général Négrier, lors de ma visite d'arrivée, une lettre de recommandation émanée d'une dame de Paris qui le connaissait. La conséquence de cette recommandation fut une invitation à dîner. Je trouvai à la table du général deux autres invités, le pharmacien major de la division et un médecin aide-major attaché à l'hôpital, et tout naturellement, ses commensaux ordinaires, savoir : son chef d'état-major, son aide de camp, le commandant Niel, chef du génie, et enfin l'officier commandant le poste du palais et l'interprète de la division.

Le général m'accueillit avec une extrême bienveillance et me plaça à sa gauche. Il me fit l'honneur de s'occuper de moi pendant tout le repas, m'offrit de tous les mets et me recommanda ceux qu'il jugeait les meilleurs. Il me mit dans l'embarras en me parlant de la personne auteur de la lettre de recommandation ; mais il s'aperçut bientôt que je n'avais pas l'honneur de connaître personnellement et il eut le bon esprit de ne pas insister. Le dîner était très bon et très bien servi, sans prétentions. Au dessert, on présenta des rayons d'abeilles, garnis d'excellent miel. Le général en raffolait. Il me les vanta beaucoup et je dus, pour lui faire plaisir, céder à ses instances réitérées et en reprendre plusieurs fois. Au milieu de personnages qui m'étaient inconnus, plus âgés que moi et très supérieurs en grade, je devais me borner à écouter la conversation : c'est ce que je fis.

Le commandant Niel avait la parole : on pressentait déjà en lui un homme de haute valeur. Au début, la conversation fut sans intérêt, mais son caractère changea subitement, on en vint à parler de croyances religieuses. Le général fit sa profession de foi. « J'ai des croyances, dit-il, mais elles ne sont pas raisonnées. J'y tiens beaucoup, aussi je ne les discute pas ; car je craindrais de les perdre : ce dont je serais très fâché. » Le commandant Niel riposta. « Il y a bien des choses, il me semble, que nous croyons sans les comprendre. Ainsi, par exemple, le nombre des étoiles ne peut pas être fixé et il ne me répugne pas de croire qu'il est infini, quoique je ne comprenne pas ce que c'est que l'infini, » et il continua quelque temps sur ce ton, en citant d'autres exemples. Le fait est qu'il n'est pas au pouvoir de l'homme de trouver la solution d'un certain nombre de questions religieuses, et que le refuge de ceux qui défendent les croyances religieuses est dans la foi. A ceux qui voudraient discuter on pourrait répliquer qu'il est dans l'univers une infinité de choses auxquelles on croit parce qu'elles se manifestent par leurs effets, bien qu'on n'arrive pas à les comprendre. Or, on ne peut nier que la religion n'ait eu et n'ait encore une immense influence sur les sociétés humaines. Cette considération devrait suffire pour y rattacher tous les bons esprits, qui savent combien l'intelligence de l'homme est faible et bornée.

Après le dîner, on prit le café, on fuma, on causa un peu et on se retira de bonne heure; à neuf heures, j'étais chez moi.

Lors de la visite de digestion que je fis au général quelques jours après, en compagnie du docteur Séjourné, nous le trouvâmes dans un état tout différent. « Mes nerfs, nous dit-il, sont dans un état d'irritation extraordinaire : il m'est impossible de dormir ; le plus fâcheux, c'est que cette excitation pourrait avoir une influence pernicieuse sur ma conduite. Ainsi, je suis généralement d'un caractère égal, et maintenant je me sens le plus impatient des hommes, je crois que je pourrais être méchant : le glouglou d'une bouteille, le moindre bruit m'exaspère. »

Le docteur lui conseilla de s'administrer un calmant. C'était tout naturel. J'en aurais fait autant à sa place.

Ces irritations nerveuses sont assez fréquentes dans ce pays de fièvres ; notre camarade Mangay y est très sujet et ses crises sont assez fréquentes.

Chez nous, le baptême d'un enfant est une fête de famille. Chez les Arabes, on fête la circoncision : cette opération est faite lorsque l'enfant a sept ou huit ans. L'interprète du génie a fait circoncire dernièrement un de ses enfants et il a invité les officiers à cette fête. Je n'avais point encore eu de rapport avec lui : j'ai cru devoir

8

m'abstenir d'y paraître. Voici quelques détails que je tiens d'un de mes camarades.

Les femmes se tenaient au premier étage de la maison, dans la galerie qui entoure la cour. Les hommes se tenaient dans cette cour et dans les pièces du rez-de-chaussée. A un moment donné, on présenta successivement à chacun des invités (hommes) un vase, dans lequel il mettait une pièce de monnaie. Le maître de la maison proclamait, à haute voix, l'importance de chaque don, et les femmes d'applaudir proportionnellement à la valeur du don. Il est dans le caractère arabe de quémander. Dans la rue, tous les bambins, les femmes mêmes, surtout les Juives, vous persécutent pour avoir *ouad soldi,* un sol.

Dernièrement, je revenais de la place de la Brèche et j'étais à peine engagé sous la voûte de la rue Combes, lorsque je vis venir à moi un peloton d'Arabes, six de front sur quatre de profondeur, qui chantaient ou plutôt psalmodiaient. Derrière était un brancard, porté sur les épaules de six hommes; un cadavre, couvert d'un drap rouge, y était étendu. Venait ensuite une affluence considérable d'hommes d'abord et de femmes ensuite. En tête de celles-ci, une pleureuse donnait les signes de la plus bruyante douleur et criait de temps en temps, d'une voix lamentable : *Sidi! sidi!* Je n'ai remarqué aucun signe particulier de deuil sur les vêtements; tous les assistants avaient leurs habits ordinaires.

Dans l'assiette du logement établie après la prise de Constantine, deux maisons de la casbah avaient été affectées au logement des officiers du génie : une d'elles appartenait à un Arabe nommé Mohammed, d'une des premières familles du pays. Avant la conquête, sa famille possédait seize maisons à la casbah et un certain nombre de propriétés rurales. Cette fortune avait d'ailleurs été fortement écornée par les exigences et les confiscations d'Achmet-bey, qui avait fait décapiter son père et son oncle et donné une partie de leurs biens à Ben-Aïssa, le Kabyle, son lieutenant.

Mohammed passait pour un partisan des Français; aussi se conduisit-on à son égard avec la plus grande discrétion. Comme il habitait cette maison avec sa femme et sa belle-sœur, on se contenta de lui demander de livrer immédiatement une chambre, en lui laissant tout le temps nécessaire pour faire son déménagement. Il fut très sensible à ce bon procédé et faisait de fréquentes visites aux officiers qui habitaient la maison voisine, leur apportant presque toujours quelque cadeau : des œufs, du beurre, des galettes, du couscoussou (1). Souvent on l'invitait à dîner, mais il était difficile de le servir à son entière satisfaction. Les Arabes ne veulent pas manger de la viande d'un animal qui n'a pas été tué suivant leurs rites ; nous n'avions pas de légumes; presque toujours il ne voulait manger que des œufs.

Lorsqu'ils prennent part aux repas des Français, les indigènes se servent de cuillers et de fourchettes, pas trop maladroitement ; mais entre eux ils se servent de leurs doigts et mangent avec une insigne malpropreté. Ainsi, ils ne se font pas scrupule de remettre dans le plat les os, après les avoir rongés. Si l'un des convives trouve le morceau encore appétissant, il le reprend pour son compte. Le couscoussou se prend avec un morceau de pain aplati qu'on suce après l'avoir trempé dans le jus, puis on le passe à son voisin. Cette manière de faire est générale; les grands, l'aga et le hakem, ont les mêmes habitudes que le peuple.

(1) Espèce de semoule grosse comme un pois, faite par les femmes.

Mohammed est un *taleb* (savant), c'est-à-dire qu'il sait lire et écrire. La chose est rare chez les Arabes. Le capitaine Foy, qui étudie la langue arabe, lui soumet les thèmes qu'il fait. Mohammed remue les lèvres en les lisant; il semble qu'il doit être difficile de lire seulement des yeux cette langue qui, dans l'écriture, ne comporte pas de voyelles distinctes. Notre ami est très religieux et fait constamment circuler entre ses doigts les grains d'un chapelet, tout en remuant les lèvres.

Un jour, il vint chez ces messieurs en disant qu'il avait trouvé chez lui un papier, écrit par son père et faisant connaître que, sous le carrelage d'une chambre, était cachée une petite boîte contenant de l'or et des bijoux. On fit lever les carreaux de la chambre qu'il désigna, mais on ne trouva rien.

4 *août*. — J'ai revu hier les cascades du Rummel et reconnu sa première voûte naturelle (il en existe trois, de la chute au pont d'El-Kantara). En compagnie de M. Bourdin, j'ai fait l'ascension d'une bonne partie de l'escalier, taillé dans le roc (rive gauche) par les Romains, et qui doit aboutir à la poterne dont j'ai déjà

parlé, pages 113 et suiv. Un amas de décombres rend aujourd'hui sa partie supérieure impraticable. Les eaux de la rivière étaient si basses que nous avons pu la traverser, puis circuler sur la rive droite au milieu de magnifiques jardins, irrigués d'une manière très intelligente par des prises d'eau faites au-dessus de la chute de la rivière; on y voit des arbres superbes et deux sources d'eau chaude, où sont disposées de jolies baignoires taillées dans le roc.

Nous avons gravi le Sidi Mécid et, de son sommet, nous avons pu jouir de la vue de Constantine. Cette ville, si mal bâtie qu'elle soit, plaît par l'originalité de son aspect essentiellement pittoresque. Un grand nombre de minarets, très sveltes et très variés de forme, découpent d'une manière originale un fouillis de maisons et un enchevêtrement bizarre de toits. Aucun des minarets n'est vertical, et on en trouve d'inclinés vers les quatre points cardinaux. Le vent ne peut donc être regardé comme la cause de ce déversement; il est évidemment la conséquence de vices de construction.

Sur le sommet du Sidi Mécid, on voyait encore les emplacements des tentes circulaires dressées à l'occasion du siège. Pendant presque toute cette promenade, nous avons cheminé sur des rochers abruptes. Malgré le surcroît de fatigue, c'était peut-être un agrément de plus, à cause des difficultés qu'on rencontrait à chaque pas. Nous sommes rentrés en ville par la porte d'El-Kantara.

J'ai souvent, pendant mon séjour en Algérie, regretté de ne pas savoir l'arabe. A Bône, à Constantine, cette ignorance ne présentait guère d'inconvénients, parce que je n'avais affaire qu'à des Français. Mais plus tard, à Milah par exemple, où j'ai été chef d'un service trop peu important pour comporter un interprète attitré, j'avais bien de la peine à me faire comprendre des indigènes, même pour les choses les plus simples.

Du reste, il y a tout à gagner à pouvoir se passer d'interprète : l'aphorisme italien *traduttore traditore* leur est tout à fait applicable. On a vu dans l'affaire Resghi quels résultats fâcheux peut avoir l'insuffisance d'un interprète; mais sa mauvaise foi peut être plus dangereuse encore. Ils ne se contentent pas de tronquer les demandes et les réponses, ce qui souvent en change le sens; ils vont même jusqu'à les dénaturer.

Il serait d'un grand intérêt pour nous que les

officiers français, ou au moins un certain nombre d'entre eux, apprissent la langue arabe ; car alors on serait sûr d'avoir des interprètes sincères.

Ma surveillance de l'atelier, chargé de l'entretien de la première partie de la route de Constantine à Stora, avait son agrément, en ce qu'elle m'obligeait à circuler dans la partie la plus agréable des environs. Je faisais ordinairement ces excursions le matin, de manière à pouvoir être de retour pour le déjeuner. J'ai pu admirer à loisir la vallée du Rummel, la maison blanche et ses jardins ; le plateau sur lequel se trouve l'ancienne ferme de Salah-bey, qui se détache si bien sur le Carcara, et toute cette belle végétation qui borde la rivière, les saules pleureurs dont les branches pendent échevelées sur ses rives et donnent au paysage un aspect doux et mélancolique. Le Sidi Mécid et l'immense bloc de rocher sur lequel la ville est bâtie en forment le fond. Ces masses apparaissent confuses et perdues dans la brume du matin. Les maisons de Constantine formaient, à droite, de vagues dentelures, qui couronnaient le tout d'une manière très pittoresque. Très souvent, le voile était si épais qu'on ne pouvait savoir où finissait la montagne et où commençait la ville. La sortie du Rummel était cachée par un épais rideau ; on entendait seulement le fracas des eaux.

J'ai visité le terrain des attaques, le dimanche qui a suivi le jour de mon arrivée à Constantine, avec les officiers de la compagnie dans laquelle je venais d'entrer, M. le capitaine Foy et le lieutenant Scheffler qui, tous deux, ont pris une part très active aux travaux et aux combats du siège. Je ne pouvais avoir de meilleurs guides. Ils m'ont fait parcourir le terrain occupé par les troupes et celui où les tranchées ont été creusées et les batteries françaises établies. (Appendice *f*).

Ces travaux sont encore très visibles, et l'on rencontre même encore quelques boulets turcs sur leur emplacement. J'ai écouté avec le plus grand intérêt les détails qu'ils ont bien voulu me donner et leurs réflexions. Nous avons ensuite contourné le Coudiat-Aty et longé l'aqueduc romain, dont les restes ont un caractère très imposant. Bientôt nous avons rencontré le Rummel, que nous avons passé à gué, non sans quelque difficulté ; car son lit est obstrué de grosses pierres très polies, sur lesquelles les chevaux trébuchaient.

D'autre part, la vue de ces eaux bondissantes et rapides tend à provoquer le vertige chez les cavaliers. J'ai dû m'abandonner à l'instinct de mon cheval. Nous continuâmes notre promenade sur la rive droite du Rummel, que nous côtoyâmes jusqu'à son confluent avec le Bou-Merzoug, toujours parlant du siège et des divers incidents auxquels mes cicérones avaient été mêlés.

Un convoi arrive aujourd'hui de Bône. Il est commandé par le maréchal de camp Galbois, qui vient remplacer le général Négrier. Cet événement est d'une grande importance. Le général Négrier était bien à sa place ici. C'est l'homme qu'il fallait; il avait parfaitement compris son rôle, aussi ses efforts ont amené les meilleurs résultats. L'autorité française est reconnue partout, nos envoyés sont bien accueillis dans toutes les tribus; toutes payent l'impôt sans difficulté. La province la plus récemment conquise est la plus soumise, la plus tranquille de l'Algérie. Pourquoi ce départ? Pour l'expliquer, il faut prendre les choses d'assez loin.

Immédiatement après la prise de Constantine, on s'occupa d'organiser l'administration du beylick. Il parut convenable d'associer au représentant de l'autorité française un indigène influent et capable, attaché de bonne foi à la France, qui devrait être l'intermédiaire entre ce fonctionnaire et les habitants. Ce choix était de la plus grande importance. Car, fidèle et capable, le lieutenant (*hakem*) pouvait être pour le gouverneur de la province un aide précieux, tandis que, perfide ou incapable, il pouvait annuler ou au moins entraver l'action de l'autorité française.

Or, parmi les Arabes les plus en vue, qui avaient salué notre arrivée à Constantine, se trouvait un homme du nom d'Amouda, appartenant à une des meilleures familles; il était jeune encore, d'une jolie figure, d'une belle tenue, vraiment séduisant, mais peu estimé de ses coreligionnaires en raison de sa mollesse et de ses allures efféminées. Le maréchal Valée, ensorcelé par lui, — c'est le mot, — le choisit pour hakem. Funeste erreur! comme on verra.

Les fonctionnaires arabes n'ont d'appointements que ce qu'ils prélèvent sur les recettes qu'ils font. On ne peut donc pas dire qu'ils sont concussionnaires si leurs prélèvements restent dans des limites raisonnables; mais il faut avouer que ce n'est pas là le cas ordinaire : tous ou à peu près tous abusent de leur situation.

Amouda les dépassa tous en rapacité ; ainsi, sur la contribution de guerre de 210,000 francs imposée à la ville, il s'appropria, dit-on, 110,000 fr. ; sa charge lui donne le droit de nommer les cheiks et ceux-ci, sous le bey Achmet, payaient, lors de leur entrée en fonctions, un droit d'investiture. Il a maintenu cet usage *à son profit*, et, pour augmenter son revenu, il les révoquait sous le moindre prétexte, et se procurait ainsi de nouvelles contributions. On prétend même que, maintes fois, il a donné ces fonctions aux plus offrants.

Le général Négrier, qui ne s'accommodait pas de ces façons de faire, lui en fit des reproches. Amouda n'en tint aucun compte. Alors il le fit mettre en prison, en informa le maréchal et lui demanda la destitution du coupable. Celui-ci feignit de n'avoir pas compris, et, dans sa correspondance, il parlait toujours du hakem comme s'il eût été en liberté. Première cause de mécontentement pour le général.

Il en eut bientôt une autre, qui le froissa peut-être davantage encore. Pour bien établir l'autorité française dans la province, le général avait jugé à propos de faire de temps en temps, à l'instar des Turcs, des promenades militaires. Et, de fait, la tranquillité qui régnait dans son gouvernement était la conséquence de cette pratique. Sa conduite n'était pas approuvée par le maréchal, qui profita de la première occasion pour les interdire. Le commandant du cercle de Medjez-el-Amar, le colonel Dauriac, la lui fournit. Lors d'une sortie, ce colonel, tombé dans une embuscade préparée par un cheik traître à la France, fut très malmené et perdit quelques officiers. L'échec fit du bruit, et le maréchal, alléguant ce fait, défendit expressément au général Négrier de continuer à faire ses promenades militaires.

Dans cette situation tendue, le général demanda à rentrer en France.

Le général Galbois avait apporté, de la part du maréchal, des présents magnifiques pour l'aga Ben-Amelaoui et pour le kaïd Ali. Il disait à qui voulait l'entendre qu'il lui avait été recommandé de suivre les errements de son prédécesseur et qu'en conséquence rien ne serait changé à l'administration. Il fit même un ordre du jour à ce sujet. Tout était donc pour le mieux, mais la satisfaction ne fut pas de longue durée; car son premier acte de pouvoir, en rentrant en ville après avoir fait la conduite au général Négrier, fut de tirer le hakem de prison.

Quelques jours après son arrivée, le nouveau général passa en revue, près du Coudiat-Aty, derrière les ruines de l'aqueduc romain, toutes les troupes de la garnison. Amouda, rayonnant et plus beau que jamais, l'accompagnait. Il affectait de se faire baiser la main par ses subordonnés. Je pus l'examiner à mon aise, lorsqu'il passa devant le front de ma compagnie. Ses vêtements, le harnachement de son cheval étaient d'une élégance extrême. C'est un de ses principaux moyens de séduction. On pouvait dire de lui, comme d'une femme, qu'il portait bien la toilette. C'est vraiment une superbe créature; mais ce n'est pas un homme. Il n'y a rien de mâle dans ses traits.

Les accusations, dont le hakem avait été l'objet étaient si nombreuses et si graves, qu'il était impossible de ne pas en tenir un certain compte. On nomma, en conséquence, un conseil d'enquête devant lequel il dut rendre compte de sa gestion. Deux de ses ennemis avérés, l'aga et le kalifa, en firent partie. C'était une garantie, et on pouvait compter que l'instruction serait sérieusement conduite.

On n'eut pas de peine, d'ailleurs, à le trouver en faute. Les comptes qu'il présenta ne justifiaient rien, et il fut forcé, tout d'abord, d'avouer qu'il avait employé plus de 300,000 francs appartenant aux Français à faire des cadeaux dans leur intérêt, disait-il : entre autres, au colonel Bernelle, premier gouverneur de Constantine, et à son aide de camp, savoir, quatre mille francs au premier et mil huit cents francs au second. Du reste, il ne fournissait aucun reçu et son livre de compte ne renfermait que des inscriptions vagues. Exemple, *dépensé dix-sept mille francs pour les Français*. Comme complément d'explications, il disait qu'il pouvait bien y avoir un déficit; mais que les Français étaient généreux et justes et qu'ils n'étaient pas gens à se faire servir sans rémunérer convenablement leurs agents !

Quant aux objets précieux dont il avait la garde et qu'il ne représentait pas, il se contentait de dire qu'il en avait fait des cadeaux. Peu satisfaite de cette réponse, la commission fit une descente chez lui; mais elle trouva une maison dévalisée. Il s'était hâté de faire emporter ce qui pouvait le compromettre.

Le résultat de l'enquête fut consigné dans un procès-verbal qu'on envoya au maréchal. Celui-ci, qui tenait à maintenir le hakem en place, quand même, étouffa l'affaire et chargea le général Galbois d'adresser au coupable repentant une mercuriale anodine.

Trop souvent les choses se passent ainsi.

Ce coup d'éponge ne le réhabilita pas auprès du public, tant s'en faut. On ne racontait au contraire qu'avec plus d'entrain mille anecdotes sur son compte. En voici quelques-unes :

Il avait la bosse de la rapacité si développée que, de la prison même où le retenait le général Négrier, il trouva moyen de faire vendre, à son profit, une certaine quantité de blé, qui devait être donnée en échange de bœufs achetés par l'administration des vivres.

Il se promenait un jour, à cheval, avec le colonel Bernelle, le premier gouverneur de Constantine. Tous deux étaient bien montés ; mais le cheval d'Amouda avait plus de valeur. Le colonel lui fit entendre qu'il désirait beaucoup échanger son cheval avec le sien en tenant compte, bien entendu, de la plus value. Et tout en cheminant, il lui présenta une pièce neuve de 20 fr. « C'est le portrait du sultan des Français, » lui dit-il, en la donnant. Plus loin, il lui mit entre les mains une longue-vue qu'Amouda apprécia beaucoup. « Garde-la, » dit-il. Dans sa pensée il avait donné la plus value du cheval. De retour en ville, le hakem le quitta sans rien dire, mais il lui fit remettre, le lendemain, une lettre, dans laquelle il le remerciait de ses cadeaux et lui déclarait qu'il ne pouvait se décider à se séparer de son cheval !...

Une selle magnifique avait été envoyée par l'aga au général Négrier. Celui-ci chargea le hakem de la lui rendre, en lui disant que sa conscience lui interdisait d'accepter aucun présent. Le hakem la garda pour lui et, comme il ne la trouvait pas encore assez belle, il y fit faire des embellissements assez coûteux. Le général l'apprit et il obligea Amouda à donner au fils de l'aga la selle ainsi embellie.

On vérifiait l'inventaire des bijoux confisqués à Ben-Aïssa et confiés au payeur, M. Falcon. Une très belle bague manquait. M. Falcon en avait constaté l'existence quelques instants auparavant. « Qu'on ferme les portes, dit-il. Personne ne sortira d'ici avant que cette bague ait été retrouvée. » Le hakem, qui était présent, la tira de dessous son burnous. Voulait-il s'approprier ce bijou ou compromettre le payeur ?

Bien que réhabilité en apparence, Amouda ne l'était donc pas en réalité. Il le sentait bien et il lui vint l'idée, idée malheureuse, de donner un dîner aux personnages les plus considérables de Constantine, Français et Arabes. Il avait lancé vingt invitations. Dix invités seulement se présentèrent : le général, ses deux aides de camp et les personnes que leur situation dépendante forçait d'assister à cette réunion.

Ç'a été la revanche du général Négrier.

Importante nouvelle : le sous-intendant, le payeur et le chef d'état-major quittent Constantine. Il est bien étonnant que le commandant Niel n'ait pas été compris dans cette fournée. Dès lors, tous ceux qui avaient été les collaborateurs du général Négrier eussent été évincés; c'est une véritable proscription.

Ce coup d'autorité s'explique par le peu d'entente qu'il devait y avoir entre le général Galbois, protecteur du hakem, et les ennemis de cette créature du maréchal.

Hier, dans la galerie du palais, se trouvait le sergent Desjardins, homme sérieux, déjà d'un certain âge, estimé de nous tous, et de plus décoré à la suite du siège; il était venu examiner quelques travaux de réparation récemment faits. Survient, en sautillant, un joli petit monsieur à petites moustaches noires, sanglé dans une espèce de capote militaire bien ajustée : « Sergent, dit-il à Desjardins, d'un ton dédaigneux, et sans aucune marque préalable de déférence, vous penserez à mon four, il a grand besoin de réparation. Impossible de faire de pâtisseries. Vous entendez, sergent. »

Celui-ci le regarde avec stupéfaction et, après un silence, lui répond sèchement : « Nous verrons, » en lui tournant les talons.

Le petit Monsieur était « le chef » du général.

Je ne sais qui dirige la maison du général, mais il s'y passe des choses singulières. Voici une anecdote que je tiens de l'officier d'administration. On lui présenta, un jour, un bon de vivres ainsi conçu : « Un mouton, un aloyau, deux filets de bœuf, deux carrés de côtelettes, un bon pot-au-feu, » pour la maison du général. Il ne pouvait en croire ses yeux. Cette fourniture équivalait à plus de soixante rations. Or, la maison du général n'a droit qu'à dix-huit rations, en y comprenant celles de l'aide de camp, de l'officier d'ordonnance et de l'interprète.

L'officier se rendit chez le sous-intendant pour

lui faire observer qu'il ne pouvait donner au général trois fois plus de rations qu'il ne lui en était dû : « Attendez, j'y penserai », dit l'intendant. Le lendemain, après le rapport, il accosta l'aide de camp et lui fit sentir que l'employé de l'administration était dans l'impossibilité de satisfaire à la demande du général. Celui-ci l'écoutait à peine. Alors impatient : « Je vais parler au général », dit l'intendant. — « Gardez-vous en bien, il n'y a rien qui ennuie plus le général que ces choses-là. Les détails de cuisine lui sont on ne peut plus fastidieux. » — « A la bonne heure, mais nous ne pouvons pas lui faire de cadeaux. Quand on a besoin d'objets qui ne peuvent être compris dans la ration, on les achète : tout le monde le fait. » Lorsqu'il vit que l'intendant le prenait sur ce ton, l'aide de camp capitula : « Je verrai à arranger cela, » dit-il. Il avait sans doute laissé faire les bons par le chef de cuisine, qui croyait qu'il n'y avait qu'à demander; on ne devait, selon lui, rien refuser à un homme au service du général.

Excursion à Salah-bey. — Nous étions plus de cent cinquante cavaliers, le général Galbois, à peu près tous les officiers montés et leurs ordonnances, le kakem, l'aga, le kaïd et d'autres personnages indigènes importants : nous avions pour escorte une troupe nombreuse de chasseurs et de spahis. Nous suivîmes la route de Stora jusqu'au gué du Rummel qui se trouve à peu de distance en aval du confluent de l'Oued Mélé, ruisseau salé à tel point que ses deux rives sont couvertes d'abondantes efflorescences salines.

Grossi, la veille, par un orage, ce cours d'eau avait entraîné, à l'emplacement même du gué, un volume considérable de terre et de gravier qui forma barrage. Aussi, le Rummel avait-il dû se frayer un passage à travers la route que j'étais chargé d'entretenir.

Ce mauvais pas franchi, nous cotoyâmes pendant quelque temps la rivière sur sa rive gauche, puis nous nous engageâmes dans l'étroit et difficile sentier, dit route de Milah, et enfin, tournant à droite, nous entrâmes dans un chemin charmant, qui traversait des jardins bien cultivés et conduisait à la ferme de Salah-Bey. Autour de cette habitation fort agréable, se trouvent de belles eaux chaudes et des ombrages magnifiques. J'ai admiré surtout un palmier gigantesque, placé à proximité de bâtiments importants et en assez bon état. Là, nous mîmes pied à terre pour nous promener dans les jardins. On y trouve à chaque pas de jolis bosquets et des ruisseaux abondants et limpides. Les habitants nous apportèrent à l'envi des raisins et des figues de Barbarie, qui nous firent grand plaisir.

Poussés par la curiosité, nous nous séparâmes, Roland et moi, de la masse des promeneurs pour pénétrer plus avant dans la propriété, et nous rencontrâmes bientôt un Kabyle en train de labourer.

Sa charrue ne me parut pas différer beaucoup de celles des paysans français. Deux bœufs y étaient attelés : le joug était appliqué sur leurs épaules. Ce mode d'attelage doit souvent provoquer des écorchures et il a l'inconvénient, à mon avis du moins, d'empêcher ces animaux d'agir avec toute la puissance dont ils sont susceptibles.

Je dois faire ici une remarque générale. C'est que les Arabes s'inquiètent peu des écorchures des animaux de travail. J'ai même quelque raison de croire qu'ils les provoquent, afin d'avoir plus d'action sur leurs bêtes en les piquant sur des plaies vives. C'est ce que m'a dit, un jour, très clairement un gamin, qui m'apportait de l'eau pour faire le mortier nécessaire aux réparations de la caserne des Janissaires. Des deux ânes qu'il employait à ce transport, l'un était écorché sur la croupe et c'est celui dont il se louait le plus, parce qu'il pouvait le faire marcher plus vite que l'autre, en le piquant sur sa plaie saignante.

Le Kabyle laboureur n'avait pas d'aiguillon. Il faisait manœuvrer ses bœufs à l'aide de la voix seulement et ceux-ci, sans hésitation aucune, se retournaient, avançaient, obliquaient à droite ou à gauche, suivant qu'il était nécessaire. Les indigènes parlent constamment aux animaux qu'ils emploient. Il semble que la parole est leur principal moyen d'action.

On cite, à ce sujet, des faits tout à fait étranges arrivés à Bougie. Dans cette ville, comme on sait, les tribus kabyles voisines sont hostiles et la garnison, très réduite, n'a aucune action au dehors. On y entretient pour les besoins du détachement français des troupeaux de gros bétail, qui sont soignés par des soldats. Ceux-ci les mènent paître à peu de distance de la ville, presque sous les murs. Eh bien! il est arrivé plus d'une fois que des cavaliers kabyles, arrivant à l'improviste, ont eu l'audace de pénétrer au milieu du troupeau en jetant certains cris, et que soudain les animaux qui paissaient tranquillement, saisis d'une ardeur subite, ont abandonné pâturages et gardiens et se sont élancés au galop à la suite des ravisseurs.

En continuant notre promenade, nous vîmes deux jeunes gens qui n'osaient pas s'approcher de nous; survint un homme d'un certain âge qui les y décida. Ils se présentèrent en disant : *Didou bono! Didon, Didou, Dido.* C'est le nom que le peuple nous donne. C'est une application originale de la locution française *dis donc,* dont nous nous servons souvent pour appeler quelqu'un. Ainsi les indigènes disent couramment : *Bonjour Dido,* traduction : Bonjour, Français.

L'homme tenait sa main gauche derrière son dos; il se faisait suivre par les jeunes gens. Nous avions rebroussé chemin et nous nous dirigions vers l'endroit où était le gros de la société; mais, à petits pas, de sorte que bientôt le groupe nous atteignit. Quand l'homme fut à ma portée, je lui fis montrer ce qu'il tenait dans sa main gauche. C'était une faucille. Il s'écria : *Sami-sami Kabaïl.* Il avait compris mon sentiment de défiance : je crois qu'il était justifié. Pourquoi cachait-il ainsi son outil?

Nous nous remîmes bientôt en selle et je profitai de mon passage près du gué ensablé pour examiner les réparations à faire.

J'apprends que ma compagnie va être envoyée au camp du Smendou pour y relever la compagnie Andreau. Nous continuerons la construction de la redoute défensive et celle de la route de Constantine à Stora.

CHAPITRE VI.

CAMP DU SMENDOU; ROUTE DE CONSTANTINE A STORA.

Neige artificielle. — Une journée au Smendou pour le soldat... pour l'officier du génie. — La nuit au camp. — But de l'établissement de la route. — Des zéphyrs, l'adjudant-major du bataillon. — Siroco. — Promenade aux environs du camp. — Naissance du comte de Paris. — Brusques variations de température. — Capitaine Montauban. — Embarras du général Galbois. — Des moyens de campement. — Emoi des Kabyles. — Mauvais temps. — Conséquences du prolongement de la route sur le territoire kabyle. — Variation des noms donnés aux cours d'eau. — Séances de lever. — Bourrasques. — Les indigènes aujourd'hui désorganisés ne sont guères à craindre que pour les isolés. — Fautes et défaillances de quelques officiers français. — Admirable panorama vu des hauteurs de la chaîne du Kantours. — Le maréchal Valée à Constantine. — Affaire du hakem Amouda. — Le colonel Vaillant au Smendou. — Visite de l'ouvrage. — Anecdotes sur le général Lamy.

Depuis deux jours nous sommes au camp du Smendou et nous avons pris ce matin nos nouvelles occupations, dans d'assez mauvaises conditions. La chaleur est étouffante et le siroco souffle avec violence : il emporte les graines des chardons gigantesques qui couvrent presqu'en totalité les terrains voisins du camp.

Ces graines sont garnies d'aigrettes blanches, qui les font ressembler à des flocons de neige et il est assez curieux de voir, par cette température sénégalienne, des espaces considérables présentant l'aspect de champs couverts de neige.

Le placenta (fond) du fruit de cette plante est comestible, les indigènes en font grand usage. Il a tout à fait le goût de celui de l'artichaut, auquel du reste les chardons dont je parle ressemblent beaucoup.

Comment les journées se passaient au camp du Smendou. — A 4 heures et demie du matin, le clairon sonne. Les tambours se préparent, on entend le cliquetis des baguettes qui frappent sur la tranche de l'enveloppe de cet instrument. Au signal du caporal-tambour, une diane étourdissante se fait entendre. Tout s'ébranle dans le camp. Les tentes, un instant auparavant silencieuses, retentissent des conversations bruyantes des soldats. Bientôt elles vomissent leurs nombreux habitants. La fanfare du bataillon est à son poste. Elle appelle aux armes. En un clin d'œil, les rangs sont formés et les faisceaux sont rompus. La voix grondeuse des sergents active les retardataires, on procède à l'appel. Le détachement de travailleurs se forme sur l'emplacement habituel et, fusils en bandoulière, pioches ou pelles sur l'épaule, les hommes se mettent gaiement en route.

A l'arrivée au chantier, les tâches sont distribuées par compagnie. C'est un spectacle plein d'intérêt que celui de ce peuple de travailleurs en action. Avez-vous vu une de ces buttes roussâtres, semblables à des amas de terreau, que les fourmis élèvent dans nos bois? Quelle activité prodigieuse règne aux alentours! Eh bien! c'est une faible image, toutes proportions gardées, de l'aspect d'un grand chantier de terrassiers militaires travaillant à la tâche.

A huit heures, on quitte le travail pour revenir au camp; à neuf heures, les gamelles sont remplies, on les prend d'assaut : elles sont vidées en un instant. Et chacun rentre dans sa tente pour prendre un repos bien gagné.

A dix heures, on bat la retraite et jusqu'à deux heures et demie aucun bruit n'est toléré dans le camp. Toutefois, les conversations sont permises dans les tentes. Elles doivent souvent présenter de l'intérêt. Ainsi, dernièrement, j'entendais un soldat dire avec conviction : « La pomme de terre est une seconde viande. » Voilà pour le sérieux, et quelques jours après, j'étais retenu à proximité d'une des tentes de nos sapeurs par la description que faisait l'un d'eux du *theyâtre* d'Arras, y compris les *colisses* et la *cabane* du souffleur qui se trouve dans le *mitan* des quinquets!

A deux heures et demie, on sonne une nouvelle diane : tout se passe comme le matin et on reprend la route qui mène au chantier; mais l'ardeur a diminué; car la chaleur est venue et elle a amorti les forces. Heureusement que les travailleurs ont eu soin de faire le matin, à la fraîcheur, la plus grande partie de leurs tâches, en sorte qu'elles sont presque toutes finies vers quatre heures. Il leur est donc facile d'être de retour au camp pour cinq heures, heure de la soupe. L'appel du soir se faisant dans les tentes après la retraite qui se bat à neuf heures, il leur est permis de se coucher dès qu'ils le veulent.

Pour l'officier du génie, la division de la journée est la même que pour les travailleurs. Ainsi, il assiste aux séances de travail, surveille, le matin, la mise en chantier et préside, l'après-midi, à la réception des tâches; mais il ne quitte l'atelier qu'après avoir préparé les tâches du lendemain : ce qu'il peut faire quelquefois pendant les séances. Il a donc, pendant la journée, la libre disposition du temps qui s'écoule entre son déjeuner et la séance du soir.

Le déjeuner est un des meilleurs instants de la journée. On arrive avec un grand appétit et on lui fait honneur. Généralement on le traîne en longueur. Pendant le café et après le café, c'est l'instant des causeries. On parle de tout : des travaux qu'on dirige, des nouvelles récentes de France, de son passé, etc. On se laisse entraîner à faire des confidences : les camarades remplacent un peu la famille. Cependant il reste ordinairement assez de temps pour faire une sieste d'une ou deux heures.

Comme le déjeuner, le dîner est excellent. Il a lieu à six heures précises. Grâce aux ressources que nous tirons de Constantine, nous ne manquons de rien. Nous avons, d'ailleurs, le meilleur des assaisonnements, un excellent appétit que stimule une vie au grand air, très occupée. Une promenade, faite après le dîner dans la grande rue du camp, au son des fanfares exécutées par la musique du bataillon, nous fait attendre agréablement l'heure du repos, huit heures et demie ou neuf heures au plus tard. Rentrés dans nos tentes, nous ne tardons pas à nous endormir.

Cette vie, comme on le voit, est très acceptable, surtout avec un temps aussi beau que celui que nous avons depuis notre arrivée sur les rives du Smendou.

Je dois avouer franchement que j'étais loin de penser qu'on pût s'organiser dans un camp aussi confortablement que nous le sommes. Je n'aurais jamais osé aspirer à coucher dans un lit. Je me figurais que quelque pierre grossière me servirait de table et que je serais fort heureux de trouver un moëllon pour m'asseoir; que je mangerais ma soupe et mon bœuf dans des assiettes d'étain et que je boirais dans une *casquette* en cuir. Et nous avons une table superbe, couverte d'une toile cirée, des pliants pour nous asseoir, des assiettes en fayence, des gobelets en fer battu, etc. C'est vraiment du confortable, presque du luxe!

Je viens de parler de ce qui se passe pendant la journée; une insomnie que j'ai éprouvée dernièrement m'a donné l'occasion de connaître ce qui se passe la nuit. Le fait n'est pas sans intérêt.

A l'heure de la retraite, on place autour du

camp un certain nombre de postes avancés, en avant desquels est établi un cordon continu de sentinelles, placées à une distance qui leur permette de s'entendre. Pour s'assurer qu'elles font bonne garde, du poste principal part de temps à autre le cri bien connu de : *Sentinelles, prenez garde à vous!* qu'elles se transmettent de proche en proche et qui parcourt ainsi toute la périphérie de l'enceinte protégée. De temps en temps aussi, on entend des cris de : *Qui vive!* qui signalent l'arrivée d'une ronde près d'un poste, et par suite les prises d'armes successives des différents postes.

Ajoutez à ces bruits, qui retentissent fortement dans le silence de la nuit, les aboiements lointains et presque continus des chiens des douars voisins, les plaintes des chacals et parfois le cri des hyènes. Si le lever du soleil est proche, les coqs se mettent de la partie et leurs cocoricos mêlent leurs fanfares sonores au hennissement des chevaux, qui réclament leur provende. On est certainement en droit de se demander comment il est possible de prendre du repos dans un camp. Eh bien! on le pouvait. Un sommeil profond était la conséquence ordinaire des fatigues de la journée et plus d'une fois le clairon, qui sonne la diane, a interrompu, pour moi, un somme commencé à neuf heures du soir.

Une question que nous nous sommes souvent posée dans nos conversations est celle-ci : dans quel but est vraiment établie la route que nous construisons. Le but avoué, c'est celui d'assurer l'approvisionnement de bois de Constantine. Il n'y a rien là que de très plausible : car, l'hiver dernier, la ville a manqué de bois. Or, cette route se dirige vers une forêt, éloignée de la ville d'environ dix lieues et qui peut facilement fournir toutes les ressources nécessaires. Mais, si on considère qu'en la prolongeant, elle arriverait tout naturellement à Stora (l'ancienne *Russicada* des Romains) et que Stora est le point de la côte le plus rapproché de Constantine, la distance n'étant que d'environ vingt lieues, tandis que la route actuelle de Constantine à Bône a un parcours de plus de quarante lieues, dont la moitié en pays aride et peu viable, on est alors amené à penser que l'exploitation de la forêt pourrait bien n'être qu'un prétexte mis en avant pour cacher le but véritable qui serait d'établir une communication entre Constantine et la mer.

Il sera facile, d'ailleurs, de détacher de cette route, au point le plus favorable du parcours, un embranchement sur Bône, lequel serait établi dans un pays plus riche et plus viable.

L'intention du gouverneur de l'Algérie n'était pas d'établir le camp du Smendou sur le point qu'il occupe : il le voulait plus éloigné de Constantine. A mon humble avis, il avait tort. Dans ce pays, où les bandits abondent, il est indispensable que les voyageurs trouvent, à la fin de chaque journée, un refuge où ils puissent passer la nuit en sûreté. Or, le camp est à trente kilomètres de la ville. C'est une distance que les attelages ont de la peine à parcourir à certaines époques de l'année : on a donc bien fait de ne pas l'éloigner davantage.

Figurez-vous une troupe de six ou sept cents mauvais gars, couverts de vêtements délabrés où se trouvent quelques lambeaux ayant appartenu à un uniforme, c'est là le bataillon d'Afrique (vulgairement les Zéphirs) en tenue de travail. Officiers, sous-officiers et soldats étaient dignes les uns des autres. Il n'était pas d'abus de pouvoir, d'actes répréhensibles qui ne se fissent couramment dans cette réunion d'hommes tarés.

Il y a bien parmi les officiers quelques jeunes gens qui, désireux de faire campagne, sont entrés dans ce bataillon sur leur demande, mais quelle déconvenue lorsqu'ils ont pu connaître leurs camarades! Il leur faut un naturel excellent et des principes bien solides pour échapper à la contagion des plus pernicieux exemples.

C'est ce bataillon qui me fournit mes travailleurs. On a beau se dire que le caractère des hommes qu'on emploie doit vous être indifférent, qu'après tout, ce sont des machines armées de pelles et de pioches : j'ai peine à me défendre d'un certain dégoût.

Ils sont insensibles à tous les bons procédés et, loin d'apprécier la bonté qu'on peut avoir pour eux, ils s'étudient à vous tirer le plus de *carottes* possible. On ne peut en obtenir quelque chose qu'en les faisant travailler à la tâche : s'ils sont à la journée, la rigueur est le seul moyen à employer avec eux; mais alors, que de récriminations et de mauvais propos!

Hier, j'ai été obligé de chasser de l'atelier deux de ces mauvais garnements qui, par leurs actes et leurs discours, empêchaient leurs camarades de travailler. Je ne leur ai point infligé de punitions, mais je les ai signalés à leur adjudant-major qui ne les épargnera pas.

C'est un homme à part que cet adjudant-major. Il était né pour être attaché à un bataillon de disciplinaires; sa conduite, ses allures et son langage conviennent parfaitement à la situation qu'il occupe.

Tout dernièrement, un soldat du bataillon était malade. Il rencontre son adjudant-major. « Bonjour, mon capitaine, » lui dit-il. L'officier lui trouvant mauvaise mine, lui demande ce qu'il a : — « Je suis bien malade ». — « Tant pis pour toi, je m'en f...; moi, je me porte bien, » riposte le capitaine. A quelque temps de là, l'adjudant-major, tombé de cheval, traversait le camp, en boitant; le soldat court à sa rencontre : « Bonjour, mon capitaine, comment vous portez-vous ? — Imbécile, tu le vois bien, je suis malade », et le soldat de dire : « Tant pis pour vous, je m'en f...; moi, je me porte bien. — Allons, viens, tu es un bon bougre, je te paye l'absinthe. » Voilà qui donne une idée de ces gens-là !

Cette fois-là, le capitaine ne but pas son absinthe tout seul, comme il en a l'habitude. C'est sa liqueur de prédilection. Il en abuse.

Il a encore du bon cependant, témoin cette

thèse qu'il me développait l'autre jour! On ne devrait pas payer les travailleurs. Il faudrait décider en principe, que tout soldat doit travailler, comme faire l'exercice. Toutefois, pour stimuler les travailleurs, on pourrait, dans certaines circonstances, faire sur les chantiers des distributions de pain blanc, de vin, etc. Le soldat ne pourrait plus se considérer comme travaillant pour un salaire et s'estimer libre, par conséquent, de refuser le travail en refusant l'argent.

Hier, le siroco soufflait : le thermomètre, exposé au nord et à l'ombre, marquait 40° centigrade. Le capitaine Foy, qui faisait des observations de demi-heure en demi-heure, a constaté une grande mobilité dans les indications de cet instrument; à chaque bouffée du vent du sud, le mercure se relevait subitement de deux ou trois degrés et faisait un soubresaut en sens contraire, quand le vent passait au nord.

Dimanche 2 septembre. — J'ai fait, avec les officiers de ma compagnie, une promenade à cheval aux alentours du camp; nous avons rencontré une voie romaine, celle, sans doute, qui allait de Cirta à Russicada (Constantine à Stora); nous l'avons suivie sur une longueur de quatre à cinq kilomètres. Elle est déformée, mais les matériaux qui la constituaient sont sur place et on la remettrait facilement en bon état; on y a renoncé, parce que ses pentes sont beaucoup trop raides pour nos moyens de transport. Les Romains faisaient sans doute leurs gros charrois avec des attelages de bœufs.

A cinq ou six kilomètres du camp se trouvent le long de cette voie les ruines d'un édifice important dont les murs sont rasés à fleur de sol : nous avons vu un fût de colonne d'assez grande dimension. Les ruines sont abondantes dans ce pays. Les soldats du bataillon y ont trouvé quelques monnaies romaines; des fouilles bien dirigées amèneraient certainement des découvertes intéressantes.

7 septembre. — Nous nous proposions d'employer la journée de dimanche prochain, 9 septembre, à une promenade dirigée sur un autre point : il faut ajourner l'exécution de ce projet, qui nous souriait beaucoup. Nous prenons part, ce jour-là, à une revue, qui sera passée à l'occasion de la naissance du fils de la duchesse d'Orléans, né le 24 du mois dernier, et auquel on a donné le nom de *Comte de Paris*. (Plus de cinquante-cinq années se sont écoulées depuis cette naissance. Que d'événements, que de perturbations pendant cette longue période!)

Dimanche 9 septembre. — La nuit a été très mauvaise; la pluie n'a pas cessé de tomber, mais nous sommes bien abrités; la toile de notre tente n'a point été traversée, et j'ai si bien dormi que je n'ai été réveillé que par le son du canon. Oui, du canon!

On avait cherché comment on pourrait donner quelque solennité à la fête.

La chose était difficile, vu le peu de ressources que nous avions à notre disposition : sur une plate-forme de l'enceinte du camp se trouve, je ne sais par quel hasard, une pauvre petite pièce de trois, sans doute une épave du matériel d'artillerie des défenseurs de Constantine; on a imaginé de démolir quelques douzaines de cartouches avariées pour se procurer la poudre nécessaire et on put tirer quelques coups de canon, à la grande satisfaction de tous les troupiers. Puis, la diane a été sonnée à pleins poumons par les clairons et la fanfare, et battue à tour de bras par les tambours.

Le temps était nuageux et très incertain, la température s'était fortement abaissée. Il y avait seulement 15° R. Après quelque hésitation, l'ordre de faire prendre les armes a été donné à huit heures. Le commandant du camp a passé rapidement sur le front des compagnies ; le défilé a été enlevé en quelques minutes et nous rentrions dans nos tentes à neuf heures moins un quart. Il était temps, car la pluie ne tarda pas à tomber avec persistance et nous n'avons pu quitter la tente de toute la journée.

Comme souvent en pareil cas, les soldats devaient se livrer à quelques exercices amusants, la boxe, le bâton, la course, etc. Rien de tout cela n'a pu avoir lieu. Par conséquent, pas de prix à décerner aux vainqueurs. Ils ont dû se contenter de la ration de vin qui leur a été distribuée.

10 septembre. — Je tiens mon journal au jour le jour, en profitant d'une partie du temps qui est consacré à la sieste. Quant aux soirées, il n'y faut pas compter, nous faisons habituellement dans la grande rue du camp, une promenade de digestion après le dîner ; une fois rentrés, un sommeil irrésistible nous gagne, il faut lui céder et avant neuf heures tout le monde repose.

En temps ordinaire, c'est au lever du soleil

que la température est à son minimum, elle se relève jusqu'à une heure de l'après-midi ; à deux heures, elle commence à baisser. Il n'est pas rare que l'écart entre le maximum et le minimum soit de 20°. Lorsqu'il y a des perturbations dans l'atmosphère, il peut y avoir, d'un jour à l'autre, des variations plus surprenantes encore. Ainsi, les maximums de deux jours consécutifs ont été dernièrement de 13° et 32°. Ces changements brusques font comprendre les effets pernicieux du climat. Comme en tous pays, la situation des localités a aussi une grande influence sur les santés. Tandis qu'à Constantine le nombre des malades est de $\frac{1}{20}$ de l'effectif, il est de $\frac{1}{10}$ à Bône, et plus encore à Medjez-el-Amar.

Le convoi arrivé hier de Constantine nous a amené le capitaine Montauban, parent du général du génie Haxo, le grand fortificateur. Il vient commander le 3me bataillon d'Afrique. D'après ce que j'en ai ouï dire, il a mené la vie largement et il est tout à fait digne du corps dont il prend le commandement. Il vient de passer quelques jours à Constantine et a donné des nouvelles de la colonne mobile, organisée depuis longtemps et campée à proximité de la ville. Elle devait partir, il y a quatre jours ; mais un obstacle imprévu va retarder indéfiniment son départ. Les Arabes qui s'étaient chargés du transport des bagages et des approvisionnements se sont retirés avec leurs mulets. C'est un grave échec pour le général, car on va colporter partout que nous sommes hors d'état d'envoyer une colonne à plus de trois ou quatre journées de Constantine, et notre influence sur les tribus éloignées en sera fortement diminuée. — Je ne crois pas que le général Négrier se fût jamais trouvé dans un tel embarras.

Cette colonne mobile, dont on avait fait tant de bruit, est donc toujours sur les bords du Bou-Merzoug. Elle devait faire mille choses : recueillir l'impôt chez la puissante tribu des Haractas ; leur faire reconnaître pour hakem, c'est-à-dire pour chef, le kaïd Ali, maintenant kaïd de la tribu des Smelas ; passer un marché avec une tribu des environs de Medjez-el-Amar pour le transport du matériel de notre camp au delà de la chaîne des Kantours, à l'endroit où l'embranchement sur Bône doit se détacher de la route de Constantine à Stora ; enfin, reconnaître une partie du terrain sur lequel cet embranchement doit être établi. Que de choses ajournées !

Nous n'en avons pas moins reçu l'ordre de travailler activement à notre route. Hier, j'ai été reconnaître avec le capitaine Foy le travail à faire ; nous avons poussé notre reconnaissance jusqu'au col des Kantours ; on me dit que faire un tracé de route n'est pas chose bien difficile. Je connais la théorie : il s'agit de l'appliquer ; pour moi, c'est un début, je dois commencer ce travail demain.

En Algérie, où l'on n'a pas, comme en Europe, la ressource des cantonnements et où les troupes sont fréquemment employées à des travaux éloignés de toute station permanente, on est forcé de s'abriter sous des tentes. Une tente n'est certainement pas une habitation fort commode ; mais on en apprécie bien la valeur, lorsque les vents déchaînés mugissent au dehors et qu'une pluie abondante venant inonder le sol, il se forme partout des lacs de boue ; il y a alors une certaine volupté à entendre le sifflement du vent et le bruit des gouttes de pluie qui tombent larges et continues sur la toile qui vous abrite. Il est vrai que cette habitation est bien restreinte, que souvent on ne peut y pénétrer qu'en rampant pour ainsi dire, et qu'on n'y trouve que tout juste la place nécessaire pour s'y étendre tout de son long : mais, pendant les mauvais temps, elle a, si elle est bien étanche, autant de valeur qu'un palais.

Nous avons dans le camp trois espèces de tentes : des marquises (c'est une marquise que j'habite), des canonnières et des tentes turques. Ces dernières sont exclusivement affectées à la troupe. Une seule peut contenir jusqu'à cinquante hommes. Les marquises sont données aux officiers. Elles permettent de se tenir debout dans presque toute l'étendue de la surface couverte. Les canonnières qu'on donne aux sous-officiers ne présentent pas le même avantage : mais elles offrent, en cas de mauvais temps, un abri plus résistant. En général, toutes nos tentes sont vieilles et détériorées. Ce n'est qu'à grand'peine qu'on peut obtenir le remplacement de celles qui sont hors de service. Un certain nombre de soldats et même d'officiers ont suppléé à l'insuffisance des tentes, — cela arrive toujours lorsqu'une troupe campée reste un certain temps dans le même emplacement, — en construisant des huttes en branches de laurier-rose.

Cet arbrisseau abonde dans la province. Tous les cours d'eau et même tous les bas-fonds, où les eaux se rassemblent pendant la saison des pluies, en sont couverts. On voit de loin de charmantes lignes de verdure sinueuses et gracieusement contournées, serpentant de toutes parts, au fond des plaines. On jouit d'autant plus de leur feuillage d'un si beau vert et de leurs jolies fleurs qu'elles font contraste avec un terrain aride, couvert d'herbes desséchées par le soleil. En s'approchant, on aperçoit au milieu des lauriers des ceps de vigne sauvages. Les sarments vigoureux étreignent ces gracieux arbrisseaux et créent des effets d'ornementation très variés, parfois d'une grande originalité.

Les huttes, ou baraques supplémentaires, sont jetées çà et là, autour des grandes tentes, avec un désordre qui n'est pas sans charmes. Celles-ci s'élèvent au milieu de l'ensemble, comme les clochers s'élèvent dans les villages au dessus des habitations modestes des paysans. Ces huttes affectent mille formes différentes et chacune donne la mesure de l'adresse et de l'intelligence du constructeur. Les plus simples, qui fournissent le meilleur abri, ont pour charpente trois bâtons : deux montants d'environ $0^m,80$ de hauteur au dessus du sol et un chapeau ou faîtage, d'environ deux mètres de longueur. A cheval sur ce faîtage est tendue une couverture de campement, qui forme les deux pans du toit. Chacun, comme on voit, peut se créer facilement un abri de cette nature.

C'est le système qu'a adopté mon homme de confiance pour s'établir près de *Biquet,* — mon cheval — et être à même de lui donner ses soins la nuit comme le jour. Ce pauvre animal est maintenant sans abri et depuis ce matin la pluie tombe. Il faudra s'occuper le plus tôt possible de lui construire un gîte.

Les Kabyles sont en émoi. Ils prévoient l'expédition qui se prépare sur Stora. Hier, vendredi (leur fête hebdomadaire), ils sont venus en très grand nombre au marché du camp. Venaient-ils s'assurer que rien n'y était changé? C'est bien possible.

Une grande partie des officiers du 3me bataillon passent à la chasse tous les instants qui ne sont pas réclamés par le service, et leurs loisirs sont nombreux. Jusqu'à présent, ils ont pu prendre ce délassement sans beaucoup d'inconvénients; mais il me semble qu'il serait dangereux de continuer à en agir ainsi et qu'il serait temps de retenir cette ardeur pour la chasse. A l'heure présente, il pourrait, dans un pays aussi couvert que celui-ci, en résulter de fâcheuses méprises :

Comment distinguer, en effet, le coup de fusil d'un chasseur de celui d'un Kabyle?

Quelque part qu'on soit, le mauvais temps est une chose très désagréable : mais, dans les lieux habités, on a des abris et l'on n'éprouve ordinairement que l'ennui de ne pouvoir vaquer à ses affaires extérieures; tandis que dans un camp, sous la tente, le moindre orage peut prendre les proportions d'une calamité. C'est ce qui se produisit, le jeudi, 13 septembre. Le temps était resté couvert toute la journée. Vers sept heures du soir, nous avions à peine fini de dîner; il s'obscurcit tout à coup d'une manière effrayante. Un vent violent s'éleva : il soufflait par rafales et nous nous attendions, à chaque instant, à voir notre tente enlevée. Bientôt tomba, avec fracas, une grêle abondante, des éclairs livides sillonnèrent le ciel et des coups de tonnerre assourdissants et presque continus se firent entendre. C'était un spectacle tout à la fois effrayant et plein de grandeur. Tantôt nous étions dans une obscurité complète, tantôt une lumière aveuglante nous entourait. A cette bourrasque succéda une pluie plus calme, mais diluvienne, qui tomba pendant presque toute la nuit. A deux reprises, le même phénomène de bourrasque se représenta. On comprend que personne ne put fermer l'œil. Le bruit seul de la pluie tombant sur la toile tendue par l'humidité aurait suffi pour nous tenir éveillés ; mais il y avait à compter encore avec les éclats du tonnerre, qui auraient réveillé des morts.

Malgré notre installation *perfectionnée* (1), la pluie avait fini par nous inonder quelque peu. Tamisée par le ciel de la tente, l'eau tombait sur nos lits et, si l'orage avait duré plus longtemps, le sol eût été inondé.

Qu'on juge, d'après cette description, de ce que devaient souffrir les soldats : les tentes turques qui les abritent n'ont qu'une simple enveloppe et la plupart de ces enveloppes sont rapiécées et en mauvais état ; aussi quelques-unes d'entr'elles n'ont pu résister aux coups de vent, et une partie de ces malheureux ont dû attendre le jour, enveloppés dans leurs couvertures et exposés à ce déluge d'eau et de grêle meurtrière. Les grêlons, dont une certaine quantité subsistait encore le matin, étaient formés d'un amas de petits

---

(1) En disant *perfectionnée*, j'entends dire que l'enveloppe de notre tente était double, un certain intervalle séparant les deux toiles.

glaçons soudés ensemble : quelques-uns atteignaient la grosseur d'une noix!

Au réveil, l'aspect du camp était attristant; on ne voyait que soldats frissonnants et se secouant dans la boue, mais le mauvais temps avait cessé et la confiance ne tarda pas à renaître. Une exclamation générale salua le soleil, lorsqu'il se montra à l'Orient, s'élevant radieux au dessus des collines voisines.

Bientôt des dispositions furent prises partout pour exposer à ses rayons bienfaisants tout ce qui avait été mouillé par l'orage. En peu de temps, toutes les peines de la nuit furent oubliées et la gaîté naturelle reparut. Il faut reconnaître que le soldat français a vraiment le caractère bien fait. Cette qualité est incontestablement un des éléments de sa supériorité.

On est effrayé quand on pense que, pendant la saison des pluies, à laquelle nous touchons d'ailleurs, on peut avoir de temps à autre des périodes de mauvais temps qui durent plus de quinze jours. Alors on verrait se renouveler ces scènes déplorables qui ont eu lieu aux deux expéditions de Constantine, où des pluies abondantes avaient tellement détrempé le terrain que, dans certains endroits, on marchait dans la boue jusqu'à mi-jambe; qu'à l'ambulance, des pelles et des pioches étaient quelquefois nécessaires pour dégager les corps des malades qui avaient cessé d'exister et qu'on ne reconnaissait souvent l'emplacement où gisait un malheureux cheval, tombé de faiblesse et sur le point de mourir, qu'aux jets alternatifs de boue liquide qu'il produisait en respirant.

Ce sont là des faits indéniables et susceptibles, malheureusement, de se renouveler. Aussi est-on bien désagréablement impressionné en entendant des journaux soutenir aux représentants du pays que le soldat ne manque de rien en Algérie, qu'on peut disposer de plus de 70.000 tentes, etc.

C'est une singulière manière d'écrire l'histoire!

Jusqu'à présent, la route que nous construisons se trouve dans une région habitée par des tribus amies : aussi, nous avons toujours joui de la plus parfaite tranquillité. Désormais, nous travaillerons en pays kabyle et nous devons nous attendre, sinon à de la résistance, au moins à du mauvais vouloir.

Quelques faits récents l'annoncent. Dernièrement, des officiers du bataillon d'Afrique, qui chassaient, — ils ne le font que trop souvent, — ont été suivis, pendant toute leur tournée, par des indigènes qui ne les ont quittés qu'à peu de distance du camp.

Hier, un de nos hommes de confiance et les deux sapeurs chargés de soigner les mulets de la compagnie coupaient de la paille dans un endroit très rapproché de la route, mais caché à la vue du camp par un pli de terrain : ils avaient attaché leurs mulets et quitté leurs vestes. Survinrent trois Arabes à cheval et armés qui leur demandèrent de la galette : c'était un prétexte pour s'approcher, sans exciter la défiance. Tout à coup, l'un d'eux arma son fusil et tira successivement les deux coups, mais sans résultat. Un des sapeurs saisit par le canon le fusil d'un des deux autres Arabes, le jeta à bas de son cheval et lui brisa la crosse sur la tête : puis, profitant de l'ébahissement des indigènes, ils s'empressèrent de détacher leurs mulets et de regagner le camp : dans leur précipitation, ils avaient abandonné leurs vestes. Notez qu'ils étaient sans armes et qu'ils durent s'estimer heureux d'en être quittes à si bon marché.

A leur rentrée au camp, on dépêcha un petit détachement et quelques cavaliers pour fouiller le terrain, mais tout avait disparu : vestes et assaillants.

Aujourd'hui, le capitaine Foy continuait son lever sur un point assez éloigné du camp. Il était accompagné de six sapeurs armés. Il faisait une station, à proximité d'un poste avancé, et dessinait sur sa planchette quand un coup de feu se fit entendre. La balle atteignit l'un des pieds de la planchette et des éclats de bois furent projetés sur l'un des soldats qui aidaient au lever. Rien n'indiquait d'où pouvait venir le coup : pas de fumée visible. Toutes les recherches qu'on put faire ne donnèrent aucun résultat. Le capitaine reprit son travail; mais il avait à peine recommencé qu'une nouvelle détonation se fit entendre. Une balle passa, sans toucher personne, au milieu du groupe qui stationnait autour de la planchette. Cette fois, on vit, derrière un buisson, un indigène, bien vêtu, se relever précipitamment, courir à un cheval caché et disparaître.

Pour compléter ces faits assez significatifs, je dois ajouter qu'un groupe d'officiers chasseurs a été interpellé hier par des Kabyles, qui leur demandèrent carrément qui leur avait permis de chasser sur leurs terres. Il n'y avait rien à répondre. Une rixe s'en est suivie : elle a failli devenir sanglante.

Je ne sais vraiment pas si ces gens-là sont à blâmer. Avant notre arrivée, les Kabyles étaient presque indépendants ; ils ne subissaient l'autorité du bey de Constantine qu'à contre-cœur et seulement lors du recouvrement de l'impôt, qui se faisait à main armée. Pourquoi se regarderaient-ils comme obligés de nous accueillir? Nous entrons chez eux. Ils n'ont pas la force de nous chasser, mais ils nous feront autant de misères qu'il leur sera possible.

Il est de règle générale que tous les cours d'eau, fleuves, rivières ou ruisseaux, conservent le même nom depuis leur source jusqu'à leur embouchure ou confluent. Il n'en est pas de même en Algérie; ces changements continuels de dénomination jettent une grande confusion dans les renseignements que l'on obtient des indigènes. Ainsi, presque toujours une rivière de quelqu'importance change plusieurs fois de nom dans son parcours : l'oued Zenati devient la Seybouse à quelques centaines de mètres au-dessous de Médjez-el-Amar lorsqu'il a reçu l'oued Chérif. Le Rummel change de nom au-dessous du confluent du Bou Merzoug; il en change encore plusieurs fois au-dessous de Constantine et ne prend définitivement le nom de *oued el-Kébir* que lorsqu'il a reçu le Smendou. Ce nom d'ailleurs *oued el-Kébir* (la grande rivière) est donné à un certain nombre de cours d'eau.

Hier, 20 septembre, je suis allé au lever avec le capitaine et nous avons fait une bonne séance; une escorte de douze hommes nous accompagnait. Nous avons suivi l'oued Beni-Ibrahim sur une longueur de 7 à 8 kilomètres, en cheminant sur les collines qui bordent sa rive droite; notre dernière station s'est faite sur une hauteur, qui dominait une sorte de cirque entouré par des collines peu élevées, cirque où l'on ne pouvait pénétrer que par le côté nord. Du côté sud, adossées au pied des collines, se trouvaient un nombre assez considérable de chaumières, à peu près semblables à celles de nos paysans. En avant, étaient des jardins bien verts et de belles plantations de figuiers et d'oliviers; au milieu du cirque, on voyait une source assez abondante. Tout cet ensemble respirait le calme et la tranquillité.

A notre aspect, une rumeur soudaine s'éleva parmi les habitants, dont une bonne partie était en dehors des chaumières. Les femmes surtout s'agitaient; les unes se hâtaient de rentrer chez elles, d'autres criaient à tue-tête : *andar! andar!* tout en nous faisant signe de nous en aller. Sans s'émouvoir de ce bruit, le capitaine se mit en station; nous, nous cherchions à les calmer en prodiguant les signes d'amitié et en les invitant à venir à nous. Quelques hommes, rassurés, s'approchèrent. M. Foy leur demanda le nom des montagnes et des ruisseaux qui étaient en vue. Bien qu'il employât tout son savoir en arabe, ils ne purent parvenir à s'entendre. Entre temps, j'offris à l'un d'eux un morceau de chocolat; il ne l'accepta qu'avec peine et après m'en avoir vu manger : à peine l'eut-il mis dans sa bouche qu'il le cracha, en faisant mille contorsions.

Hier, 21 septembre, à huit heures du soir, nous avons été subitement assaillis par une nouvelle bourrasque. Peu s'en est fallu que notre tente ne fût renversée; nous avons dû, le capitaine et moi, en tenir les montants, jusqu'à ce qu'une pluie abondante, ayant mouillé la toile et les cordes de la tente, les ait tendues et donné à notre habitation plus de stabilité. La toile laissait, comme à l'ordinaire, passer une partie de la pluie; mais on avait eu la bonne idée de me faire un ciel de lit avec une couverture de campement. La nécessité rend ingénieux.

Il est hors de doute que la plupart des habitants de la contrée qui nous entoure ont pris une part active à tous les événements de guerre qui ont eu lieu pendant ces deux dernières années. Ils s'y sont montrés braves individuellement, mais peu au courant des choses de la guerre. Les échecs qu'ils ont subis ont dû bien diminuer leur confiance et amoindrir leur énergie.

En outre, il n'existe aucun personnage qui ait l'autorité suffisante pour les rallier et les faire marcher sous sa bannière. Il n'y a donc aucun soulèvement sérieux à craindre et ce n'est pas trop s'avancer, je crois, que de dire qu'un bon bataillon, muni de toutes les ressources nécessaires, pourrait, aujourd'hui, tenir la campagne sans avoir beaucoup à craindre.

Ben-Aïssa, le Kabyle, qui fut lieutenant d'Achmet, est le seul qui pourrait prétendre à jouer le rôle de chef; mais on n'en entend plus parler. Il fait le mort, peut-être parce qu'il ne trouve pas les circonstances favorables. Cet homme qui n'était qu'un simple Kabyle doit avoir de grandes qualités pour avoir pu s'élever au poste qu'il a occupé avec tant de distinction dans des circonstances difficiles. Il était sans fortune personnelle; ce n'est qu'à force d'exactions et de concussions qu'il a pu se procurer les ressources nécessaires pour tenir son rang. On lui reproche surtout sa conduite cruelle à l'égard des habitants de Bône. Du reste, il est détesté des Arabes qui voient en lui un homme d'une race ennemie.

Ces considérations sont, à tout prendre, assez rassurantes pour nous.

Dois-je signaler les défaillances et les fautes de quelques-uns de nos officiers? Peut-être. En ne les nommant pas, je puis le faire sans inconvénient, et il y a là une leçon susceptible de servir.

Je ne reviendrai pas sur celui qui, ayant fait, sur la foi d'un cheik perfide, une sortie pour aller à la découverte de mines d'argent hypothétiques, est tombé dans une embuscade et a payé son imprudence d'un échec grave et de la vie de quelques-uns de ses officiers.

Mais je dois parler d'un autre qui, devant conduire un détachement important de Constantine à Medjez-el-Amar, fut surpris le premier jour par un temps affreux, abandonna sa troupe et, ne songeant qu'à lui-même, fit en deux jours un trajet qui en exige au moins trois. Inconscient de sa faute, il écrivit au gouverneur de la province qu'il était *parvenu* à atteindre Medjez-el-Amar en deux jours, avec une perte de douze hommes seulement. Il se gardait bien de dire que ses malheureux soldats s'étaient débandés, avaient cherché des abris dans les douars voisins de la route et n'étaient arrivés à leur destination que par petits paquets...

Ces deux fautes ont été punies par des retraits d'emploi.

Pareille mesure a été appliquée à tous les officiers supérieurs d'un régiment d'infanterie qui avaient demandé à être mis à la retraite, alléguant qu'ils avaient trop de fatigues à supporter. C'est là une conséquence de notre organisation militaire. En temps de paix surtout, les grades supérieurs sont généralement occupés par des hommes trop avancés en âge et hors d'état de faire un service actif. Ce vice est plus sensible encore dans un pays où, en maintes circonstances, toute la vigueur de la jeunesse ne suffit pas pour résister aux fatigues du service et à l'insalubrité du climat.

Nos séances de lever ont parfois beaucoup d'intérêt. Dans celle d'hier, nous avons revu la voie romaine sur un point où elle était tout à fait désorganisée. Toutefois, les dalles qui la constituaient étaient à peu de distance. Nous avons aussi reconnu les ruines d'un pont, dont le radier existait encore. Une partie des parapets était restée encore debout ; mais les voussoirs des têtes de voûte étaient tombés tout d'un bloc et gisaient sur le sol dans une direction parallèle à l'axe du pont. De part et d'autre de la route, la terre était couverte de ruines de toute nature. On pouvait voir à l'ouest du col les restes d'un petit bâtiment carré, une sorte de blockhaus en maçonnerie, où, selon toute probabilité, se tenait un poste destiné à surveiller ce passage important.

On se demande s'il n'y aurait pas lieu d'établir sur ce point, pour la défense du col, un ouvrage en maçonnerie, de préférence au blockhaus en projet. Cette substitution permettrait de réaliser une économie notable, car presque tous les matériaux sont sur place ; tandis que l'on serait obligé d'amener de Bône tous les bois du blockhaus et ces bois constituent le chargement de vingt-quatre prolonges. A mon avis, le seul avantage du blockhaus consiste dans la faculté de pouvoir être mis en place presqu'instantanément. Est-ce bien nécessaire ici? L'ouvrage en maçonnerie, indépendamment de l'avantage de l'économie, aurait encore celui de la durée. Et ce n'est pas peu de chose!

La ligne de faîte, qui sert de limite au pays des Kabyles, ressemble, sur le point où nous opérons, à une jetée d'une grande longueur, dont la partie supérieure n'a que quelques mètres de largeur, celle d'une route. A droite et à gauche, sont des pentes très raides couvertes de broussailles. On dirait d'un long et colossal prélart verdâtre.

En arrivant ce matin, nous avons trouvé sur les sommités, près du col, des traces d'un foyer récemment éteint et des taches de sang frais : ce qui peut faire supposer que les indigènes ont pu se réunir en ce point, pendant la nuit, et y manger. Un rassemblement, d'ailleurs, observé pendant la journée, s'était dispersé à l'approche d'un détachement français, allant en reconnaissance.

Notre escorte avait été renforcée et nous étions précédés par quelques hommes, qui fouillaient les broussailles. Nous fûmes quelque peu intrigués par une silhouette assez vague qui, placée au haut d'un mamelon, se détachait sur le ciel. On supposait que c'était une vedette kabyle.... En réalité, c'était un tas de pierres érigé, pour servir de signal, par le capitaine de Roblaye, lors de la reconnaissance de Stora, faite au commencement de l'année par le général Négrier.

Des sommets sur lesquels nous cheminions, nous avons pu examiner à loisir la rade de Stora et celle de Collo, les montagnes des environs de Bône et tous ces différents étages de hauteurs. Le tout se détachait parfaitement, sous la lumière de quelques rayons de soleil qui, sortant des interstices des nuages, tombaient çà et là et permettaient à cette immense perspective de paraître avec toute sa profondeur.

Près de nous, au nord, s'élevaient les deux *Toumietz* (jumelles) : ce sont deux cônes en pointe, qu'on peut comparer à de gigantesques pains de sucre; ils se rattachent au massif des Kantours par une sorte d'isthme en arc de cercle; leur aspect est tout à fait original. Leurs parties supérieures sont rocheuses et dénudées; elles doivent être bien difficiles, sinon impossibles à gravir. A leurs parties inférieures, on voit de beaux arbres. Sur la Toumiette du sud apparaît, au milieu de **la verdure**, un petit marabout blanc : c'est, dit-on, le tombeau d'un saint très célèbre dans la contrée; un sentier, assez frayé, témoigne de la dévotion des fidèles.

23 *septembre.* — Le maréchal Valée est arrivé aujourd'hui à Constantine. On sait qu'il doit visiter notre route et le camp du Smendou. Il est probable qu'il indiquera la suite à donner aux travaux entrepris. Nous pourrons alors marcher à coup sûr : toutes les incertitudes et toutes les hésitations qui nous paralysaient vont disparaître. J'en suis très heureux.

On nous annonce, d'autre part, que la fameuse colonne mobile, partie dernièrement de Constantine, et sur le compte de laquelle on a fait courir tant de bruits, rentrera demain. Il est probable que tout ce monde viendra ici dans le courant de la semaine prochaine. Il est attendu avec impatience.

On prête au maréchal l'intention de tirer au clair, à son passage, l'affaire du hakem Amouda, dont j'ai parlé avec quelque détail à l'occasion du départ du général Négrier. Bien que je ne veuille pas revenir là-dessus, je pense qu'il y a quelqu'intérêt à noter les observations qui ont été faites à diverses reprises sur ce maître fripon par des personnes que leur position a mises à même de suivre l'affaire de près.

En raison de l'engouement, peu justifié, du maréchal pour cet Amouda, l'enquête ordonnée ne devait pas être sérieuse. On voulait qu'elle se passât en petit comité, à huis clos pour ainsi dire. Rien n'aurait été découvert, et le hakem eût été réhabilité. S'il sortait de cette épreuve blanc comme neige, il eût été démontré qu'il était digne de la confiance du maréchal et que tous les torts étaient du côté du général Négrier. Or, on n'avait pas osé lever entièrement le masque devant le général Galbois et lui dire ce qu'on attendait de lui. Il n'avait pas deviné. C'est d'ailleurs la meilleure interprétation qu'on puisse donner de sa conduite ; car on ne peut croire que les autres membres de la commission d'enquête lui ont forcé la main. Les faits dévoilés, il avait tout naturellement signé le procès-verbal.

La lettre d'envoi de cette pièce aux ministres de la guerre et des finances était de nature à blesser profondément le maréchal. Il y était dit, entre autres choses, qu'après ce qui s'était passé à Tlemcen et le blâme dont cette affaire avait été l'objet à la Chambre des députés et dans la nation tout entière, les membres de la commission, pour éviter d'être placés dans la même catégorie que les fauteurs de Tlemcen, avaient jugé à propos de bien préciser les faits et d'entrer dans tous les détails.

On peut juger de l'effet produit à Paris par ces deux pièces que le maréchal aurait bien voulu pouvoir supprimer. De là, dit-on, une dépêche télégraphique du ministre de la guerre au maréchal, au reçu de laquelle il partit d'Alger comme une bombe. Il est furieux. Il a bien mal reçu le commandant Niel à Medjez-el-Amar. Il lui a dit, en propres termes, que le général Galbois n'était qu'un *imbécile*, — il a peut-être eu raison, — et que le sous-intendant était bon à pendre; qu'il n'y avait pas de corde trop longue pour cela. Il voit bien que le coup part du sous-intendant, et que c'est lui qui a forcé la main au général Galbois.

24 *septembre*. — J'apprends à l'instant deux nouvelles qui m'affligent beaucoup : Mondain est évacué en France pour cause de dysenterie, et Charrier est malade à Medjez-el-Amar de la même maladie, au point qu'on le regarde comme hors d'état d'être transporté.

Autre nouvelle conséquence de l'affaire de

Tlemcen : le général marquis de Brossard est condamné à six mois de prison, huit cents francs d'amende et de plus, exclu de l'armée. Dans les débats de cette affaire, le général Bugeaud aurait avoué qu'il avait reçu cent mille écus d'Abd-el-Kader, dont il a dépensé le tiers pour la construction de chemins vicinaux dans son arrondissement, à l'époque des élections. Il aurait aussi pris sur ce fonds 80,000 fr. pour gratifications distribuées à ses officiers d'état-major.

Depuis le 25 septembre, nous avons le colonel Vaillant, je ne dirai pas dans nos murs, mais dans notre tente. Il est arrivé avec le commandant Niel, le capitaine Bodson, qui lui sert d'aide de camp, et l'excellent Brincard ; en outre, le lieutenant Pister qui est chargé du matériel.

A peine arrivé, il s'est rendu dans la redoute ; naturellement, nous l'avons accompagné.

Pour diminuer l'évasement du passage ménagé dans la traverse, j'ai eu l'idée d'en revêtir les deux côtés en maçonnerie sèche. Les pierres nécessaires ont été fournies par le déblai du fossé de l'ouvrage, dans lequel se trouvent des assises régulières et peu épaisses d'un calcaire facile à tailler. L'effet produit est, à mon avis du moins, très convenable. Arrivé sur ce point : « Quelle folie! » s'est écrié le colonel. — « Mais non, ai-je dit, si vous saviez combien cela coûte peu. » — « Ça coûte-t-il dix sous? » fit-il en m'interrompant. — « Oh oui! lui dis-je d'un ton un peu sec et tout vexé, ça pourra même en coûter plus de quinze. » Je ne m'attendais pas à recevoir des éloges, la chose n'en valait pas la peine; mais je croyais avoir fait quelque chose de convenable et d'ingénieux. Il en resta là et continua sa promenade avec le commandant sur les banquettes du Fort, en le chicanant sur tout : le tracé, l'élévation du parapet, le terre-plein, etc., etc.. Nous rentrâmes dans la tente après cette visite et l'on se mit immédiatement à table.

Malgré ces incidents, la gaieté reparut bientôt, je ne puis dire pour quelle raison. Elle n'était certainement pas excitée par le vin; car notre vin était fort aigre. On se mit à jaser. Comme toujours, on arriva insensiblement à parler de l'expédition de Constantine. C'est un sujet inépuisable; dès qu'on entre dans les détails, on trouve toujours mille anecdotes à raconter. C'est le général du génie Lamy, qui joue le principal rôle dans un grand nombre d'entre elles. Celles-ci sont si connues qu'elles ont un nom : ainsi il y a : *Les deux sous,* l'*Excellence...*

Voici, comme spécimen, celle dite des *deux sous.* C'était après la prise de Constantine. Le carnage avait cessé. La plupart du temps, dans les affaires de cette nature, le pillage lui succède. Eh bien, il faut rendre justice au soldat français ; sauf quelques rares exceptions, les propriétés furent respectées. En général, les soldats ne s'approprièrent que des objets de mince valeur et dont ils pouvaient faire usage. En fait de pillage, il n'y eut que celui fait par l'ordre et pour le compte des chefs de l'armée.

Dans ces circonstances, un soldat, plus amateur de la fumée de la pipe que de celle de la gloire, passait, une heure après l'assaut, dans une des rues de la ville. Il aperçut, dans une boutique abandonnée, du tabac à fumer : y entrer, en prendre de quoi charger sa pipe, fut l'affaire d'un instant. Il tenait sa capture à la main, lorsqu'il fut rencontré par le général Lamy. Celui-ci, indigné, l'arrête et d'une voix grave, appropriée à l'importance du méfait, lui dit : « Insensé, tu viens de perdre toute ta gloire, et cela pour *deux sous!* » Vous voyez d'ici l'ahurissement du soldat.

Le général Lamy est un homme bien trempé. Il a de l'élan. Chez lui, rien de remarquable au physique : c'est au moral qu'il faut s'attacher. La maladie l'avait terrassé. Une dysenterie opiniâtre semblait devoir l'emporter. On le voyait couché, faible et languissant, quand, tout à coup, mû comme par un ressort, il se levait, accourait sur les travaux et montrait plus d'énergie que personne.

Il arriva à Medjez-el-Amar quelque temps avant le départ pour l'expédition. On peut même le regarder comme le fondateur de ce camp, dont il a choisi l'emplacement, — assez maladroitement je l'ai dit, — et dont il a dirigé les premiers travaux. Il était très heureux de sa position de commandant en chef du génie pour une campagne qui devait se terminer par un siège. Aussi, que d'activité il déployait, avec quel plaisir il exerçait les sapeurs et leur faisait faire la route du Ras-el-Akba ! Combien fut cruel son désappointement, lorsqu'il apprit l'arrivée du lieutenant général R. de Fleury !

Cette nouvelle lui fut apportée un jour qu'il inspectait les travaux de cette route. Il en fut si ému que les larmes lui vinrent aux yeux. Il lui en coûtait beaucoup de rentrer au camp. Il fit durer les travaux le plus longtemps possible. Il ne trouvait jamais les talus assez bien dressés. En somme, il était puni par où il avait péché; car, à son arrivée, il s'était assez mal conduit à l'égard du colonel Guillemin, qui commandait les compagnies réunies du génie. Il lui avait ôté toute influence et celui-ci avait été réduit à donner tout son temps à la surveillance et à l'aménagement des magasins.

Mais, si le général Lamy était avide d'autorité, quand il s'agissait de ses inférieurs, il ne savait pas tenir son rang vis-à-vis de ses supérieurs. Il se montrait d'une condescendance tout à fait déplacée. Qu'on soit humble pour soi, pour ce qui vous regarde personnellement, rien de mieux! Mais quand on est le représentant d'un corps et que la considération de ce corps peut dépendre de la manière dont vous vous posez en face de l'autorité, être humble, c'est non seulement une maladresse mais une faute. Il peut arriver que par cette conduite le service de votre arme soit compromis et que, faute d'appui, vos subordonnés n'obtiennent pas les récompenses auxquelles ils pourraient avoir droit.

CHAPITRE VII.

EXPÉDITION DE PHILIPPEVILLE (STORA).

Expédition de Stora. — Engagement du 8 octobre. — Enlèvement d'un convoi de vivres. — Un ordre du jour curieux. — Nombreux déplacements nécessités par les travaux de la route. — Camp d'El-Arrouch. — Du danger de tomber malade dans un camp provisoire. — Retour à Constantine. — Je revois El-Arrouch terminé ; les Tourniettes, séjour enchanteur ; enfin, le Smendou devenu morne et triste par suite du départ des travailleurs. — Détachement d'ivrognes ; mes tribulations. — Une pause à Constantine. **1838**

15 octobre. Au camp d'El-Diss. — A partir du 27 septembre, ma vie a été très agitée et j'ai eu à faire de fréquents déplacements ; pendant tout ce temps, il m'a été impossible d'inscrire quoi que ce soit sur mon cahier de notes. Je vais tâcher d'exposer succinctement ce qui m'est advenu pendant cette période.

30 septembre. — Une colonne, qui était venue la veille camper en avant du camp du Smendou, est partie pour aller s'établir, à six lieues en avant, près du lieu où devait être construite la redoute qu'on nomme camp d'El-Arrouch. C'est de ce point que doit partir l'embranchement de notre route sur Bône. Cette colonne était composée de deux bataillons du 61ᵉ de ligne, du bataillon turc, de quelques escadrons de chasseurs d'Afrique, d'une section du génie et d'une section d'artillerie, commandée par le lieutenant Faye. Le même jour, toutes les troupes réunies au Smendou se portèrent à trois lieues en avant, à proximité des Toumiettes. C'était un dimanche. Du lundi au samedi suivant, c'est-à-dire du 1ᵉʳ au 5 octobre inclus, nous fîmes les travaux nécessaires pour assurer le passage des prolonges entre le col des Kantours (extrémité de la route établie) et les Toumiettes. Pendant la même semaine, le capitaine Brincard faisait des travaux analogues entre les Toumiettes et El-Arrouch.

Le 6, nous allâmes camper à El-Arrouch, où arriva dans la soirée le maréchal Valée, avec une colonne de plus de trois mille hommes d'infanterie, cinq ou six escadrons de chasseurs d'Afrique, un grand nombre de spahis, une compagnie et demie du génie et une demi-section d'artillerie. Nous partîmes pour Stora le 7, au matin. La colonne ne fut pas inquiétée dans sa marche ; mais l'arrière-garde, dont je faisais partie, fut pendant toute la journée observée par quelques tirailleurs kabyles et saluée, lors de son passage dans un défilé, par quelques coups de fusil, tirés à distance.

Le 8, je reçus l'ordre de me joindre avec 50 sapeurs à un détachement, commandé pour aller au-devant d'un convoi de vivres venant de Constantine. Je devais améliorer les mauvais passages de la route et surtout le gué de l'oued Résas, qui était très mal nivelé et encombré d'énormes pierres. Arrivé sur ce point, je fis halte et le détachement continua sa route, en me laissant une cinquantaine d'hommes pour protéger les travailleurs. Le travail était à peine commencé que nous fûmes attaqués par une nuée de Kabyles, descendus des hauteurs. Ils s'approchèrent à peu de distance, en se dissimulant derrière les buissons et les rochers dont le sol était couvert, puis, à un signal donné par un cavalier de bonne mine (leur chef, que j'ai su depuis être le kaïd du Moïa), ils s'élancèrent avec de grands cris, comptant sur leur nombre pour nous écraser; mais ils trouvèrent à qui parler. J'avais pris mes précautions. Autour du gué avaient été disposés, derrière des abris naturels, une série de postes d'infanterie; la plus grande partie de mes sapeurs, quittant la pioche pour le fusil, étaient allés les renforcer.

L'ordre avait été donné de tirer à volonté et d'aussi près que possible. Aussi quels effets! quel réfrigérant pour l'ardeur des assaillants, dont un bon nombre fut touché! Ils s'empressèrent de regagner leurs abris et recommencèrent à tirailler; mais cela ne faisait pas l'affaire du chef. Il était toujours en mouvement, allant d'un point à un autre pour les stimuler. Bientôt eut lieu une seconde attaque, sans plus de succès, et après un assez long intervalle, une troisième qui ne réussit pas davantage. Nos soldats s'enhardissaient; mais comment sortir de là? Nous découvrir, c'était notre perte.

Cependant, un vieux caporal de sapeurs, le nommé Gory, bon tireur, qui, du poste qu'il occupait, suivait les mouvements du chef, eut une heureuse inspiration. Il sentait bien que ce cavalier était l'âme de l'attaque. Il me demanda de l'autoriser à se glisser en avant de notre ligne de défense, où il s'embusquerait pour tâcher de le désarçonner. Il y réussit. De là, un grand désarroi chez les Kabyles, qui, dès cet instant, renoncèrent à toute attaque de vive force, mais ne quittèrent pas la place. Ils espéraient avoir raison de nous à la faveur de la nuit. On comprend quelle devait être mon inquiétude; car la troupe, qui était allée au-devant du convoi, ne revenait pas.

Mais notre fusillade avait heureusement été entendue de Stora; sa continuité donnait à penser. On trouvait, d'ailleurs, que le convoi se faisait attendre plus que de raison. Quelques escadrons de chasseurs furent envoyés à la découverte et, à leur approche, les Kabyles, qui nous entouraient, détalèrent à qui mieux mieux.

Les chasseurs continuèrent leur route à la rencontre du convoi. Ils constatèrent qu'il avait été enlevé. Quant à nous, heureux de notre délivrance, nous rentrâmes à Stora avec eux. On nous félicita de notre résistance, et le colonel Vaillant m'envoya chez le maréchal pour lui rendre compte de ma journée; mais je ne fus pas reçu.

Ce qui venait de se passer le contrariait; il avait promis de s'établir à Stora *sans coup férir*, et les faits démontraient clairement qu'il s'était engagé bien à la légère.

Le soldat français né malin avait, au sujet de

ce *sans coup férir,* inventé un ordre du jour original :

« Ordre du jour du corps expéditionnaire de Stora.

« Il est permis de se faire tuer; mais il est défendu de se défendre. »

Le mardi 9 octobre, à une heure de l'après-midi, je fus envoyé avec un bataillon du 61e de ligne et un détachement de sapeurs en un lieu dit Akbet-el-Diss, situé à égale distance entre Stora et El-Arrouch. J'avais pour mission de faire disparaître les obstacles qui pouvaient s'opposer au passage des prolonges entre ces deux points. Je restai en cet endroit un jour et demi. Le 11 au soir, nous reçûmes l'ordre de nous rendre à El-Arrouch, où le bataillon turc se trouvait seul et avait à supporter des attaques très vives des Kabyles. Elles étaient d'autant plus à craindre, que la fortification de la redoute était très peu avancée et qu'il n'y avait pas du tout à compter sur le travail des Turcs pour l'améliorer. Nous y travaillâmes très activement le vendredi, le samedi et le matin du dimanche 14.

Dans cette nuit du dimanche au lundi, est tombée une pluie torrentielle, qui a duré plusieurs heures et a donné au camp un aspect pitoyable. Le sol était partout couvert d'une boue noire, de 20 à 25 centimètres d'épaisseur.

Deux compagnies du 26ᵉ de ligne, venues du camp du Smendou, avec un convoi auquel elles servaient d'escorte, ont bivouaqué près de nous. La nuit a dû être terrible pour ces soldats si fatigués. Les feux qu'ils avaient allumés menaçaient à chaque instant de s'éteindre. On les voyait, sous leurs couvertures toutes trempées, se serrer autour de ces foyers à demi inondés. Que ces heures ont dû leur paraître longues!

Le lundi 15, je reçus l'ordre de retourner au camp d'El-Diss, où un nouveau bataillon du 61ᵉ avait été envoyé pour me fournir des travailleurs. Le commandant Niel se trouvait sur ce point; mais, vers midi, le maréchal, qui retournait à Constantine, l'emmena avec lui. Il se fit suivre de quinze sapeurs, qu'il préleva sur mon détachement. Il ne m'en resta que douze disponibles.

Je repris immédiatement le travail de la route; car le beau temps était revenu.

16 *octobre*. — Me voilà rentré du travail. J'ai dîné et bien dîné, grâce à ce brave Jousou, qui se multiplie : voilà donc un peu de bien-être!

J'ai tout lieu d'espérer que, si le temps est favorable, notre travail sera terminé dans trois jours.

Ce serait bien heureux, car nous menons depuis quelque temps une vie errante à peine supportable. Serons-nous ici demain? En attendant, jouissons de la campagne qui est charmante par ce beau temps. Les souffrances matérielles ne sont rien quand elles ne laissent pas de traces. J'ai déjà complètement oublié cet affreux camp d'El-Arrouch et les mauvaises nuits que j'y ai passées.

Une certaine partie du terrain que traverse la route, celle qui correspond à un endroit que nous appelons entre nous le *grand défilé*, est couverte de pierres énormes et si dures que les pics et par conséquent les pioches sont insuffisants pour nous en débarrasser. J'ai demandé au colonel des outils de pétardement. Il me répond que, s'il en avait, il se garderait bien de m'en envoyer, attendu que le bruit des explosions serait pris pour des coups de canon et mettrait tous les Kabyles en émoi, ce qui serait contre les intentions du maréchal. *Sans coup férir*, c'est la consigne, comme on sait; mais comment faire? Ce sera bien difficile!

17 *octobre*. — Voilà mon pauvre Jousou ma-

lade! Je crains bien qu'il ne soit ressaisi par la fièvre : il l'a déjà eue au camp des Toumiettes. Je me reproche presque ce nouvel accès. Dimanche dernier 14, malgré mes instances, il est resté, toute la journée, exposé à la pluie ; il nous préparait à manger, au commandant et à moi. Il n'a jamais voulu se couvrir de mon manteau de toile cirée. J'aurais dû l'exiger.

Il est bien dangereux de tomber malade dans un camp provisoire : on n'a aucune ressource. Ici, c'est tout au plus si nous avons des tentes. Celles que nous possédons ont dans leur enveloppe plus de vides que de pleins. C'est au camp surtout qu'il est nécessaire d'avoir une bonne constitution!

Dimanche 21. — Le ciel en soit béni ! voilà notre travail terminé. J'ai l'ordre de me rendre à El-Arrouch, une fois ma mission accomplie. Je crois imprudent de faire trois lieues avec douze sapeurs seulement, et pourtant je ne puis rester ici. Je n'ai d'ailleurs aucun moyen de transport pour nos tentes. Je me décide à aller à Stora avec le bataillon du 61e, qui rejoint son régiment.

Mon arrivée à Stora, le 21, étonna tout le monde, et mon départ fut organisé pour le lendemain.

On me donna deux compagnies d'infanterie pour m'escorter, et on y joignit un détachement du train des équipages, pour transporter mon matériel, et quelques chasseurs à cheval pour m'éclairer. C'était plus que je ne demandais.

Mes instructions étaient de m'arrêter à El-Arrouch, si l'état d'avancement des travaux y rendait ma présence nécessaire; sinon, de continuer ma route jusqu'aux Toumiettes, pour y donner mon concours, s'il en était besoin. Dans le cas contraire, je devais me rendre à Constantine et me mettre à la disposition du commandant Niel. Or, à El-Arrouch, les fossés de la redoute étaient à profondeur et, d'après le lieutenant Darceau, qui se trouvait aux Toumiettes, le travail de la route touchait à sa fin.

Je poursuivis donc mon voyage jusqu'à Constantine, où j'arrivai le 25, à une heure de l'après midi. Le commandant est à Milah. Le capitaine Mangay, qui le supplée, est seul ici. Il a été fort étonné de mon arrivée et n'a pas voulu m'employer sans l'ordre du commandant. J'attends depuis deux jours.

En passant aux Toumiettes, j'ai revu avec plaisir ce petit camp si joli, si agréablement placé. J'ai encore devant les yeux le panorama au milieu duquel il est situé : les Toumiettes et les petits monticules qui les entourent — on dirait leur progéniture, — les mamelons verts dans le flanc desquels est entaillée la voie romaine; au dernier plan, les Kantours, le col romain, celui où passe notre route, et enfin cette roche isolée si pittoresque et tous ces mamelons de droite. Mais je me déclare incapable de décrire tout cet ensemble d'une manière satisfaisante et je m'inscris contre ce précepte de Boileau si connu :

> Ce que l'on conçoit bien s'énonce clairement,
> Et les mots pour le dire arrivent aisément.

C'est avec beaucoup d'intérêt que j'ai parcouru la partie de la route qui a été expédiée en quatre jours. Le travail qu'on vient d'y faire l'a très peu modifiée; mais on sera obligé d'y travailler encore par la suite.

Au camp du Smendou, j'ai trouvé le brave sergent Robin, qui a exercé une hospitalité complète à mon égard : déjeuner, dîner, coucher. J'ai été tout heureux d'accepter. Nous n'avions pas de tentes et il a plu une partie de la nuit. Pendant l'après-midi, j'ai refait autour du camp une de ces promenades que j'avais souvent faites avec le capitaine Foy ; j'ai revu le ravin où coule l'oued, les lauriers-roses, etc., mais tout avait pour moi un aspect triste, presque désolé. Comme on était loin de cette activité que donnait la présence des deux bataillons qui nous fournissaient les travailleurs !

A mon arrivée à Constantine, je ne pouvais me persuader que j'étais dans ma chambre et que c'était bien sur ma table et non sur mes genoux que j'ouvrais mon cahier de notes. Pour me convaincre de cette agréable réalité, je regardais sur la place de la casbah, où se trouvaient des soldats occupés à relever des pans de murs écroulés. La plume à la main, je repassais dans mon esprit tout ce qui avait eu lieu depuis un mois. J'étais poursuivi par cette idée que le commandant Niel avait eu l'intention de charger le capitaine Brincard de l'organisation de Stora avec moi pour adjoint et que, sans l'arrivée du colonel Vaillant, ce projet se serait sans doute réalisé. Je me demandais ce que j'allais devenir. Le commandant pouvait seul répondre à cette question, et il était absent. Pour combien de temps ?

Il me semble que ce brave commandant avait

porté ombrage au colonel Vaillant; car, dès le lendemain de l'arrivée du corps expéditionnaire à Stora, celui-ci l'éloignait du maréchal en l'envoyant à Akbett-el-Diss, et deux jours après à El-Arrouch. Mais, quoi qu'il ait voulu faire, le commandant est maintenant en bonnes relations avec le maréchal qu'il accompagne dans sa tournée depuis le 15 octobre, jour de son passage à El-Diss. Ils sont en ce moment à Milah, d'où le maréchal doit se rendre à Bône pour s'embarquer à destination d'Alger; il touchera à Stora. Le colonel Vaillant et les officiers du génie, qu'il a amenés avec lui pour l'expédition, profiteront sans doute du passage du bateau pour retourner chez eux. C'est alors seulement que le service du génie pourra être réorganisé dans la province. J'ai tout lieu d'espérer que le commandant me donnera un bon poste.

Je n'ai point été favorisé dans la composition du détachement de sapeurs qu'on m'a donné en partant de Stora : on a voulu épurer la compagnie en me donnant les plus mauvais sujets. Ces vingt hommes m'ont donné plus d'ennui que ne m'en auraient donné cent autres. Au camp d'El-Arrouch, première débauche; querelle avec le sous-officier faisant fonctions d'adjudant, refus d'aller à la garde du camp. Le lendemain, impossibilité de rassembler les hommes à l'heure du départ, la moitié ne pouvant se tenir sur ses jambes : trois étaient restés en arrière et avaient abandonné leurs fusils. La colonne fut obligée de les attendre pour partir. Je les fis marcher à l'avant-garde.

Au camp des Toumiettes, je dus en mettre cinq à la garde du camp. Bientôt, je fus forcé de les en retirer ; ils invectivaient grossièrement le sous-officier qui commandait le poste, et ils en seraient venus bientôt aux voies de fait. Je les enfermai dans une tente pendant la journée et mis un factionnaire pour les empêcher d'en sortir. Ce jour-là, le seul caporal que j'eusse à ma disposition se grisa et se prit de querelle avec les hommes...

Au Smendou, tout fut tranquille : il n'y avait pas de vin.

A mon arrivée à Constantine, je fis ouvrir la prison de ville pour trois individus, et la salle de police pour trois autres. C'était conscience : on ne pouvait pas laisser sans punitions sévères de tels manquements à la discipline.

Que l'ivrognerie est un vice dégradant! et

comme il est répandu! Depuis que je suis revenu ici, je n'entends parler que d'ivrognes, je ne vois qu'ivrognes.

Le capitaine Mangay, qui remplace le commandant du génie absent, revient du rapport du général. En dépouillant les dépêches qui lui ont été remises comme intéressant le service du génie, il trouve deux lettres : l'une, relative au général Négrier, l'autre, envoyée en communication au général Galbois par Ben-Aïssa.

Bien qu'elles soient étrangères à notre service, je n'hésite pas à en parler ici, parce qu'elles présentent un certain intérêt de curiosité.

Dans la première, on réclame cent mabouts (cent pièces d'or), qui ont été déposées au greffe du conseil de guerre après la prise de Constantine. Le général Négrier en a disposé, dit-on, en faveur des soldats blessés pendant le siège. Comme aucune pièce ne constate cet emploi, on en demande la restitution. Le capitaine Mangay affirme qu'elles ont été distribuées aux soldats; mais qui pourrait dresser un rôle de répartition authentique? J'ai bien peur qu'une retenue ne soit exercée sur la solde de ce brave général.

La seconde pièce est la copie d'une lettre

écrite par Achmet-bey à Ben-Aïssa. Celui-ci lui avait conseillé d'envoyer sa mère à Alger pour traiter de la paix. « Ma mère est âgée et malade, lui répond Achmet. Elle ne pourrait aller à Constantine et, à plus forte raison, à Alger. D'ailleurs, les femmes ne doivent pas se mêler des affaires publiques. Les hommes font la guerre; c'est aussi à eux à faire les traités de paix. Quand Abd-el-Kader a fait un traité avec les Français, il ne leur a envoyé ni sa mère ni sa sœur. »

La phrase qui termine cette lettre est un *critérium* qui en garantit l'authenticité. « Je pourrais bien, dit l'ex-bey, bouleverser une étendue de pays double de celle de cette province; mais je ne le veux pas. » C'est bien là la vantardise indigène. On sait pertinemment qu'Achmet est maintenant dénué de toutes ressources et que ceux qui suivraient sa bannière ne seraient ni nombreux, ni redoutables. Il sait bien lui-même que sa position est désespérée; mais cela ne l'empêche pas, au contraire, de recourir à l'hyperbole pour exalter son influence.

Le commandant est rentré à Constantine, le 27 au soir. Il est venu nous voir après son dîner, il m'a fait très bon accueil. Je suis allé chez lui, le lendemain de bonne heure, après avoir fait une visite au général, qui était aussi rentré la veille.

Il m'a dit que j'allais être employé avec trois cents hommes à faire une route, de Constantine à Milah. A midi, avec une escorte de cinq spahis, nous avons fait ensemble, jusqu'à trois lieues environ de Constantine, la reconnaissance du terrain sur lequel doit être établie cette route. Nous étions de retour à quatre heures et demie.

CHAPITRE VIII.

ROUTE DE MILAH. — DÉFENSE DE DJEMILAH.

Route de Constantine à Milah. — Mauvais temps; dégâts sur les routes. — Occupation du Fort de France. — Un tremblement de terre. — Observation inopportune d'un capitaine. — Visite des officiers du génie de Constantine. — Le Kreneg. — Tempêtes. — Nouvelles de France. — Intrigues d'Abd-el-Kader. — Conséquences du coup de fusil de Gory. — Alertes. — Sans être un héros, on peut dormir en présence du danger. — Notre route n'est que provisoire. — Famine partielle au camp. — Reconnaissance sur Sétif. — Temps affreux. — Retour en arrière. — Cheik honnête. — Fusillades de nuit. — Reprise de la marche sur Sétif. — Arrivée à Djemilah; j'y reste; défenses improvisées; attaques des Kabyles. — Souffrances du soldat. — Notre délivrance par le 26⁵ régiment de ligne. — Retour à Milah.

31 *octobre*. — Me voici campé à trois lieues de Constantine, avec un détachement de vingt et un sapeurs. J'ai laissé Jousou et Biquet à la ville. Nous commençons le travail demain matin. Que le temps soit beau, c'est tout ce que je demande. Je ne maudirai plus l'administration : elle m'a gratifié d'une petite canonnière toute neuve.

1er *novembre*. — Voilà notre première journée de travail terminée, je suis dans ma petite tente et je me proposais d'écrire sur mes genoux à la lueur de ma bougie, mais voilà la pluie qui commence à tomber! Elle tamise cette malheureuse tente neuve, il me faut laisser la plume.

3 *novembre*. — Quel temps nous avons eu depuis avant-hier soir! il a plu toute la nuit du 1er au 2. Quelle position que celle des soldats par ces orages continus! Les tentes où ils sont entassés sont un abri tout à fait insuffisant; un bon tiers de l'eau qui tombe traverse la toile et bientôt l'intérieur de la tente devient un cloaque.

Hier matin, nous sommes allés au travail à neuf heures, malgré une pluie à peine supportable; nous y sommes cependant restés jusqu'à trois heures de l'après-midi. Le travail devait durer jusqu'à quatre heures; mais à la vue de nuages formidables qui, chassés par le vent, s'avançaient comme une légion noire et menaçante, j'ai donné le signal de la retraite et bien nous en a pris. A peine étions-nous rentrés qu'un orage effrayant a éclaté. La pluie est tombée par torrents. Le vent était si violent que nous avons dû tenir les montants de la tente pour l'empêcher d'être enlevée.

La plupart des marquises ont été déchirées. C'était pitié de voir la mine que faisaient les officiers sans asile. Toute la nuit, la pluie est tombée sans interruption. Il est plus de deux heures de l'après-midi et nous n'avons de répit que depuis dix minutes ; ce déluge a duré quarante-quatre heures. Il est bien entendu que j'ai passé la nuit sans dormir et, depuis qu'il fait jour, je suis accroupi sur mon lit replié et couvert de mon manteau de toile cirée.

Si une pluie de moins de deux jours nous a mis dans ce déplorable état, quelle dut être la situation des troupes qui assiégeaient Constantine et qui ont eu à supporter une telle épreuve pendant sept jours !

Ce matin, le Carcara est couvert de neige.

Le commandant m'écrit de Stora que les eaux ont rompu, sur deux ou trois points, la route que j'ai été chargé de faire à El-Diss. La chose était inévitable, les travaux ont été faits trop précipitamment et les remblais n'ont pas eu le temps de se tasser. Sa lettre est très sèche. Je crois bien qu'il la regrettera, lorsqu'il verra l'effet de ces pluies torrentielles sur d'autres parties de la route, — celles qui ont été faites avec soin.

Les moyens nous manquent, les eaux enlèvent

les pierres avec lesquelles nous comblons les ravins ; ce sont des ponts qu'il faudrait, quand en ferons-nous ? La route de Stora a été entreprise au printemps dernier, elle n'avait encore été soumise à aucune épreuve : on verra comment elle s'est tirée de celle-ci, dans la partie faite au début. Je ne doute pas que cet examen ne fasse juger moins sévèrement notre travail qui, à vrai dire, n'était que provisoire.

D'après ce que vient de me dire un sergent que j'avais envoyé examiner l'état du travail fait le 2, jour où le mauvais temps a commencé, un ravin que nous avions comblé avec une énorme quantité de grosses pierres, en ménageant un passage pour l'eau, à la partie inférieure du remblai, a été déblayé. Les eaux ! voilà ce qu'il y a de plus destructeur pour les routes. Les effets qu'elles produisent sont prodigieux. Je me rappelle ce que me disait à Metz, au sujet des effets désastreux produits par la violence des eaux, un officier supérieur du génie qui avait été attaché à la place de Strasbourg. Dans cette place, une digue qui retenait une hauteur d'eau de quatre mètres, vint un jour à se rompre. Les eaux s'élancèrent dans le fossé avec une telle force, qu'en un instant la face d'une demi-lune fut déchaussée, l'escarpe tomba dans le fossé et les débris furent entraînés par les eaux.

Dimanche 4 novembre. — La pluie continue toujours; depuis jeudi soir, elle n'a, pour ainsi dire, pas cessé. C'est un triste séjour que celui de notre camp. Nous restons couchés pendant douze heures au moins; nous mangeons; puis, nous attendons avec impatience l'heure d'un nouveau repas. Impossible de mettre le pied dehors sans s'enfoncer dans la boue! Le sol des tentes est comme un marécage : l'hygromètre y marquerait plus de 100°, si la chose était possible. Nos hommes ont imaginé de faire la soupe dans leurs tentes, nous les imitons. Sans cette merveilleuse idée, il eût fallu nous passer longtemps de soupe, et nous contenter de pain. J'entends un officier d'infanterie qui parle d'omelette aux rognons sautés. Quel Lucullus!

Nous avons aussi à compter avec le froid. La nuit, on grelotte sous ses couvertures. Le jour, on est engourdi, faute d'exercice. Cette nuit, le vent était à l'est; la pluie venait frapper la paroi de ma tente contre laquelle est mon lit. Sans mon manteau de toile cirée, j'aurais été aspergé d'importance : tout imparfait que soit ce vêtement, il me rend de fameux services. Mais laissons ce sujet, on pourrait croire que je perds courage, tandis qu'il n'en est rien. Tant que ma santé sera bonne, je ne perdrai pas patience. Je veux cependant me permettre une observation.

Nous sommes ici pour faire la route de Constantine à Milah. Le mauvais temps nous empêche d'y travailler, et ce ne sera que quelques jours après la cessation de la pluie, que nous pourrons reprendre notre travail. D'autre part, nous sommes à moins de trois heures de Constantine, alors pourquoi donc nous retenir inutilement ici? Qu'on nous permette de rentrer dans la ville pour nous mettre à l'abri; nous reviendrons au camp, lorsque notre présence pourra y être utilisée.

J'ai lu avant-hier une lettre du ministre de la guerre. On y voit bien l'esprit dans lequel sont rédigées aujourd'hui les relations officielles relatives à l'Algérie. On y félicite le maréchal Valée de s'être emparé du Fort de France *sans coup férir*. Ce nom de *Fort de France* va faire croire à tous les badauds, qu'il s'agit d'un fort du genre de celui de Vincennes, et qu'il a fallu une grande habileté pour s'en emparer. Eh bien! c'est tout simplement l'emplacement d'une ancienne citadelle romaine, aujourd'hui démantelée, sur lequel s'étaient établis quelques Bédouins, qui l'ont abandonné à notre approche. N'est-ce pas là du charlatanisme? Il est vrai que le charlatanisme n'est de l'invention ni du maréchal, ni du ministre. Il est certainement renouvelé des Grecs, avec cette différence qu'autrefois on exagérait les dangers courus et les difficultés surmontées, tandis qu'aujourd'hui on loue la sagesse et la prudence qui, en écartant les dangers, permettent aux armées d'entrer dans les forts *sans coup férir!*

5 *novembre*. — Le ciel a pris enfin pitié de nous; le temps est beau ce matin. Le soleil brille par intervalle. Que sa chaleur est douce et agréable! C'est un grand médecin. A ses premiers rayons, tout est oublié : froid, pluie, vent. On sort de ses tentes pour humer la chaleur. Comme on salue cet astre bienfaisant! On comprend que certains peuples l'aient adoré!...

6 *novembre*. — Quelle journée nous avons eue aujourd'hui! Un temps superbe! Aussi me suis-je porté avec quelques sapeurs jusqu'à l'oued Bagara, à plus d'une lieue d'ici; pendant qu'ils arrangeaient le gué de cette rivière, j'ai été re-

connaître l'emplacement où nous devrons nous établir en quittant notre camp actuel. En rentrant au camp, nous trouvâmes l'ordre de retourner à Constantine. On s'était ému, un peu tard, de la situation que nous faisait le mauvais temps. Un contre-ordre arriva bientôt et le travail put être repris le lendemain.

8 *novembre*. — Toujours au camp du Carcara, onze heures du matin. Je viens de sentir un tremblement de terre. C'est la seconde fois que je constate un phénomène de cette nature. La première fois, il avait eu lieu vers huit heures du soir; je me promenais dans la grande rue du camp lorsque j'ai senti, à deux reprises, le sol osciller sous mes pieds, à tel point que je faillis tomber à la renverse. Cette fois, le mouvement a été beaucoup plus sensible, je me trouvais assis sur mon lit; il a été soulevé et secoué tout à la fois : ma tente a été si fortement ébranlée que j'ai cru que quelqu'un en tirait la toile. La secousse a duré deux ou trois secondes, et la direction du mouvement était du N.-N.-E. au S.-S.-O. C'est vraiment là un phénomène bien singulier! On est tout surpris de sentir le sol, sur la stabilité duquel on est si habitué à compter, se dérober sous vos pieds. On craint de le voir s'entrouvrir, et les

plus vaillants ne peuvent se défendre d'une certaine frayeur.

J'ai éprouvé aujourd'hui une grande contrariété, lorsque le capitaine de la première compagnie m'a dit, en présence de ses hommes, qui n'avaient pas fini leur tâche, tandis que les grenadiers étaient partis depuis quelque temps déjà, que la tâche de ceux-ci était moindre que la leur. Émettre une pareille idée, c'est rendre tout travail à la tâche impossible : il faut que les hommes soient convaincus qu'ils sont traités avec impartialité. Je lui ai répondu assez sèchement que les grenadiers avaient travaillé avec ardeur et les siens avec nonchalance ; je ne sais s'il a été convaincu, mais il a été bien maladroit.

Stora devient une chefferie, dont M. Brincard est chargé, sous la surveillance du commandant. Une section de la compagnie Andreau y reste avec son capitaine. Si l'on m'avait envoyé à Stora, comme je l'espérais, je me serais attaché à cet établissement. La paternité y eût sans doute été pour quelque chose. Il est si intéressant de créer quoi que ce soit! A cette mesure, je vois un avantage, c'est que je quitterai l'Algérie sans regret.

Il me vient à l'esprit une réflexion à propos de ce que je viens d'écrire. Est-ce que mon petit cahier de notes ne serait pas un peu détourné de sa véritable destination? Il devait mentionner spécialement ce que je pourrais observer ou apprendre d'intéressant en Afrique, et j'y parle beaucoup trop de moi : c'est une tendance toute naturelle, à laquelle il est difficile d'échapper.

Dimanche 11 novembre. — Le travail que nous devions faire au camp du Carcara est enfin terminé. Aujourd'hui, nous nous reposons. Demain lundi, nous levons le camp pour aller nous porter à environ 9 kilomètres en avant. A l'occasion de mon départ, j'ai reçu aujourd'hui la visite des officiers de Constantine, y compris le commandant Niel et le capitaine Mangay. Avec ceux-ci, j'ai fait une longue promenade dans la plaine. Je les ai reconduits jusqu'à une demi-lieue du camp. Les autres ont chassé, et se sont bien amusés. J'ai appris avec le plus grand plaisir que la maladie du capitaine Foy n'avait pas eu de suite.

15 novembre. Au camp du Krencg. — Notre nouveau camp a pris ce nom, parce qu'il est à proximité d'un site remarquable qui s'appelle le Kreneg. C'est une fissure énorme que quelque cataclysme a ouverte dans des rochers et au fond de laquelle s'écoule le Rummel.

Elle présente la plus grande analogie avec celle qui entoure Constantine; seulement la rivière, au lieu de tourner à gauche, oblique à droite. Dans l'espèce de presqu'île ainsi formée, se trouvent des ruines considérables. A cause de l'analogie que présentent ces deux positions, quelques personnes ont prétendu que ces ruines étaient celles de l'ancienne *Cirta*. D'après une notice que M. Mangay a bien voulu me faire lire, il me semble que c'est bien la Constantine d'aujourd'hui qui est à l'emplacement de l'ancienne Cirta. Comment se nommait autrefois la ville du Kreneg? Voilà une recherche qui incombe à Mangay.

Notre travail marche maintenant, malgré les difficultés que présente le terrain et l'effrayante tempête que nous avons subie pendant la nuit du 13 au 14. Un vent d'une violence extrême soufflait par rafales. Comme les vagues sur la mer, les bourrasques se succédaient à intervalles presque égaux. Pendant la journée du 13, toutes les tentes du camp avaient été renversées et brisées. Mon homme de confiance avait remis la mienne à peu près en état, et, sur le soir, nous l'avions relevée, sans grand espoir de la voir résister aux secousses violentes du vent. Je me suis couché néanmoins, sans pouvoir fermer l'œil, bien entendu. Elle résista pendant la première partie de la nuit; mais vers minuit, un craquement se fit entendre et tout fut renversé : je restai couché sous la toile. Le vent soufflait toujours et menaçait à chaque instant de m'enlever, moi et mon lit. Je crus pouvoir me dégager dans l'intervalle de deux bourrasques : tentative malheureuse, hélas! A cet instant le vent, devenu plus violent que jamais, emporta mon lit à l'autre bout du camp, à une distance de plus de deux cents mètres! Il fut mis en morceaux; depuis ce temps, je couche par terre.

Après cet accident, je fus recueilli par le commandant du camp, dont la tente, dressée dans un pli de terrain, avait pu échapper à la tempête. Là, j'étais assis par terre dans l'obscurité, très désireux, comme on pense, de voir arriver le jour, pour sortir de cette situation peu commode. Il arriva enfin : il fallut aller au travail et rester debout, de 6 heures 1/2 du matin à 4 heures du soir. A mon retour, je dînai au galop, et à 6 heures j'étais couché. Une bonne nuit répara mes forces.

16 *novembre.* — Depuis longtemps j'attendais des nouvelles de France. Aujourd'hui, j'ai reçu quatre lettres. J'étais en train de déjeûner. J'ai tout abandonné et je n'ai continué mon repas qu'après les avoir dévorées.

Je me promets de reprendre ma correspondance, un peu négligée depuis quelque temps et pour cause. Il me faut trouver le moyen de donner de mes nouvelles à ces braves gens. Au plaisir que j'éprouve à recevoir leurs lettres, je sens combien les miennes doivent leur être précieuses.

17 *novembre.* — J'ai reçu aujourd'hui la visite du commandant; les renseignements qu'il m'a donnés sont du plus grand intérêt.

Abd-el-Kader travaille la province de Constantine sur sa frontière de l'Ouest; il est maintenant à 12 lieues de Milah, cherchant à s'attacher certaines tribus. Le maréchal, qui l'observe de près, avait voulu nous concilier quelques-unes de ces tribus en leur nommant un kalifa attaché à la France; mais celui-ci, à peine arrivé sur leur territoire, a été massacré. Un autre personnage influent du pays vint demander cette fonction : on la lui donna, mais il ne put rentrer chez lui ; il est maintenant à Constantine. Les propriétés de Ben-Amelaoui, un de nos partisans les plus influents, sont menacées. Il a réuni toutes ses forces, et, comme il ne se trouvait pas en mesure d'attaquer, il a fait courir le bruit que le général des Français venait à son secours avec deux mille hommes. Ses ennemis ont pris la fuite ; mais gare à lui si le mensonge est découvert ! Il ne nous est pas possible en ce moment de venir à son aide, car le général Galbois est, ou va être, pendant une vingtaine de jours, occupé chez les Haractas.

La route que nous construisons, de Constantine à Milah, est beaucoup plus importante que je ne le prévoyais. Milah n'est qu'une étape sur la route de Constantine à Alger. C'est à nous de faire la partie qui reliera Constantine à Sétif. Le maréchal va, de son côté, faire établir la route d'Alger à Sétif. Me voilà donc sur les routes pour bien longtemps encore !

Le commandant a touché la corde sensible. Oui ! C'est la croix que je voudrais bien emporter d'Algérie. Combien je serais heureux d'arriver en France avec ce signe de l'honneur sur la poitrine! J'aurais pu, m'a-t-il dit, être proposé pour cette distinction à propos du petit engagement que nous avons eu, près de l'oued Résas, le lendemain de l'occupation de Stora. C'est un bien faible titre, je dois l'avouer. Mais combien y a-t-il de militaires décorés et qui n'ont pas été autant engagés que nous l'avons été ce jour-là!

Nous avons tué, dans cette rencontre, un cheik très important, celui du Moïa. C'était un homme très brave et très influent. Il avait voulu, à la tête des siens, porter secours aux Beni-Mila, tribu sur le territoire de laquelle Stora est située. Il peut bien se faire que le coup de fusil de Gory ait préservé Stora d'une attaque! Au moment d'une installation, on aurait pu avoir quelque peine à la repousser. Les autres cheiks, effrayés par cet exemple, n'ont pas cherché à se réunir.

Nous allons bientôt entrer en pays ennemi. Les alertes vont commencer. Hier, un soldat a été tué, en fermant l'une des portes de Milah, par un Kabyle embusqué derrière une haie. Abd-el-Kader, notre plus terrible ennemi, fait, dit-on, des préparatifs d'attaque. On ne peut nier qu'il a de grands avantages sur nous, sa religion d'abord et ensuite sa manière barbare de traiter nos partisans. Nous ne pouvons, dit-on, user de représailles, cela n'est pas dans nos mœurs. On me permettra de n'être pas tout à fait de cet avis. Pour mon compte, je crois que pour éviter un plus grand mal, il ne faut pas hésiter à en produire un moindre. C'était la doctrine du général Négrier, et il s'en est bien trouvé.

19 *novembre*. — Hier, le commandant du camp a reçu, de Milah, l'avis qu'un rassemblement considérable se formait à peu de distance de cette ville et que le but de cette levée de boucliers était d'enlever notre camp. Nous avons pris, en conséquence, l'attitude la plus guerrière possible, les postes ont été doublés, toutes les armes ont été chargées et les hommes ont reçu l'ordre de se coucher tout habillés. La tentative annoncée n'a pas été suivie d'exécution et nous avons pu dormir tranquilles.

Cependant, il y avait eu dans la soirée un certain émoi, provoqué par le tir du canon à Constantine; on s'est bien vite expliqué la chose. C'était le premier jour de la lune, le commencement du *Ramadan*.

Je ne regarde pas comme bien justifiée l'admiration des historiens pour un général, ou un guerrier quelconque, qui dort d'un profond sommeil à la veille d'une bataille. A mon avis, il n'y a pas grand mérite à cela. Quand on est bien fatigué, rien ne peut vous empêcher de dormir. Ici, la matière domine l'esprit. Ce qui est arrivé à ces généraux vient de m'arriver à moi-même. Cette nuit, malgré la perspective d'une attaque, j'ai parfaitement dormi. Ce n'est certes pas un motif pour que je me croie digne d'exciter l'admiration des peuples!

Je suis porté à croire que les bruits qui courent n'ont pas beaucoup de fondement; nous allons cependant prendre les mêmes précautions qu'hier.

Au fond, on ne peut se dissimuler que la route que nous ouvrons en ce moment peut être considérée comme une tranchée ouverte contre Abd-el-Kader et que, tôt ou tard, nous aurons affaire à lui. Le commandant m'a dit que je serais toujours en tête de sape, et je m'en réjouis; car je serai plus en situation de profiter des occasions, s'il s'en présente. Oh! que je serais heureux si je pouvais rentrer en France avec la décoration! Mais suis-je bien sûr de mon courage, moi qui n'ai encore été éprouvé qu'une fois? Ce qui me donne confiance, c'est que mes sapeurs auront les yeux sur moi et que je leur dois l'exemple.

J'ai écrit aujourd'hui à Metz. Quelle exquise sensibilité dans l'âme de la vénérable Mme C*** ! Combien l'indifférence de son mari a dû lui causer de chagrin ! C'était une bien agréable société que j'avais là, et je doute que dans quelque endroit que le sort me jette, j'en puisse trouver une semblable. Que ces causeries du soir avaient pour moi de charmes ! C'était là vivre, car je vivais de la vie du cœur. Maintenant c'est d'une vie matérielle que je vis. Parfois cependant l'esprit est un peu en jeu ; mais l'esprit seul, c'est bien froid.

20 *novembre*. — Encore une nuit passée tranquillement, sans alerte, sans pluie, ni vent. Félicitons-nous du présent et jouissons-en philosophiquement. Nous nous plaindrons du mauvais temps, lorsqu'il sera venu, et, le cas échéant, nous repousserons de notre mieux les attaques des Arabes.

Dans la route de Constantine à Stora, le déblai avait au moins 4 mètres de largeur ; le sol de la voie était incliné vers la montagne de 0^m,03 par mètre et un fossé avait été établi du côté de la montagne, au pied du talus, pour recueillir les eaux pluviales. Pour faciliter l'avancement des travaux, la route que nous construisons aujourd'hui n'a que 3 mètres de déblai, elle est inclinée dans le même sens que la montagne et on n'a pas jugé à propos d'y faire de fossé. On ne peut donc la considérer que comme une route provisoire.

D'après le langage que m'a tenu hier soir le commandant du camp, je n'aurais guère confiance en son sang-froid, si les Kabyles se décidaient à nous attaquer. Aujourd'hui, il m'a fait appeler pour me dire que j'avais fait cesser le travail trop tôt et que, si j'en agissais ainsi, nous serions retenus indéfiniment au camp. Je lui ai répondu qu'aujourd'hui j'avais pu mettre les travailleurs à la tâche et que, par ce moyen, on obtenait, en moins de temps, plus de travail que lorsqu'ils sont à la journée. Je ne suis pas bien sûr qu'il ait compris.

23 *novembre*. — Nous décampons lundi prochain 26, pour nous porter en avant. Depuis quarante-huit heures, il règne un vent violent venant de l'ouest, direction opposée à celle d'où il soufflait dernièrement ; quelques mamelons nous en garantissent. Je n'en ai pas moins passé une mauvaise nuit. Les montants de ma tente sont trop courts, par suite de l'extension de la toile, résultat des dernières intempéries. Nous avons dû les

rehausser par des cales. Ce système très peu stable a souvent été dérangé par la violence du vent, et notre tente n'a pu rester debout qu'au moyen de replacements fréquents de ces malheureuses cales.

24 *novembre*. — Voici un inconvénient du séjour dans les camps que je n'aurais pas soupçonné. Deux des compagnies qui me fournissent des travailleurs n'ont pas mangé depuis vingt-quatre heures. Les hommes avaient anticipé sur leurs rations et ceux commandés pour le travail ont dû manier à jeun la pioche pendant trois heures. Jugez de leur déception, lorsqu'en revenant de l'atelier, ils ont appris que le convoi qui doit nous apporter des vivres pour demain n'était pas encore arrivé. On demandera pourquoi ils ont consommé leurs rations d'avance. — C'était imprudent, sans doute, mais le travail au grand air creuse terriblement l'estomac, et ici on ne peut avoir d'autres vivres que les rations.

Notre nouveau camp s'appellera camp d'El-bouck-Sebâa. C'est le nom d'un petit ruisseau qui passe à proximité de l'emplacement choisi, à 8 kilomètres environ de celui que nous quittons. Nous allons perdre de vue Constantine et le Kreneg. Notre horizon sera bien borné.

Le vent s'élève. Il me faut quitter la plume. La bougie ne veut plus m'éclairer.

25 novembre. — Le convoi si désiré n'est point encore arrivé. On est forcé de l'attendre, car il faut manger avant d'aller au travail. Un caporal d'administration, arrivé ici hier soir à six heures, avait dit qu'il était rassemblé à la Maison Blanche, prêt à se mettre en route. Le commandant du camp envoya immédiatement à sa rencontre un détachement de 40 hommes Ce détachement est rentré à minuit, sans l'avoir trouvé. Bien qu'il fît nuit noire, le commandant voulait le renvoyer à la découverte. Les hommes, encore à jeun et harassés, commençaient à murmurer. Heureusement, l'adjudant-major intervint. Il fit observer que la tentative qui venait d'être faite prouvait que ce convoi ne pouvait être sur la route; que, s'il s'était égaré, il était impossible de le retrouver pendant la nuit; qu'il avait dû probablement rentrer à Constantine. Le commandant se rendit à ces raisons et donna contre-ordre. Les malheureux soldats purent aller se reposer.

1er *décembre. Au camp de Bouck-Sebda.* Voilà bientôt une semaine que nous sommes ici et je n'ai pas eu un moment de loisir! Nous avons reçu du renfort, trois compagnies du bataillon d'Afrique; le nombre des travailleurs est porté à trois cents. Aussi, nous avançons rapidement. Le commandant Niel est arrivé ici hier et ne m'a quitté que ce matin. Il est très satisfait; toutefois, il est à regretter que nous ne soyons pas plus avancés. Une expédition se prépare. Un courrier a été envoyé au général Galbois pour le faire rentrer de la promenade qu'il fait chez les Haractas. On a l'intention de faire partir prochainement une colonne pour Sétif, située à 24 lieues de Milah, et par conséquent à 34 lieues de Constantine. Une autre colonne partirait d'Alger et viendrait à notre rencontre.

Sétif est, dit-on, une ancienne ville romaine autrefois très importante; il y reste de fort belles ruines, des voûtes nombreuses et même une enceinte. Si le pays environnant renferme des ressources, on se décidera peut-être à y faire une installation. Dans ce cas, je suis tout désigné pour y rester avec un détachement de sapeurs.

7 *décembre. Au camp de Maallah.* — Je fais partie de l'avant-garde de la colonne expéditionnaire qui doit se rendre à Sétif. Elle comprend le 3ᵉ bataillon d'Afrique, une demi-section d'artillerie et mon détachement de sapeurs, qui a été

porté à 50 hommes. Nous sommes partis, le 4, du camp de Bouck-Sebâa pour nous arrêter ici, à six lieues et demie de Milah. Notre marche n'a pas été inquiétée; mais, le soir, quelques coups de feu ont été tirés sur nos avant-postes. Le 5, le temps avait été incertain; mais le 6, au soir, la pluie a commencé à tomber avec violence et depuis ce temps nous tendons le dos. C'est couché sur mon lit que j'écris ces quelques mots. Je n'ai pas quitté cette position depuis plus de vingt-quatre heures.

10 *décembre. Au camp du* 17° *léger, sur l'Aïn-Smara.* — Le 7, au soir, on était inquiet pour une compagnie du 3° bataillon qui, envoyée à Milah pour y chercher des vivres, n'était pas encore revenue. Vers dix heures, quelques hommes arrivèrent avec six mulets. Le gros de la compagnie ne rentra que le 8, au matin. Ils s'étaient arrêtés en route, accablés de fatigue. Ils avaient passé la nuit au milieu de la fange, exposés à la pluie, transis de froid, dans une situation difficile à décrire. L'un d'eux était mort pendant la nuit.

Le 8 au matin, comme le mauvais temps continuait et que les vivres allaient manquer, le commandant réunit dans sa tente un certain nombre d'officiers. J'assistai à cette réunion, en ma qualité de chef du détachement du génie. Après un exposé succinct de la fâcheuse situation dans laquelle nous nous trouvions, il nous demanda de lui donner notre avis sur ce qu'il y avait à faire, pour sortir d'un aussi cruel embarras. Appelé à parler le premier, comme étant le plus jeune, je n'hésitai pas à déclarer qu'il nous fallait retourner le plus tôt possible à Milah, où nous pourrions nous refaire un peu en attendant des ordres. Tous les autres officiers furent de mon avis et le départ fut décidé.

A neuf heures, nous nous mettions en marche par une pluie battante, laissant nos tentes en place, à la garde du cheik d'un douar voisin. Les soldats du bataillon d'Afrique, démoralisés, transformèrent cette retraite en une espèce de déroute. Un certain nombre allaient jusqu'à se débarrasser de tout ce qui pouvait gêner leur marche. Ils abandonnaient leurs couvertures, leurs sacs; quelques-uns jetèrent même leurs fusils. Mes sapeurs furent, je ne dirai pas admirables, ce serait de l'hyperbole, mais très convenables. Ils furent bientôt prêts à partir et marchèrent avec autant d'ensemble et d'ordre qu'on pouvait l'espérer, emportant tout leur bagage.

L'oued Maallah et plus loin l'oued Smara, grossis par les pluies, étaient devenus des torrents rapides et difficiles à traverser. Les hommes avaient de l'eau jusqu'au ventre ; les circuits nombreux que le lit de ce dernier ruisseau décrit dans la plaine et l'obligation où nous étions de suivre constamment l'artillerie, pour faciliter sa marche, nous forcèrent de traverser huit fois ces torrents. Quelques-uns de ces passages étaient vraiment dangereux. L'infanterie qui marchait à la débandade se réunissait à l'entrée de chaque gué ; car pour ne pas être renversés, les hommes étaient forcés de se soutenir les uns les autres.

Arrivés à la hauteur d'un camp où était installé le 17e léger, on nous fit faire halte, à mon grand regret. Nous gravîmes péniblement la pente de la colline sur laquelle ce régiment était établi pour aller nous parquer dans la boue ; parquer est le mot, car nous n'avions pas de tentes. Le 17e en avait quelques-unes en dépôt : je pus en obtenir une. Pour se mettre à l'abri, les sapeurs creusèrent dans le sol des fosses, qu'ils recouvraient de leurs couvertures : grâce à cette invention, ils étaient mieux abrités que moi sous ma tente, dont le sol, bien qu'on l'eût recouvert de cailloux, était des plus boueux.

Une partie des hommes du bataillon d'Afrique et quelques-uns de ceux qui avaient passé la nuit dans le défilé d'Aïn-Smara, n'avaient point entendu le signal de la halte. Ils continuèrent leur route vers Milah. J'ai quelques inquiétudes à leur sujet. Gare aux traînards! Dernièrement encore, les habitants d'un douar situé à une demi-lieue de notre camp se sont jetés sur un pauvre soldat isolé qui pouvait à peine se traîner et l'ont égorgé.

Je viens d'apprendre que, comme nous, le général Galbois, qui s'était porté avec ses troupes à quatre lieues en avant de Milah, a battu en retraite le 8, et qu'il les a ramenées près de la ville pour les refaire un peu et réparer ses pertes en munitions de bouche. Cette mesure justifie la détermination que nous avons cru devoir prendre de revenir en arrière. Pendant la nuit du 8 au 9, les Kabyles nous ont laissés tranquilles; mais, la nuit dernière, un de nos avant-postes a été canardé à deux reprises différentes; la deuxième fois, une panique a saisi les tirailleurs et ils se sont enfuis précipitamment.

On peut se poser maintenant cette grave question : Continuera-t-on la marche en avant? Au départ de la colonne venue de Constantine, la chose était décidée, et on m'avait envoyé deux cent quatre-vingts outils.

Si j'en crois les bruits qui courent sur cette colonne, les deux bataillons du 17ᵉ léger qui s'y trouvent sont démoralisés et la cavalerie est fort maltraitée. Depuis plus d'un mois, les chasseurs sont en course et ont perdu beaucoup de chevaux, par suite des intempéries et du manque de nourriture. Mais, d'autre part, on dit mille belles choses sur les ressources du pays de Sétif et sur les bonnes dispositions du cheik puissant sur le territoire duquel cette ville est située.

Il aurait demandé lui-même cette expédition.

Qu'en adviendra-t-il? Je n'y veux pas penser; je veux conserver cette confiance vague que j'ai maintenant et accepter d'avance ce qu'on décidera. Le soldat résigné est dans les meilleures dispositions possibles pour se tirer d'affaire.

En attendant, voici une bonne nouvelle. Le capitaine Andreau est avec le général et je vais bientôt être débarrassé de cette masse d'outils qui me cause mille ennuis depuis mon départ. Ce brave Andreau vient chercher une croix que Stora ne lui a point donnée : je la lui souhaite de tout mon cœur.

Je ne puis m'empêcher de revenir sur cette question de Sétif et de penser que, si l'on m'y laissait, je pourrais bien m'y attacher. Ce serait mon œuvre ; elle m'intéresserait ; l'ourse trouve ses petits jolis et mignons. Mais mes parents ! ma mère ! ma tante ! qui comptent sur mon retour au printemps et qui, dès maintenant, doivent supputer les mois et les jours. C'est là le mauvais côté. Toute médaille a son revers.

Un bon point pour le cheik auquel a été confiée la garde des tentes que nous avons laissées sur place au camp de Maallah. Elles nous ont *toutes* été rapportées par un détachement envoyé pour les reprendre : ce cheik a aussi rendu fidèlement une somme de *cent cinquante francs* qui lui avait été laissée en dépôt par une cantinière.

11 *décembre. Au camp d'Aïn-Smara.* — Les attaques nocturnes continuent ; la nuit dernière, la fusillade des Kabyles a duré plus de quatre heures. C'est fort ennuyeux ; car il est impossible de dormir... Ce n'est même pas sans danger. Cette nuit, un mulet arabe a reçu une balle dans la cuisse. Un capitaine eût été blessé, s'il n'avait été protégé par un tabouret, qu'il avait mis en avant de son traversin. Plusieurs tentes ont été traversées par les balles.

Le bruit court que notre départ est prochain. C'est peut-être pour ce soir.

28 *décembre*. *A Milah*. — Il y a dix-sept jours que je n'ai pas ouvert mon journal. Que de choses se sont passées pendant cette période! Je voudrais pouvoir les raconter fidèlement, mais ma mémoire ne me fera-t-elle pas défaut?

Le 11 décembre, nous avons quitté le camp d'Aïn-Smara pour aller camper sur le territoire de la tribu des Beni-Guescha, celle dont le cheik nous a rendu fidèlement les tentes confiées à sa garde. Dans la soirée, les indigènes nous apportèrent du couscoussou. C'est l'aliment national. J'en mangeai pour la première fois : ce fut sans répugnance. Il me semble même que j'arriverais bientôt à le manger avec plaisir.

Le 12, nous nous mîmes en route, de bonne heure : cette journée fut très pénible pour tout le monde et surtout pour les sapeurs. Nous marchions à l'avant-garde, presque entièrement composée de cavalerie.

Le chemin suivi était fort difficile. On rencontrait souvent des ravins, et des travaux étaient nécessaires pour en rendre le passage praticable, à la rigueur, à l'artillerie. Notre mission remplie, il fallait courir pour reprendre notre place à l'avant-garde. Cela ne laissait pas que d'être très fatigant.

Nous longeâmes longtemps l'oued Bou-Sala sur la rive droite ; puis, nous passâmes à gué cette rivière, qui est assez considérable pour l'Algérie. La vallée du Bou-Sala est étroite et susceptible d'une belle culture. Les collines qui la bordent sont très accidentées et leur forme est souvent bizarre. L'une d'elles, située sur la rive droite, a la forme d'une pyramide triangulaire, si régulière qu'on la croirait taillée de main d'homme ; elle est surmontée d'un marabout. Lorsqu'on quitte cette vallée, on s'engage dans une contrée impraticable. Le sol y est schisteux : il est découpé par des ravins de plus de cent mètres de profondeur, taillés à pic et qui se présentent soudain. Nous avons eu beaucoup à faire pour faciliter le passage de la colonne et l'obscurité nous a surpris dans des terrains fort difficiles. Il a fallu bivouaquer sur place, à trois kilomètres environ de Djemilah, où l'avant-garde était allée camper.

Le 13 au matin, dès l'aube, nous avons pu, avec l'aide d'une corvée d'infanterie, aplanir les difficultés qui restaient et nous sommes encore arrivés à Djemilah d'assez bonne heure.

A peine arrivé, j'ai dû faire avec le général et le commandant du génie la reconnaissance du terrain. Bientôt après, j'ai su que le général avait décidé qu'on occuperait ce point, au moins provisoirement, pour couvrir les derrières de la colonne expéditionnaire et que je serais chargé d'en organiser la défense. Nous arrêtâmes avec le commandant Niel la nature des travaux à faire, pour assurer notre sécurité.

Le 14, au matin, la colonne se remit en route pour Sétif, et je restai à Djemilah avec mon détachement, le demi-bataillon de gauche du 3e bataillon d'Afrique et une demi-section d'artillerie.

Il était plus que probable que, dès que la colonne serait hors de portée, l'ennemi viendrait nous attaquer. Aussi, avais-je étudié, dès la veille, les dispositions à prendre pour la défense et, une fois la colonne partie, je me présentais au commandant du camp pour lui faire part de mes réflexions et de mes projets. Il s'agissait de créer le plus rapidement possible, sur un terrain découvert et abordable de toutes parts, des obstacles susceptibles d'arrêter un ennemi qui, voyant notre petit nombre, deviendrait entreprenant et audacieux. Le problème était difficile à résoudre, surtout en raison du peu de temps dont nous pouvions disposer. Heureusement, le terrain était couvert de ruines. Il était donc possible d'y élever rapidement une sorte d'enceinte en pierres sèches; mais, pour qu'elle fût vraiment défensive, il fallait en assurer le flanquement et y établir des créneaux.

Je demandai au commandant de réunir les officiers et de me permettre de leur exposer mon projet et de réclamer leur concours. J'eus le bonheur d'être compris. Tous sentirent l'importance du travail auquel je leur proposais de s'associer.

Je commençai par jalonner en quelque sorte l'enceinte, en plaçant un homme à chacun des sommets des angles rentrants ou saillants, puis les différentes faces furent indiquées par un rang d'hommes alignés. L'emplacement des murs étant ainsi fixé, je répartis la besogne entre les cinq compagnies : à chacune furent attachés quelques sapeurs pour diriger les travaux; chaque compagnie était d'ailleurs surveillée par ses officiers.

Tous, officiers et soldats, rivalisèrent de zèle, et la muraille s'éleva rapidement sur tout son pourtour; le volume et la forme régulière des pierres rendaient la construction assez facile et, en quelques heures, elle présentait un obstacle déjà sérieux. De leur côté, les avant-postes se couvrirent par des murailles de même nature et les artilleurs et les sapeurs disponibles élevaient des défenses semblables en avant de leur campement.

On travailla activement toute la journée et, sur le soir, l'enceinte était presque partout à hauteur de ceinture.

La nuit venue, l'ennemi nous attaqua avec beaucoup d'audace. Un des avant-postes fut enlevé. Un soldat y fut tué et resta au pouvoir des assaillants; les autres, entourés par une foule de Kabyles, eurent la plus grande peine à rentrer dans l'enceinte, bien qu'une sortie ait été faite pour les dégager. Pendant le reste de la nuit, tous les efforts des attaquants furent arrêtés par notre muraille improvisée, d'où partaient des fusillades bien nourries. Combien on se félicitait d'avoir travaillé si activement!

Aussi, le jour venu, les travaux furent repris avec un nouvel entrain. La muraille fut régularisée sur tous les points et crénelée sur une grande partie de son développement; la distribution des travailleurs était la même que le premier jour. La nuit suivante, je pus me reposer pendant quelques heures, car l'enceinte avait une certaine valeur et les points les plus exposés me paraissaient en état de résister à un coup de main.

Un peloton avait été placé en embuscade dans les ruines de l'amphithéâtre. Il laissa passer les Kabyles qui venaient nous attaquer, puis fondit sur eux et les poursuivit le long de notre enceinte. Un autre peloton devait venir, en sens contraire, pour leur couper la retraite, mais il arriva trop tard. Les attaquants en furent quittes pour une course au clocher.

Cette poursuite ne produisit pas l'effet qu'on en espérait; car, deux heures après, les attaques recommencèrent plus vigoureuses que la nuit précédente et se portèrent encore sur l'avant-poste qui avait déjà été enlevé. La garde était plus nombreuse : il était mieux fortifié; il résista. Cependant, par prudence, on jugea à propos de l'évacuer.

Le 16, les travaux consistèrent à perfectionner l'enceinte. On éleva aussi quelques murs pour servir de parados.

Ce jour-là, la colonne devait arriver, retour de Sétif. D'après l'ordre du commandant du camp, j'allai au-devant d'elle avec mes sapeurs et un détachement du bataillon. Nous devions arranger les mauvais pas et faire du bois.

La colonne se présenta, en effet, l'après-midi. Le soir, arriva, aussi, le demi-bataillon de droite des zéphyrs, venant de Maallah où il était resté campé. Ces nouveaux venus bivouaquèrent, pendant la nuit, dans l'intérieur de notre camp.

Le 17 au matin, la colonne nous quitta pour retourner à Constantine, et on assigna au demi-bataillon de droite l'emplacement qu'il devait définitivement occuper; il était appuyé à la face nord du camp. Ces hommes se mirent immédiatement à l'œuvre pour construire, dans les mêmes conditions que leurs camarades, la portion d'enceinte qui devait les couvrir. Pendant la même journée, on fit un enclos pour les bœufs et une muraille pour protéger le *Seradgi* et les spahis. L'artillerie établit une barbette et une embrasure pour ses deux obusiers, et l'on commença des traverses pour défendre l'intérieur du camp contre des vues de revers.

Nous passâmes assez tranquillement la nuit du 17 au 18 et la première partie de la matinée du 18. Les forces kabyles accompagnaient la colonne dans sa retraite; mais, vers midi, les hostilités recommencèrent de plus belle, pour ne plus cesser jusqu'au 22, à quatre heures de l'après-midi ! (Appendice *j*.)

Les postes extérieurs furent évacués et toute la garnison resta dans l'enceinte : un tiers seulement, commandé pour la défense et placé derrière les créneaux. Cependant, le nombre des assaillants croissait toujours. On voyait arriver de toutes parts des cavaliers et des fantassins, qui se groupaient dans les ravins dont le camp était entouré. De temps à autre, un hourrah général s'élevait, hourrah répété par ceux qui stationnaient sur les hauteurs ; bientôt, les masses s'ébranlaient et marchaient résolûment sur nos retranchements. Toutes ces tentatives furent infructueuses. Il en coûta cher à l'ennemi de s'être exposé au feu des créneaux.

La nuit du 18 au 19, les alertes furent peut-être plus fréquentes que le jour. La garnison tout entière dut prendre les armes ; l'obscurité profonde favorisait l'ennemi, qui pouvait arriver jusqu'au pied du mur sans beaucoup risquer ; de là, quelques engagements corps à corps, où l'avantage était pour celui qui pouvait surprendre son ennemi. Cette nuit-là, la pièce placée sur la barbette faillit être enlevée. Déjà des Kabyles, qui avaient fait écrouler le mur de soutènement en le minant par sa base, en avaient saisi les roues; nous autres du génie, nous vînmes à la rescousse : l'un d'eux fut tué et les autres s'échappèrent, à la faveur de l'obscurité. Les nuits suivantes, on descendit la pièce au pied de la plate-forme.

Cette nuit terrible se passa enfin, et l'on n'eut plus à redouter les surprises; mais, pendant la journée qui suivit, les attaques furent plus chaudes encore. On fut plus d'une fois obligé d'avoir recours à la baïonnette : notre résistance opiniâtre ne faisait qu'accroître la fureur de l'ennemi. C'étaient des attaques continuelles, presque sur tous les points. Nous avions affaire à des forcenés. Le feu ne se ralentit que vers le soir.

Il avait été facile de remarquer que, pendant la journée, le tir de l'ennemi rendait la circulation dans le camp très périlleuse. Aussi, dès que la nuit fut venue, je fis commencer la fouille de tranchées destinées à servir de voies de communication.

On entendait que, de leur côté, les Kabyles travaillaient aussi très activement; et le lendemain 20, nous fûmes fort surpris de voir que nous étions entourés de postes retranchés, disposés sur deux lignes circulaires concentriques ; les plus considérables étaient sur la ligne extérieure. Chaque poste était fortement occupé et, dès le matin, l'ennemi fit un feu terrible sur les points découverts du camp. Les Kabyles avaient renoncé aux attaques de vive force, qui leur avaient coûté trop cher et étaient demeurées sans résultats, et le siège était converti en blocus. Ils se proposaient de nous réduire en nous interdisant l'eau. Cette idée ressortait assez clairement des dispositions qu'ils venaient de prendre et, du reste, ils ne nous le laissaient point ignorer : *Elma ma kach roumi* (Français, tu n'auras plus d'eau), nous criaient-ils de toutes parts.

Jusqu'à ce jour, le soldat avait eu de la patience. Le temps étant frais, il avait peu souffert de la soif. Il avait croqué son biscuit, en se tenant à son créneau et en tirant de temps en temps son coup de fusil ; mais, dès qu'il comprit qu'il n'aurait plus d'eau et partant, plus de soupe, etc., il sentit les premières atteintes de la soif et ne pensa plus qu'à faire une sortie pour aller chercher de l'eau. Cependant, la journée se passa. Le soir, puis la nuit vinrent, le temps se rafraîchit. On fit distribuer de l'eau-de-vie et la soif fut oubliée pour un instant.

Pendant cette nuit du 20 au 21, les tranchées servant de communications furent terminées. La fusillade ne fut pas interrompue; mais il n'y eut pas d'alertes sérieuses. Le tiers de la garnison suffit pour la défense.

Le 21 fut en tout semblable à la journée précédente; mais la soif devenue plus intense était insupportable pour beaucoup d'hommes. Un grand nombre d'entre eux mâchait des racines pour s'humecter la bouche. Quelques-uns allèrent jusqu'à boire leur *urine*. C'était vraiment navrant de voir ces malheureux exténués de fatigue et mourants de soif; toutefois, le moral ne se démentit pas un seul instant. Enfin, le soir arriva. Les soldats demandaient à grands cris à aller à l'eau; le commandant n'y voulut jamais consentir, et il eut raison : les ravins étaient occupés par des postes formidables. Il est plus que probable que nous n'aurions pas pu en approcher, et nous aurions certainement perdu beaucoup de monde. On comprend que, dans une telle situation, nous désirions ardemment que le jour parût. Car si on dit : *malesuada fames,* nous pouvions craindre d'avoir à dire *malesuada sitis.*

Enfin, Dieu eut pitié de nous. Le jour parut

sans qu'aucun acte d'indiscipline eût été commis. Nous nous aperçûmes bientôt que l'ennemi était moins nombreux. Soit lassitude, soit découragement, il ne quittait plus ses retranchements; toutefois, la fusillade était toujours très vive. Dès le matin, on vit sur les hauteurs, où est établie la route de Milah, un groupe de cavaliers qui paraissaient en observation. Des pourparlers s'étaient établis, qui durèrent presque toute la journée. Enfin, vers quatre heures du soir, une partie de ce groupe se détacha et se dirigea vers notre camp, et les assiégeants se retirèrent peu à peu. A sa tête se trouvait Boaga-ben-Achour, kaïd de cette partie de la Kabylie, escorté d'une cinquantaine de cavaliers. Il se présenta à notre commandant et lui annonça qu'une colonne, envoyée de Constantine pour nous dégager, était à proximité.

La joie fut vive au camp. Soudain tous les soldats parurent à l'entrée des tentes, portant bidons, marmites, gamelles, en un mot tous les vases susceptibles de contenir de l'eau, et une corvée monstre fut organisée pour aller en chercher au ravin le plus proche.

Quelque temps après le départ de Boaga, on vit descendre des hauteurs, en bon ordre, une colonne d'infanterie — le 26ᵉ régiment. — Son commandant, le colonel d'Arbouville, laissant à ses officiers le soin de faire camper ses hommes, accourut vers nous : nous allâmes à sa rencontre, dans notre piteux accoutrement d'assiégés. Il en fut très ému. Les deux chefs s'entendirent, et l'on décida que la journée du 23 nous serait accordée, pour nous remettre un peu en ordre, et que l'on partirait le lendemain : ce qui fut fait.

Les victimes de cette affaire de Djemilah ont été assez nombreuses dans le 3ᵉ bataillon d'Afrique, qui, dans ces circonstances difficiles, s'est souvenu qu'il avait du sang français dans les veines et s'est montré d'une bravoure et d'un sang-froid à toute épreuve.

En ce qui concerne mon détachement, un sapeur a reçu à la tête deux blessures auxquelles il a succombé, trois autres ont été blessés légèrement. Enfin, mon vieux caporal Gory, le tireur émérite de Stora, a reçu une balle dans la hanche ; il s'est guéri, et a obtenu une croix bien méritée.

Le 24 décembre, par un temps un peu couvert, nous nous sommes mis en route, à petite vitesse, — nous étions encore fatigués, — pour aller camper à une vingtaine de kilomètres sur la rive gauche de l'oued Bou-Salah, sur un terrain en pente douce que tapissait une herbe courte et fine. Il était situé au pied de collines découvertes. Le désir de prendre du repos au plus vite me fit dresser ma tente au premier endroit venu. Je n'avais pas remarqué qu'elle était dans une espèce de thalweg, assez mal indiqué, il est vrai; mais je devais bientôt m'en apercevoir à mes dépens. La nuit était à peine venue, qu'une pluie diluvienne commença : les eaux, descendant avec abondance des collines, envahirent ma retraite. J'étais couché sur la terre : je me trouvai subitement au milieu d'un courant assez fort pour entraîner mon léger bagage. Je sortis précipitamment de ce bain forcé pour aller m'installer à quelque distance. La pluie continua toute la nuit et pendant toute la journée du lendemain.

Cependant, nous continuâmes notre route, mais très péniblement, car la terre était fortement détrempée. D'autre part, la vallée du Bou-Salah est très étroite et encadrée par des pentes très raides. La rivière la parcourt en zig-zag et va se heurter de part et d'autre à la base des collines qui la bordent, en affouillant leur pied. Grossie par cette pluie, elle était devenue torrentueuse. Les gués avaient disparu, et cependant il fallait de temps en temps passer d'une rive à l'autre pour éviter des ascensions impossibles à l'artillerie. Cette journée des plus pénibles fut marquée par un accident qui m'a beaucoup ému. Au passage d'un des gués, je m'étais engagé dans la rivière à la suite d'un spahi ; sa monture fit un faux pas sans doute, et l'homme et le cheval furent emportés par le courant. Sous l'impression de cet événement, je rebroussai chemin, en pensant, d'ailleurs, que je n'avais que faire d'aller sur la rive gauche, tandis que mon détachement était forcé de rester sur la rive droite. Nous eûmes la chance, en retournant en arrière, de trouver une pente accessible et nous pûmes continuer notre route sans autre accident.

Dans la journée du 26, nous arrivâmes à Milah. Dans quel état, bon Dieu ! Je réintégrai mon modeste réduit et le 3ᵉ bataillon d'Afrique fut campé à proximité de la ville, tandis que nos libérateurs — le 26ᵉ de ligne, — continuaient à marcher vers Constantine.

CHAPITRE IX.

SAISON D'HIVER A MILAH ET A CONSTANTINE.

Bonheur d'être à Milah. — Un bon article de journal. — Construction de la route de Constantine à Milah. — La vie au camp. — Lettre de France. — Mort du capitaine Mangay. — Ajournement du travail de la route. — Travaux de bureau. — Sergent Desjardins. — Au sujet du bataillon turc. — Paresse des Arabes; ses conséquences. — La folle de Milah. — Labour arabe. — Intérieur de la ville : détails sur les maisons. Minaret. Piscine romaine. — Facilité des irrigations. — Projets à faire pour 1839. — Dépêche du maréchal sur l'expédition de Sétif. — Vice du transport de la correspondance. — Départ pour Constantine. — Au sujet de Sétif. — Je reçois la décoration. — Neige abondante. — Cascade du Rummel. — Attaque sur la route de Constantine à Stora.

A Milah. — Dès le lendemain de mon arrivée, je fis commencer la réparation des avaries causées par les intempéries et je m'empressai de mettre à jour ma correspondance, interrompue depuis si longtemps. Que de choses j'avais à raconter !

4 janvier. — Aujourd'hui, tout renaît, tout

va bien, parce qu'il fait beau. Que le soleil est agréable et vivifiant!

Combien nous sommes heureux, nous autres du génie, d'avoir trouvé après les rudes épreuves de la campagne que nous venons de faire et cette retraite si pénible, un bon abri en arrivant ici! Comme j'ai déploré souvent le sort de ce malheureux bataillon d'Afrique qui, après avoir subi les mêmes épreuves que nous, est encore en ce moment sous la toile, où de nouvelles épreuves viendront l'assaillir jusqu'à la belle saison! Aussi, est-ce avec une grande joie que je saluai, ce matin, le lever du soleil. Je voyais, du fond de mon petit abri, les effets merveilleux de cet astre bienfaisant sur la situation de ces malheureux soldats : j'ai voulu m'en rendre compte de plus près et, après mon déjeuner, j'ai été me promener dans leur camp. La joie était peinte sur tous les visages. Les armes se nettoyaient, les habits, les effets, les couvertures (cette providence du soldat, à la fois son manteau et son lit) tout séchait. Que je bénissais le Créateur de nous avoir donné le soleil!

Que l'homme est un être singulier et inexplicable! Jusqu'à présent, j'avais eu une certaine rancune contre ceux qui ont ordonné l'expédition de Sétif dont les conséquences furent si pénibles pour nous. Aujourd'hui, cette rancune est tombée. C'est un petit morceau de papier du journal (un article des *Débats*) (1) qui est la cause de ce revirement. Oui, justice nous a été rendue : notre conduite à Djemilah a été appréciée et dignement appréciée, je suis content. Des récompenses sont annoncées. Je sais que j'ai été l'objet d'une proposition pour la Légion d'honneur. Il serait si agréable de retourner en France avec une croix sur la poitrine et une croix sur l'origine de laquelle il n'y aurait pas à rougir. Mais je suis bien jeune encore! n'est-ce pas une folie d'espérer?

8 janvier. Au camp de l'oued Koton. — Me voici au point où j'en étais le 3 octobre dernier, avant tous les événements que je viens de raconter. J'ai à reprendre la construction de la route de Constantine à Milah, à l'endroit où je l'ai laissée à cette époque. C'est pour continuer ce travail que je suis campé sur les bords de l'oued Koton.

Cette besogne de confection de routes, toute monotone qu'elle est, serait acceptable, intéres-

---

(1) Appendice *j*.

sante même parfois, en raison des difficultés qu'elle peut présenter, si la saison dans laquelle on travaille permettait d'espérer un résultat au moins passable; mais, se borner à faire le premier déblai d'une route, imparfaitement, dans une saison où la terre est si détrempée qu'à un mètre de profondeur on la trouve encore humide, c'est un travail plus qu'ingrat!

Il a fait un temps superbe aujourd'hui. Le soleil brillait du plus vif éclat, la chaleur était à peine supportable. C'était charmant! mais voici venir d'épais nuages. La nuit est obscure, autant que la journée a été lumineuse. Gare à ce qui se passera demain!

J'ai pour mission de faire le tracé de la montée de l'oued Koton. J'irai ensuite m'installer dans mon petit trou de Milah. Si le temps est beau, ce ne sera pas long. Ainsi soit-il!

La vie de chevalier errant, que je mène depuis tantôt cinq mois, si elle a ses avantages et sa poésie, a aussi ses inconvénients et devient souvent très prosaïque. Avoir le ciel étoilé pour ciel de lit, la terre pour couche et l'eau des clairs ruisseaux pour breuvage, voilà de la poésie! Mais si le ciel se voile d'épais nuages, si la terre devient liquide à force d'être fangeuse, si l'eau des torrents est épaisse comme de la bouillie, si enfin la pluie qui tombe par torrents vous pénètre jusqu'à la moelle des os, toute poésie disparaît devant la souffrance. C'est alors que les nuits sont longues et que les dents claquent. L'abri qu'offre la meilleure tente devient insuffisant. Il faut renoncer aux aliments chauds qui vous seraient si utiles. Quelle cuisine peut-on faire, quand on n'a pour fourneau qu'un trou fait dans la terre humide et pour combustible que des broussailles trempées d'eau et des herbes passées à l'état de fumier?

Les intempéries, voilà les ennemis les plus redoutables pour le soldat en campagne; il vaut cent fois mieux avoir affaire à des ennemis en chair et en os que d'être forcé de lutter contre les éléments.

9 *janvier. Au même camp.* — Ce que j'avais prévu est arrivé. Le temps s'est gâté, et j'ai dû congédier les travailleurs. Mais j'ai pu étudier la montée de l'oued Koton. J'ai fait deux tentatives infructueuses pour arriver convenablement au sommet : ce n'est qu'à la troisième que j'ai pu résoudre ce problème rendu difficile par la configuration mouvementée du terrain. J'espère finir mon tracé demain et, dès que M. An-

dreau sera arrivé, je pourrai abandonner, encore une fois, le camp, la tente et les bords de l'oued Koton pour la casbah de Milah et ses charmants jardins. Dans cette saison, il vaudrait peut-être mieux dire *boueux* jardins !

Hier, j'ai reçu deux lettres de France, dont une de mon excellent oncle, qui ne m'écrit pas d'ordinaire. C'est ma tante qui le fait. Il me dit qu'elle est légèrement indisposée. J'espère qu'il n'y a rien d'inquiétant dans son état; cependant, je ne puis me défendre d'une certaine inquiétude. A la distance qui nous sépare, tout devient grave et l'on est plus disposé à craindre qu'à espérer. Ce bon oncle me parle de ma rentrée en France. Il touche la corde sensible... C'est une question qui ne pourra se décider qu'en mars.

Le 5 janvier, le capitaine Mangay s'est suicidé. Un pareil acte ne m'étonne pas de sa part, et cependant, la nouvelle de sa mort m'a bien douloureusement affecté. Il avait du mérite et surtout une bien grande ardeur pour l'étude de l'archéologie. Il se livrait à des recherches historiques sur l'Algérie et déjà il avait fait des découvertes très appréciées. Il négligeait, il est vrai, son métier, mais on aurait dû favoriser ses goûts, au lieu de les contrarier. Il aurait pu être une gloire pour le corps du génie.

10 *janvier*. *Milah*. — Le camp de l'oued Koton est levé. Me voici de retour à Milah dans mes foyers; car Milah est le lieu de ma résidence, du moins jusqu'à nouvel ordre.

Au camp, j'étais admis à la table du commandant Chadeysson, celui qui avait commandé à Djemilah; c'était sans doute très flatteur et très agréable pour moi. Cependant, je ne suis pas fâché d'être maintenant dans mon petit intérieur où je suis tout à fait libre de faire ce qui me convient. Beaucoup d'hommes ont un besoin absolu de société. Ils s'ennuient lorsqu'ils sont seuls. Moi je la fuis. Non, je m'exprime mal, je ne suis pas misanthrope. Je fuis la société qui impose de la gêne; mais j'aime la société intime, les jouissances modestes, les plaisirs sans éclat qu'on n'apprécie pas toujours à leur valeur.

18 *janvier*. *Milah*. — Aujourd'hui, j'ai remis deux lettres pour le courrier de Constantine; le prochain courrier les transportera en France, où elles iront porter à mes chers parents l'expression de ma tendresse. Ces bons parents qui certainement, après tout ce qui vient de se passer,

sont fort inquiets sur mon compte, doivent recevoir mes lettres avec le plus grand plaisir.

Je vois d'ici ce qui se passe, quand le facteur de la poste se présente, une lettre à la main. C'est mon père qui la reçoit et qui la tient bien serrée entre ses mains jusqu'à l'arrivée de ma mère. Celle-ci la décachète et en fait lecture à la famille assemblée. Chacun a les yeux fixés sur l'écriture et aide à interpréter les mots mal écrits. Le jour où l'on reçoit une de mes lettres est une fête à la maison. Je vois tout cela, chers parents, et vous pouvez être bien persuadés que, si vous pensez beaucoup à moi, de mon côté je pense beaucoup à vous. Recevoir de vos nouvelles, c'est le plus grand plaisir que je puisse éprouver dans l'exil où je me trouve.

Ici, mon cher petit cahier, confident discret de mes pensées, tu seras plus favorisé que lorsque j'étais au camp : je pourrai te prendre le soir, après mon travail, sans avoir à craindre la pluie ou le vent. Tu me rediras plus tard, quand le froid de la vieillesse aura remplacé l'ardeur de la jeunesse, ce que je t'aurai confié ; tu seras pour moi un vrai trésor !

Quel contraste subit dans ma manière de vivre !

Avant-hier, j'étais dans la campagne, sous la pluie et marchant dans la fange. Mon service m'obligeait à courir à travers les champs boueux. Aujourd'hui, je passe mon temps dans mon petit réduit, auprès d'une planchette. Pour avancer mon travail, je puis profiter de toute ma journée.

Je recueille même en quelque sorte les derniers rayons de lumière, en travaillant sur l'appui de l'étroite fenêtre qui éclaire ma chambrette.

J'ai formé le projet d'apprendre un peu d'allemand : une bonne occasion se présente; mon homme de confiance est Alsacien. En m'entretenant avec lui, je serai bien forcé de retenir quelques mots de cette langue. Ce sera original d'emporter, comme souvenir d'un séjour en Algérie, la connaissance de quelques mots allemands !

Sétif n'est point oublié : en faisant arranger dernièrement quelques mauvais passages de la route de Djemilah, on m'en a donné la preuve. Il ne faut jurer de rien; mais je parierais que, lorsque le beau temps sera venu, on reprendra cette expédition !

Les locaux dont je dispose pour loger mon détachement, étaient trop exigus pour que je pusse donner un local particulier à mon sergent, mon *alter ego;* il a jusqu'à présent partagé la chambre des sapeurs. Cette situation a beaucoup d'inconvénients. Une pareille promiscuité affaiblirait certainement son autorité, et j'ai besoin qu'il en ait beaucoup; j'y ai le plus grand intérêt. Je viens, en conséquence, de l'inviter à établir, chaque soir, son lit dans le compartiment que je me suis réservé. C'est un homme d'un âge déjà respectable, décoré, chevronné, bien élevé et discret. Je suis sûr qu'il n'abusera pas de cette situation.

Je faisais dernièrement quelques réflexions sur les résultats extraordinaires qu'on peut obtenir au moyen de l'association des hommes entre eux. Que peut l'homme seul? presque rien. Que peut l'humanité par l'association? presque tout. L'association, c'est la convergence des efforts particuliers vers un même but. C'est une collection de forces appliquées à un même levier et agissant dans le même sens et au même point.

Quelle race singulière que ces Turcs que j'ai maintenant sous les yeux, dans la cour de la casbah! C'est l'espèce la plus paresseuse et la plus ennemie de toute gêne qu'on puisse imaginer. Ils ne font rien, absolument rien ; tout le long du jour, ils sont assis, les jambes croisées, fumant leur pipe à long tuyau. Ici se trouvent deux compagnies du bataillon turc, autrement dit *Bataillon des tirailleurs de Constantine*. Il a été formé, après la prise de la ville, des soldats turcs qui étaient à la solde d'Achmet. Les compagnies sont à peu près organisées comme les nôtres. Des officiers français les commandent, et les cadres sont presque entièrement composés de Français. Ce sont de véritables mercenaires, qui font le métier de soldats, comme on fait tout autre métier, comme fils de leurs pères et parce que ce serait déroger à leur dignité que de se livrer à aucun travail, à aucun commerce.

Ils passent leur vie à ne rien faire, et sont, par suite, d'une étonnante maladresse. C'était pitié de les voir travailler aux fortifications du camp d'El-Arrouch : l'urgence était pourtant bien évidente. Les Kabyles, qui venaient tirailler, toutes les nuits, contre ce camp, en avaient déjà blessé une vingtaine, et ils ne paraissaient pas convaincus de la nécessité d'en élever les parapets. Ils mettaient la main à l'œuvre avec la dernière nonchalance. Pour lancer les terres sur le parapet, ils couchaient leurs pelles par terre, les chargeaient avec leurs mains et lançaient ensuite cette charge, trop heureux si la moitié atteignait le but !

A vrai dire, on ne sait que faire de ce bataillon, qu'on entretient pour ne pas avoir ces hommes contre soi. On en emmène une partie à toutes les sorties, mais ils ont des chaussures qui les empêchent de faire de longs trajets. Ajoutez à cela qu'ils sont tous mariés. On ne peut les considérer que comme une mauvaise garde nationale.

Milah, 13 janvier. — Aujourd'hui dimanche, la journée s'est passée comme à l'ordinaire. Depuis l'interruption des travaux de la route, tous les jours de la semaine n'ont rien qui les distingue. C'est toujours pour moi la même solitude, la même vie casanière; j'ai, pour m'occuper, ma planchette, mon tire-ligne, ma plume et mon équerre. Impossible d'ailleurs de mettre les pieds dehors, sans entrer dans la boue jusqu'à mi-jambe.

Milah peut être une résidence charmante pendant l'été, mais elle est certainement bien désagréable pendant la mauvaise saison. L'eau, qui coule en abondance dans toutes les rues, est incontestablement un agrément pendant les chaleurs, mais, par contre, c'est un grand inconvénient pendant l'hiver. Si l'écoulement en était bien dirigé — et il faudrait bien peu de travail pour arriver à ce résultat, — ce ne serait que demi-mal ; mais des Arabes, il n'y a pas le moindre travail à attendre.

Ici, comme dans tout l'Orient, la paresse est le vice dominant, celui d'où découlent tous ceux qu'on peut reprocher aux indigènes. La malpropreté de ces peuples, l'état d'enfance dans lequel les arts les plus simples sont chez eux, voire même le penchant qu'ils ont pour la rapine et le brigandage, sont les conséquences de cette incurable oisiveté. Elle les empêche de se livrer à aucun travail dont la nécessité ne se fait pas sentir. Cependant, comme tous les hommes, ils apprécient les jouissances. Alors, à défaut de moyens licites, ils les demandent à des moyens illicites : la rapine, le meurtre même.

Que l'homme est peu de chose, si l'on ne considère en lui que ce qu'il a de commun avec l'animal ! Abstraction faite de ce souffle divin qui lui a donné l'intelligence, il est certainement l'un des êtres les moins favorisés par la nature. Il y en a ici un triste exemple sous nos yeux :

celui d'une folle qu'on voit errer dans les rues de la ville. Cette jeune fille a été si cruellement affectée par la mort de son frère, tué à la prise de Constantine, qu'elle en a perdu la raison. C'est l'être le plus horrible qu'on puisse voir. Elle est nue, sa figure est devenue celle d'un singe, elle en fait les grimaces; sa peau est recouverte d'une épaisse couche de boue. Elle dispute aux animaux les substances les plus grossières pour en faire sa nourriture. Quelle chose affreuse que de voir une créature humaine dans un tel état de dégradation!

Chez elle, la matière est en bon état : son corps a une vigueur peu commune; l'instinct qui lui reste, et qui ne paraît différer en rien de celui de la brute, la sert à souhait et lui donne le moyen de se procurer de quoi satisfaire à ses besoins physiques. Je l'ai rencontrée aujourd'hui pour la première fois, et c'est avec un bien vif chagrin que j'ai considéré un être humain réduit à un tel état d'abjection et d'avilissement.

Il est à regretter qu'un aussi honteux spectacle soit continuellement sous les yeux de toute une population. On ne songe, en aucune façon, à délivrer la société de sa présence et de son contact. Les habitants disent que c'est une « sainte » et ils l'abandonnent à elle-même. On la laisse se vautrer dans la fange, boire le sang des animaux qu'on met à mort sur le marché et disputer aux chiens errants les os et les restes qu'on leur jette.

L'organisation vicieuse de la société arabe ne permet pas de trouver les fonds nécessaires pour opérer la séquestration de cette malheureuse; et lors même qu'on y arriverait, qui voudrait lui donner des soins? C'est chez les chrétiens seuls qu'on arrive à soulager de telles misères, par la fondation de nombreux établissements charitables, où des femmes dévouées, — des anges, — se font les servantes des malades et des infirmes. Leur dévouement est stimulé sans doute par l'espoir d'une récompense céleste; mais il produit sur cette terre d'excellents résultats, et des milliers de malheureux en recueillent les fruits.

Allons, quittons la plume; il se fait tard, le lit m'appelle. Il faut chercher à dérober aux rats, qui vont envahir mon réduit, le plus de temps possible. Si je tarde, leur sabbat commencera avant que je ne sois endormi, et je passerai une mauvaise nuit. Je me suis aperçu, hier matin, que l'encre de Chine délayée était fort de leur goût. Mon godet était cependant couvert d'un gobelet en fer blanc; ils ont trouvé le moyen de rendre ma précaution inutile en renversant ce gobelet. Ce matin, le godet était à sec.

Milah, 16 *janvier*. — Avant de fermer les yeux, j'ai voulu prendre un moment la plume. C'est un délassement ou plutôt un plaisir qui m'est précieux. J'ai déjà dit, au chapitre Ier, un mot de la façon rudimentaire avec laquelle les Arabes cultivent la terre. Voici quelques nouveaux renseignements : ils ne donnent qu'un seul labour; il est presque sans exemple qu'ils labourent deux années de suite le même terrain. L'emploi du fumier leur est inconnu. Les charrues sont en bois, le soc même n'est pas toujours garni de fer; aussi ne font-ils qu'écorcher la terre. Ils n'ensemencent que tout juste ce qu'il leur faut pour leur consommation. Ils se sont étudiés à réduire le travail à sa plus simple expression. L'endroit qu'ils veulent emblaver étant déterminé, ils commencent par marquer par quelques sillons tracés en zig-zag l'espace qu'ils se proposent de labourer en un jour, puis ils sèment cette surface avant tout travail. De cette façon, le blé est recouvert par le labour et il n'est pas besoin de herser. Ils ne s'attachent pas à faire les sillons droits. Il y a plus. S'il se présente quelque obstacle, une pierre, un buisson, ils le tournent. La fertilité du sol est si grande que, malgré ce peu de précautions, ils ont habituellement des récoltes superbes. Que seraient-elles, si ces terres étaient en bonnes mains?

Ils ne pratiquent pas mieux le jardinage que l'agriculture. S'ils obtiennent des résultats satisfaisants, c'est qu'ils ne font de jardins que dans des terrains susceptibles d'être facilement irrigués. Les légumes, une fois sortis de terre, sont arrosés de temps en temps; ils ne leur donnent pas d'autres façons. Quant aux arbres fruitiers, ils sont abandonnés à la nature. Le seul travail consiste à faire la cueillette des fruits; et encore, ils s'en dispenseraient certainement, s'ils pouvaient l'éviter...

Milah, 17 janvier. — Aujourd'hui, pour la première fois depuis mon retour, je me suis hasardé dans l'intérieur de la ville. De ruelle en ruelle, en posant le pied de pierre en pierre pour éviter la boue, je suis parvenu à l'autre porte, car Milah n'a que deux portes, y compris celle de la casbah : deux portes si étroites qu'il serait impossible d'y faire passer des voitures.

Lorsque je donne à Milah le nom de ville, c'est parce qu'elle a été ville sous la domination romaine (*Milœvum*). Aujourd'hui, ce n'est qu'un village enfermé dans une enceinte qui a été construite, à l'époque de Bélisaire, avec les pierres provenant de l'enceinte détruite par les Vandales. La muraille a deux mètres et demi d'épaisseur; on s'est contenté d'en faire les deux parements en maçonnerie; l'intervalle est rempli de débris et de terre : aussi le sommet du mur est-il couvert d'une belle végétation. On y voit même des arbres, d'assez fortes dimensions.

Les maisons valent à peine les plus pauvres chaumières de nos paysans. Ici, l'art des constructions a été réduit à sa plus simple expression. Les murs, jusqu'à un mètre ou un mètre cinquante de hauteur, sont en pierres de taille romaines; plus haut, la construction est en blocailles, et la partie supérieure est en briques de terre non cuites. Sur ces murs reposent des rondins, qui supportent des roseaux placés en guise de lattis; le tout enfin est recouvert de tuiles creuses. Pas de plafond, pas de carrelage sur le sol; de mauvaises lucarnes pour fenêtres. Telles sont les habitations à Milah.

La mosquée a un minaret d'un assez bel effet. Il s'élève beaucoup au-dessus des arbres des jardins et forme un joli point de vue, de quelque côté qu'on regarde la ville.

Sur une petite place, j'ai remarqué une piscine, de construction romaine évidemment; elle est semi-circulaire et d'une dizaine de mètres de diamètre. Le terrain a dû être très exhaussé; car elle est à quatre ou cinq mètres en contrebas du sol. Les Arabes l'ont laissée s'envaser; l'eau qui l'alimente est claire et limpide, mais elle devient trouble presqu'à son entrée dans le bassin et, à deux mètres de distance, c'est de la vase. Quelle incurie!

Ce qui rend Milah agréable et intéressant, ce sont les jardins qui l'entourent : ils doivent leur végétation luxuriante à des irrigations abondantes et bien entendues. La montagne sur laquelle la ville est assise, et qu'on nomme, si j'ai bonne mémoire, le Djebel Harris, est découpée par de nombreux ravins qui descendent, suivant la ligne de plus grande pente. Milah est placée à mi-côte entre deux de ces ravins; il a donc été facile d'y amener les eaux des parties supérieures.

Jusqu'à présent, les tentatives faites pour dresser un plan de cette ville n'ont pas été couronnées de succès; à l'extérieur, il n'est pas possible de faire le moindre cheminement. On ne peut viser à plus de dix pas devant soi, tant les arbres sont serrés et feuillus. Ce sont, pour la plupart, des orangers et des citronniers, dont le feuillage est persistant.

Aujourd'hui, j'ai reçu les instructions relatives aux projets que je dois rédiger pour Milah (exercice 1839). Je dois prendre ici les croquis et les documents nécessaires à la rédaction de ces projets, et j'irai les rédiger à Constantine. J'en suis heureux. Je pourrai être à Constantine dans une huitaine de jours. Ce sont les premiers projets sérieux qui me sont demandés.

Milah, 21 janvier. — Quelques réflexions pour me délasser de mon travail de préparation de projets auquel je me livre avec ardeur.

Ici, je puis me figurer que je vis dans l'antiquité. En effet, les mœurs, les coutumes, les vêtements mêmes des Arabes et des Turcs rappellent les mœurs, les coutumes, voire même les vêtements des héros d'Homère et des personnages cités dans les Livres saints. Ces jeunes filles qui allaient puiser de l'eau aux fontaines, ces jeunes hommes qui faisaient paître les troupeaux, ces hommes d'un âge mûr à l'air robuste, ces vieillards à barbe blanche et à l'air vénérable, je les trouve tous ici. Depuis des siècles, les vêtements doivent avoir subi bien peu de transformations. — Ici, pas de modes. — Qui pourrait obliger les Arabes à changer la forme de leur burnous, vêtement pour eux indispensable, quelquefois unique et qui leur sert d'effets de literie?

Milah, **22** *janvier.* — Une nouvelle preuve *éclatante* de la sincérité avec laquelle on écrit l'histoire. Je lis dans un journal que le maréchal, qui est certainement très au courant de tout ce qui s'est passé, le mois dernier, dans la province de Constantine, a adressé au ministre de la guerre la dépêche télégraphique suivante : « Une colonne est partie de Constantine sous « la direction du général Galbois. Elle a poussé « une reconnaissance jusqu'à Sétif *sans coup fé-* « *rir*. Les tribus de la Medjana l'ont reçue avec « beaucoup de bienveillance et d'amitié. Elles « n'ont pas hésité, un instant, à reconnaître le « kalifa nommé par nous. Les troupes sont « rentrées ensuite à Milah, puis à Constan- « tine. »

N'est-ce pas révoltant! Ainsi, il importait au gouvernement que tout se fît *sans coup férir;*

eh bien, il en aura été ainsi! Qui pourrait contredire une affirmation officielle? Dans de telles conditions, on peut se demander quel accueil sera fait aux propositions de récompenses présentées en faveur de quelques-uns d'entre nous. Faut-il en faire son deuil?

Milah, 24 janvier. — Des Turcs vont partir pour aller en congé. J'aurais pu quitter Milah avec eux; mais il est convenable que j'attende le commandant qui part pour Constantine dans deux jours. C'est fâcheux, car le temps est beau, et qui sait ce qu'il sera le 26?

L'un des grands inconvénients de ma résidence est le peu de certitude du transport des lettres. D'ici à Constantine, ce sont des spahis qui font l'office de courriers. Ces braves gens, dont un grand nombre ont leurs douars à proximité de la route, ne se font pas scrupule d'aller se reposer un peu chez eux, surtout s'il fait mauvais temps. Alors les dépêches deviennent ce qu'elles peuvent. De là, des pertes de lettres. En France, au moins, quelque part qu'on soit, la correspondance est assurée et rapide.

L'Algérie serait dans un bien meilleur état si l'on en avait conçu tout d'abord l'occupation d'une manière large ; mais tout s'est fait jusqu'ici provisoirement : aussi, nous ne sommes pas plus avancés que le premier jour, tout est à faire. On parle en ce moment de constructions de toute nature : casernes, hôpitaux, pavillons d'officiers, etc. Si on voulait sérieusement mettre la main à l'œuvre, il faudrait, dès à présent, constituer des approvisionnements. On n'a pas l'air de s'en occuper.

Il y a dans ce pays plus de ressources qu'on ne pense. Ainsi, qui empêche d'exploiter les forêts situées à peu de distance de Constantine ? En outre, que de carrières on pourrait ouvrir !

25 *janvier*. — Je pars demain, dès l'aube, pour Constantine. Je me couche de bonne heure en faisant le vœu que les rats veuillent bien me laisser fermer l'œil cette nuit ; car ils m'ont bien tourmenté la nuit dernière !

Constantine, 10 *février*. — Depuis mon arrivée ici, j'ai été très occupé. J'ai passé toutes mes journées, courbé sur des feuilles de dessin. C'est à grand'peine que je me suis arraché quelquefois à ce labeur, vers cinq heures, pour aller faire une petite promenade hygiénique avant le dîner. Je passe mes soirées avec le capitaine, excellent homme, dont la conversation a beaucoup d'attrait pour moi. Nous jasons jusqu'à dix heures. Il est temps alors de prendre du repos. Je ne puis prévoir encore combien de temps durera ce genre de vie. J'aurai certainement la conscience de ne pas séjourner ici plus que de raison, bien que je m'y trouve mieux qu'à Milah où j'étais seul. A Constantine, je suis en bonne et aimable compagnie.

Lorsque je suis arrivé, on parlait de recommencer l'expédition de Sétif. Le général prétendait avoir d'excellents renseignements. Les Kabyles nous tendaient la main : quinze cents cavaliers devaient venir à notre rencontre. Il avait aussi des informations précieuses sur la ville de Hamsa. Elle était déserte et n'avait pour artillerie que quelques pièces sans affût, renversées dans les fossés. Tout cela est peut-être vrai, mais pas plus peut-être que ce qui a été dit de Sétif dans *le Toulonnais*. Une ville déserte est transformée en une ville de six mille âmes, dont les rues ressemblent à celles de Constantine; sa population, effrayée d'abord à l'arrivée des Français, s'est bientôt rassurée et leur a offert le couscoussou et tout ce qu'elle avait coutume d'offrir aux Turcs en tournée. Ces journalistes, voilà des hommes d'imagination !

Un de mes plus ardents désirs est accompli. On a bien voulu me nommer chevalier de la Légion d'honneur. C'est avec une joie bien vive que j'en ai reçu les insignes et le brevet de la main du commandant Niel. L'accolade fraternelle qu'il m'a donnée m'a causé une profonde émotion. Quelle joie pour mon père, et pour tous les miens !

Le temps que nous avons ici depuis quelques jours est bien de nature à refroidir l'ardeur de ceux qui désirent recommencer l'expédition du Sétif. La neige vient de tomber en abondance pendant trois jours. Dans un jardin attenant à notre maison, il y en avait, le second jour, une hauteur de $0^m,28$. Le dégel étant survenu brusquement, nous nous sommes trouvés dans une sorte d'inondation. Le Rummel a considérablement grossi. Il est devenu un torrent impétueux, entraînant tout ce qui est à sa portée, pierres, arbres, etc. Ses cascades sont magnifiques. Nous avons été les contempler. Quel spectacle ! Je ne sais s'il est au monde quelque chose qui puisse donner une idée plus exacte du chaos que ces masses d'eau tourbillonnantes, ces flots d'écume, ces nuages emportés par le vent, cet épouvantable fracas. Quel déchaînement de toutes les forces de la nature!

Le temps était magnifique et le soleil radieux. Nous nous sommes placés sur une roche élevée, en face de la chute, au milieu des vapeurs produites par ce déluge, et nous avions sous les yeux un arc-en-ciel tout entier. Le cercle était entièrement fermé.

L'expédition de Sétif a entraîné, comme conséquences, les attaques continuelles auxquelles les Français sont exposés, en passant sur la route de Constantine à Stora, près des Toumiettes. Beaucoup de malheureux en ont été les victimes : les Kabyles du Benche-Kroo veulent venger leurs frères de Djemilah. La dernière attaque a eu lieu à l'occasion du départ d'El-Farad, fils du kaïd Ali, qui se rend à Paris pour son plaisir. Les Kabyles, qui connaissaient le jour et l'heure de son départ, s'embusquèrent, en grand nombre, dans les broussailles qui avoisinent Kouba, pour l'attaquer et le dépouiller au passage. El-Farad eut la bonne chance d'échapper à ce guet-apens. Des chasseurs à cheval, qui allaient du camp d'El-Arrouch à Constantine, passèrent en face de l'embuscade, avant qu'il n'y fut arrivé. Ils furent accueillis par une vive fusillade. Un d'eux fut tué, un autre blessé ; les autres retournèrent à leur camp. Une compagnie de voltigeurs envoyée du camp pour dissiper ce rassemblement, n'y put parvenir. Il fallut envoyer à son secours une compagnie de grenadiers qui parvint, non sans peine, à les dégager. Six Français furent blessés grièvement dans cette affaire.

El-Farad l'échappa belle. Il arriva avec sa suite, quand le combat venait de cesser. Fait curieux : El-Farad n'a pas quinze ans et il est déjà marié !

CHAPITRE X.

CONSTRUCTION D'OUVRAGES DÉFENSIFS A DJEMILAH ET A BENI-GUESCHA.

Retour à Milah. — Construction des ouvrages défensifs de Djemilah, difficultés d'exécution. — La route française de Milah à Djemilah est préférable à celle suivie par le chef Boaga. — Redoute de Beni-Guescha; détails. — Mustapha Ben-Kara le Coulougli. — Visite à un marabout; coupe de bois. — Remise de mon service. — Le capitaine Potier. — Grave indisposition; ses causes.

Milah, 23 mars. — Malgré l'état de fatigue dans lequel je me trouve, je veux mentionner que je suis ici depuis hier. Mon voyage n'a pas été inquiété, et cependant on m'avait donné quelques craintes à Constantine. On disait qu'il y avait des rassemblements très considérables chez les Kabyles et que, à Milah, ils avaient déjà témoigné, d'une manière non équivoque, de leur mauvais vouloir à notre endroit. Deux coups de fusil ont été tirés, sans résultat, sur le sous-officier qui fermait la porte Bab-el-Beled. A l'ouverture de la porte de la Casbah (Bab-el-Hadid) une décharge, heureusement mal dirigée, avait été tirée contre le factionnaire. On supposait que ces tentatives étaient le fait des partisans d'Abd-el-Kader.

J'étais loin de penser, il y a un mois, que je serais encore à Milah le 15 mai, bien que j'aie reçu, à la fin de février, l'ordre de rentrer en France. Je ne serais pas surpris, au train dont vont les choses, d'être encore ici le 15 août.

Une colonne, partie de Constantine, a quitté Milah le 12 mai, — il y a trois jours, — pour marcher dans la direction de Sétif. J'étais persuadé que je recevrais l'ordre de me joindre à elle, d'autant que, il y a huit jours, j'ai dû aller coopérer à l'installation d'un nouveau camp sur les bords de l'oued Redjas. J'ai appris que cette colonne s'était arrêtée à Djemilah.

6 juillet, au camp de Beni-Guescha. — Le 16 mai, je reçus du commandant Niel l'ordre de me rendre à Djemilah avec les outils nécessaires, pour y travailler à l'établissement d'un ouvrage définitif. Le 17, au matin, je me mis en route. Nous arrivâmes sans encombre sur les bords de l'oued Bousala, à l'endroit où il prend le nom de Ferdjiouah. Ce n'était plus ce torrent furieux et dévastateur qui, le 25 décembre dernier, à notre retour de Djemilah, semblait s'opposer à notre passage, mais un ruisseau paisible et limpide. Nous passâmes la nuit dans un camp, occupé par quelques compagnies du 23ᵉ de ligne et trois compagnies turques; et, le lendemain, nous étions à Djemilah, vers deux heures de l'après-midi, après un voyage tout à fait pacifique.

A mon arrivée, mon premier soin fut d'aller visiter les lieux où, au mois de décembre dernier, nous avions couru de si grands dangers. Un fortin en maçonnerie était en construction sur l'emplacement occupé à cette époque par les détachements de l'artillerie et du génie; et en regard, sur la pente qui nous avait été si incommode et si menaçante, on travaillait à l'établissement d'un camp retranché, de forme rectangulaire. L'occupation simultanée de ces deux points, qui se protègent mutuellement, est de toute nécessité.

Pendant toute la durée du séjour de la colonne à Djemilah, je fus chargé du travail de la casbah : c'est le nom ambitieux qu'on donnait au fortin en maçonnerie. Pour des hommes qui n'avaient à leur disposition que des pelles, des pioches, quelques morceaux de bois et quelques câbles, c'était un travail difficile et même périlleux. Il fallait amener sur un point culminant et hisser sur des murs d'une certaine élévation — 3 mètres — des pierres romaines, dont presque toutes pouvaient peser de sept à huit cents kilogrammes. On ne pouvait les amener qu'en leur faisant faire quartier, en les roulant, pour ainsi dire. Or, le développement des murs de cet ouvrage dépassait cent mètres et ils avaient une épaisseur d'un mètre 20 centimètres. On juge par là de l'importance de ce travail et des dangers qu'il présentait. Je suis heureux de dire qu'il a été mené à bonne fin, sans accident.

Le 24 mai, la colonne se mit en route pour Sétif, en me laissant à Djemilah avec 25 hommes du génie et environ 500 hommes de différents corps. Le surlendemain, le sous-intendant m'apporta de Sétif l'ordre de partir sur le champ pour le camp du Ferdjiouah.

On me prescrivait de prendre, pour me rendre à ce camp, la route que prend ordinairement le chef Boagas pour se rendre à Djemilah; elle était, dit-on, plus courte et plus praticable.

J'obéis et je reconnus que la route suivie par ce chef peut être plus agréable en été, parce qu'elle évite les terrains accidentés et se tient dans les vallées; mais qu'elle devait être souvent impraticable pendant la saison des pluies. — Nous en avions, d'ailleurs, fait la triste expérience. Mon rapport conclut dans ce sens.

Une raison qui fait prendre à Boagas une autre route que la nôtre, c'est qu'elle mène plus directement chez lui; en outre, elle passe à proximité de nombreux douars, autre avantage pour lui, tandis que pour nous ce serait un inconvénient, surtout en cas d'hostilités avec les Kabyles.

Ces douars ne sont pas d'ailleurs de ceux qu'on pourrait déplacer facilement : les habitations qui les composent sont bâties en maçonnerie avec une certaine entente des constructions; dans quelques-unes même, il y a des intentions d'ornementation. On y voit des cordons horizontaux, où les briques sont artistement placées, et des corniches à la génoise d'un certain effet. Ces constructions sont toutes sur un type uniforme : l'assemblage de quatre bâtiments, disposés de manière à enclore une cour carrée. Des vides sont ménagés aux angles de la cour pour les sorties. On les ferme quand on redoute quelque attaque.

Pourquoi ai-je été envoyé à Beni-Guescha?

C'est pour y construire un ouvrage défensif. La distance de Djemilah à Milah étant trop considérable pour pouvoir être franchie en un jour, il était nécessaire de construire entre ces deux points une station défensive. J'ai été très flatté de la mission qui m'a été donnée, sans autres instructions que celles-ci : « Choisir, à une distance « à peu près égale de Milah et de Djemilah, un « point à occuper, et y construire un ouvrage « défensif. » On me laissait, comme on voit, une grande latitude. J'ai fait de mon mieux, et la construction de cet ouvrage est aujourd'hui en pleine activité. J'y prends le plus grand intérêt, et on me pardonnera d'entrer ici dans quelques détails sur ce travail et sur ma situation actuelle.

Je dois noter d'abord que, jusqu'au 12 juin, jour où M. le lieutenant Mélin est venu prendre le service de Djemilah, j'ai dirigé, en même temps, les travaux en cours d'exécution dans cette localité et la construction de l'ouvrage dont il va être question.

Arrivé au camp de Ferdjiouah, situé entre Milah et Djemilah, et occupé par un détachement du 23ᵉ de ligne, je me présentai au commandant pour lui donner connaissance de mes instructions. Le jour même, nous arrêtâmes, à une lieue en arrière, sur le plateau de Beni-Guescha, l'emplacement de l'ouvrage à établir. Le lendemain, le camp de Ferdjiouah fut levé et transporté à proximité de cet emplacement. Nous réglâmes d'un commun accord l'emploi du temps; diane sonnée à quatre heures et demie, séance de travail jusqu'à neuf heures; déjeuner, sieste, seconde séance de travail de deux heures et demie à quatre heures et demie; dîner, troisième séance de cinq heures à sept heures, c'est-à-dire jusqu'au coucher du soleil; sitôt qu'il avait disparu, le tambour, cette horloge militaire, annonçait l'heure du repos, un repos bien gagné.

On a souvent comparé le sommeil à la mort. Cette comparaison me déplaît souverainement. Pourquoi peindre le sommeil sous des couleurs sinistres? N'est-ce pas la chose la plus douce et la plus bienfaisante pour l'homme fatigué? Si l'on peut déplorer la perte de temps qu'occasionne le sommeil, apprécie-t-on, d'un autre côté, à sa véritable valeur cette naissance nouvelle, cette espèce de résurrection qui se manifeste au réveil? Est-il un bien-être plus grand que celui ressenti par l'homme reposé?

L'ouvrage de Beni-Guescha est de petite dimension : trois cents hommes le défendraient facilement. Il est carré avec quatre bastionnets pleins aux angles. Il est situé à environ 250 mètres du ruisseau de ce nom, sur la rive droite duquel se trouvent beaucoup de petites sources, d'une eau excellente. En aval de l'ouvrage, toujours sur la rive droite, existe un bouquet d'arbres dans lequel sont deux sources plus abondantes : c'est le lieu que nos officiers ont choisi pour faire la sieste. Cette espèce de jardin est protégé par une petite redoute quadrilatérale, située sur la rive gauche de la rivière. Elle nous assure l'eau, empêche les embuscades et surveille le cours sinueux de l'oued.

Le travail de construction de mon ouvrage me donne beaucoup d'occupation, surtout depuis qu'il s'agit de lui donner sa forme définitive. Dans nos écoles régimentaires, où l'on a à sa disposition toutes les ressources et tous les moyens nécessaires, construire un ouvrage en terre est un travail facile. Il n'en est pas de même ici, où les seuls outils qu'on possède sont des pelles et des pioches. Ceux qui sont du métier comprendront combien de difficultés se présentent à la fin d'un pareil travail. J'ai trouvé dans une vingtaine de soldats du 23ᵉ un concours que j'ai beaucoup apprécié. J'avais mis leur amour-propre en jeu ; j'en avais fait une classe à part, des *taluteurs*. Pour une prime journalière de cinq centimes, ils travaillaient aux ouvrages délicats pendant huit heures par jour, avec beaucoup de coup d'œil et d'intelligence.

L'amour-propre ! c'est là un mobile bien puissant ; mais il mène souvent à de grandes sottises quand il est mal dirigé. Vais-je en faire une, en écrivant les lignes qui vont suivre ? Je suis heureux de laisser un souvenir de moi en Algérie, un travail dont tous me félicitent. Je l'ai fait, sans contrôle ni aide, abandonné à mes inspirations.

Il y a quelques jours, j'ai fait la connaissance d'un jeune Coulougli — on nomme ainsi les fils d'un Turc et d'une femme indigène, — Mustapha-Ben-Kara, d'une des meilleures familles de Milah, soldat au bataillon turc. Il est souvent venu dans ma tente, lorsqu'après mon déjeuner, je mettais ma comptabilité au courant. Il a quelquefois pris sa part de mon repas. Il est fort intéressant, ce jeune homme : je n'ai pas trouvé en lui les défauts ordinaires des Arabes, dont le plus désagréable est cette avidité innée qui les porte à vous demander tout ce qui leur plaît, à s'emparer de tout ce qui est à leur convenance. Nous baragouinons une sorte de langage composé de mots français et arabes estropiés pour la plupart, et nous nous entendons assez bien. On aurait du plaisir à faire l'éducation d'un pareil sujet. Il vient de me quitter pour aller rejoindre un détachement de sa compagnie, qui campe à 4 lieues d'ici, pour protéger les moissons d'une tribu amie; je le regrette, c'était une société pour moi; je pouvais confier mes pensées à quelqu'un.

Il existe, à proximité de Djemilah, à droite de la route de Sétif, à mi-côte d'une hauteur assez considérable, un plateau d'une certaine étendue limité vers la montagne par des escarpements d'une hauteur de 60 à 80 mètres et soutenu, du côté de la vallée, par des pentes très rapides. Un marabout y est établi. Ces escarpements supportent un autre plateau, d'une plus grande étendue; un douar d'une certaine importance est établi sur ce plateau et l'on ne peut y accéder qu'en passant près du marabout; cette position est très défensive. Il y a lieu de faire remarquer que, dans ce pays, où les coups de main des Kabyles sont très à craindre, les douars sont autant que possible placés sur des points peu accessibles.

Un jour, sous prétexte de couper un peu de bois dans un bosquet qui se trouve à proximité du marabout, le commandant du camp, quelques officiers et moi, nous avons fait, avec une escorte de spahis, l'ascension du plateau inférieur. Là, dans une espèce de caveau ménagé sur l'un des côtés du marabout, habite un vieillard à longue barbe blanche, à l'aspect hébété, qui ne jouit plus de ses facultés intellectuelles. Il passe sa vie dans ce trou à rouler entre ses doigts les grains d'un chapelet; nous nous adressâmes à lui sans pouvoir obtenir de réponse. Nous étions donc fort embarrassés lorsque survint un autre vieillard, bien conservé, qui avait beaucoup de feu dans le regard. Il se récria vivement, lorsque nous lui eûmes exposé le motif de notre visite, prétendant que le général lui avait promis qu'on respecterait ses propriétés. Nous insistâmes, en lui disant que c'était un besoin urgent qui nous obligeait à faire cette démarche auprès de lui. Après beaucoup d'hésitations, il se décida enfin à nous conduire dans le bosquet, où deux arbres furent marqués en sa présence. Je revins, quelques jours après, avec des travailleurs, pour les abattre et les emporter.

A moins d'obstacles impossibles à prévoir, M. le lieutenant Mélin viendra ici le 17 courant pour prendre mon service, et je ne m'en émeus guère. Serais-je insensible à cette nouvelle qui ferait sauter tant d'autres de joie? ne serais-je pas heureux de rentrer en France? n'aurais-je pas du plaisir à revoir mes parents? Si certainement. Mais j'ai quelque peine à croire à un départ prochain et je n'ai rien organisé pour mon voyage; je n'ai formé aucun projet. Je pourrais bien être atteint, comme un de mes camarades de Philippeville, par les mesures prises par le maréchal Valée pour augmenter l'effectif des troupes françaises en Algérie. Il accueille volontiers les régiments qu'on lui envoie, mais il retarde, par tous les moyens possibles, le départ de ceux qui sont rappelés.

J'ai fait ici la découverte d'un excellent homme, M. le capitaine Potier, parent de ce célèbre acteur, qui fit si longtemps, au théâtre du Vaudeville, les délices des rieurs parisiens. Quarante ans d'âge, vingt-trois ans de service et vingt-quatre campagnes, le voilà défini sous le rapport militaire. En 1815, M. P***, entraîné par l'humeur guerrière d'un de ses oncles, prit part à la défense de Paris contre les alliés. Pour ce faire, il s'était échappé du collège et avait franchi le mur d'octroi. Rentré à la maison paternelle, il déclara résolument que, désormais, le séjour du collège lui serait au moins inutile et il obtint, sans grand'peine, la permission d'entrer au service comme engagé volontaire. Il entra dans la légion de la Martinique et prit part à toutes les opérations qui furent faites par ce corps. Il était bon à entendre.

Aujourd'hui, ses idées militaires et belliqueuses sont remplacées par d'amères réflexions. Il lui en coûte beaucoup d'être séparé d'une femme aimable qu'il chérit et d'être condamné à vivre dans un pays sauvage, tandis qu'il possède une retraite charmante à Vitteaux (Côte-d'Or). J'aime à causer avec lui et je m'intéresse aux projets qu'il forme pour l'avenir. La conformité de nos goûts et de nos idées nous attire l'un vers l'autre. Elle a su faire disparaître la différence d'âge qui nous sépare; sa compagnie me plaît beaucoup. J'ai aussi à me louer de mes relations avec les officiers qui m'entourent, et ce sera certainement sous l'impression de vifs regrets que je les quitterai.

22 *juillet, à Beni-Guescha*. — Je viens d'avoir

une grave indisposition. Dès samedi dernier, je me suis senti affecté des symptômes du malaise qui étreint un certain nombre des habitants du camp : une soif brûlante, une fièvre ardente, une prostration complète. Cet état était, sans nul doute, la conséquence des fatigues morales et physiques que m'ont fait éprouver des travaux faits dans les conditions difficiles où nous sommes. Toujours au soleil, debout la plus grande partie de la journée, respirant à plein nez la poussière d'une terre vierge, il n'est pas étonnant qu'au bout de deux mois consécutifs d'une telle vie, je me sois trouvé affaibli, malgré la vigueur de ma constitution. Ces rudes épreuves ont été funestes à plusieurs d'entre nous. Déjà deux hommes sont morts : l'un, hier; l'autre, avant-hier. Et les chaleurs ne font que commencer! il n'est pas probable qu'elles finissent avant la fin de septembre.

Sous la tente, la chaleur est insupportable : on est littéralement desséché. De là, ces soifs inextinguibles qu'on cherche à calmer en avalant des torrents d'eau. C'est là la principale cause du mal.

La mauvaise qualité et l'insuffisance de la nourriture y sont aussi pour beaucoup. Le pain manque souvent; souvent, il est moisi, immangeable. Comme il vient de Milah et que les convois n'arrivent pas régulièrement, l'administration est quelquefois obligée de le remplacer par du biscuit, mais les distributions de biscuit ne sont que des palliatifs insuffisants. Ce qu'on donne pour quatre jours pourrait être facilement consommé en deux jours.

Après le pain vient la ration de bœuf. Elle tient le second rang comme importance : heureusement qu'il est généralement assez bon, mais cette ration est quelquefois détériorée par la chaleur. Viennent ensuite : le riz, ce trésor de la cuisine du soldat campé, le café et ces quelques gouttes de vinaigre qu'on distribue deux fois par semaine sous le nom de vin...

Ajoutons que souvent, lorsqu'on est campé assez longtemps sur le même point — ce qui est notre cas — le combustible manque. Il faut alors se rabattre sur les racines de jujubier et de chardon, qui ont une bien faible puissance calorifique. Au point de vue de la nourriture et des ressources, les officiers sont sur la même ligne que les soldats : il leur faut se contenter de leurs rations. Tous ces inconvénients m'ont été très sensibles depuis que je suis indisposé. Heureusement que voilà Biringer qui vient m'apporter la première soupe que j'aie mangée depuis dix jours. Qu'il soit béni! Il avait trouvé le moyen d'acheter un vieux coq dans un douar voisin. Qu'elle était bonne, cette soupe! Je m'en lèche encore les doigts.

Au début de mon indisposition, M. Mélin est venu reprendre mon service. Aujourd'hui arrive de Djemilah avec un convoi, qui transporte une centaine de malades à Constantine, le sous-officier qui fera terminer les travaux. J'ai assez de forces pour faire avec lui le tour du chantier. Je quitterai Beni-Guescha demain.

CHAPITRE XI.

SÉJOUR A MILAH ET A CONSTANTINE, EN ATTENDANT LE DÉPART POUR LA FRANCE.

Rentrée à Milah. — Visite au commandant militaire. — Conspiration du 1er mai. — Je retrouve mon ami Mustapha, le coulougli: les soins empressés qu'il me donne. — Rien ne me retient plus à Milah que la difficulté de me rendre à Constantine. — Projet de voyage en Algérie du duc d'Orléans. — Salubrité de Milah due sans doute à ses jardins. — Départ du capitaine Foy. — Étude sur les rats. — Le patriarche de Milah. — Installation de deux canons. — Les mouches sont un fléau. — Quelques réflexions sur mon avenir. — Le commandant Niel est remplacé. — Dernière promenade dans les jardins et en ville. — Départ pour Constantine, visite de Mustapha Ben-Dehli. — Allocation faite à la place de Constantine pour les travaux militaires. — Le capitaine du génie Viala. — Du service du génie aux colonies. — Mes occupations. — La date de mon départ est fixée.

25 *juillet*, *Milah*. — Je suis à Milah depuis deux jours, dans le petit réduit que j'ai habité si longtemps. Mon voyage de Beni-Guescha ici a été plus facile et plus heureux que je n'aurais osé l'espérer. Parti à une heure de la nuit, j'étais ici à huit

heures et demie du matin, ayant fait toute la route au pas de mon cheval.

J'ai revu ce brave Desjardins, mon compagnon fidèle de travaux et de fatigues, qui ne m'a pas quitté, pour ainsi dire, depuis mon arrivée à la compagnie. C'est avec bien du plaisir que je lui ai serré la main.

Je me suis présenté hier, comme c'était mon devoir, chez le commandant militaire. Ç'a été une visite originale. On dit que l'habit ne fait pas le moine : ce qui m'est arrivé dans cette visite prouve la justesse du proverbe. J'étais vêtu comme je l'étais au camp : pantalon gris en toile, souliers, chapeau de paille, caban porté comme un manteau. Ajoutez une barbe de deux mois. Le commandant écrivait. Après avoir jeté un coup d'œil oblique sur moi, il continua à écrire. J'eus tout le loisir de l'examiner. C'était un homme de grande taille, d'une cinquantaine d'années, à la mine rébarbative, la moustache coupée en brosse suivant l'ordonnance, les cheveux épais et grisonnants. Il était en bras de chemise. « Bonjour, capitaine, lui dis-je. — Que voulez-vous? me dit-il brusquement, comme un homme dérangé par un visiteur importun et qui voudrait bien l'envoyer à tous les diables. — Je viens vous faire ma petite visite d'arrivée. — Depuis quand êtes-vous ici? — Depuis hier. — D'où venez-vous? — De Beni-Guescha. — Où allez-vous? — A Constantine. »

Nous aurions pu longtemps continuer sur ce ton. Il me prenait pour un étranger quelconque. On le devinait à ses questions et au ton sec qu'il affectait ; mais je ne pouvais vraiment pas lui jeter à la face mes nom, prénoms et qualités : je ne pouvais que le voir venir. Enfin, impatienté de mon laconisme : « Qui êtes-vous ? » me dit-il.

Notez que, pendant cet interrogatoire en règle, j'étais resté debout, le chapeau à la main, et lui assis à son bureau, me regardant à peine.

— Je suis, lui répondis-je, en scandant les mots, le lieutenant du génie Cadart qui, avant de se rendre à Constantine où il est appelé, doit faire un séjour à Milah pour y visiter les travaux et s'assurer qu'ils sont continués dans un bon esprit, et suivant les indications données par le commandant du génie de Constantine.

Quelle kyrielle! devait-il se dire en m'écoutant.

— Ah! Monsieur! asseyez-vous.

Il quitta son bureau, approcha son tabouret, son unique tabouret, et prit place sur son lit. Ses excuses ne finissaient pas.

— Votre méprise est on ne peut plus naturelle, lui dis-je pour y mettre un terme. A mon costume, on me prendrait plutôt pour un étranger, pour un cantinier, passez-moi l'expression, que pour un officier du génie. Ma tenue, qui, je dois l'avouer, ne prévient pas en ma faveur, est celle d'un homme qui vient de passer plus de deux mois dans un camp, privé de toutes ressources. N'en parlons donc plus.

C'est ce que nous fîmes et, après avoir effleuré quelques autres sujets de conversation et parlé de la conspiration du 1er mai, nous nous séparâmes bons amis.

Je viens de revoir ces chaufourniers et ces tuiliers de Milah dont nos achats continuels vont grossir les magots. Ces gens, qui me faisaient fête avant mon départ pour le camp, ne sont que des fourbes, ayant le sourire aux lèvres et la haine au cœur. Leur doyen, le vieux Hadjali Dehli, tout en déblatérant devant moi contre le kaïd Belatar, était son intime ami. Il n'est pas, quoi qu'il en dise, plus ami des Français que Belatar ne l'était. Or, ce Belatar a joué un rôle très actif dans la conspiration du 1er mai, et sa tête a dû tomber hier à Constantine avec celle du kaïd dont relève le territoire du Smendou.

Au 1ᵉʳ mai, j'étais fort loin de Constantine, et tout ce que je sais de cet événement, je ne l'ai appris que par des ouï-dire, je ne puis donc en prendre l'entière responsabilité.

On comprend bien que la domination française ne soit pas du goût de tous les indigènes. Il en est plus d'un à Constantine et dans la province qui regrette le temps d'Adjali Achmet. Est-ce patriotisme? Est-ce intérêt personnel? C'est ce que je ne suis pas en mesure de décider.

Au fond, les nombreux assassinats et les brigandages dont on entend parler peuvent, jusqu'à un certain point, être considérés comme des protestations contre notre autorité. Dans ces derniers temps, les indigènes s'étaient proposés de frapper un plus grand coup.

On savait que la garnison de Constantine devait, à l'occasion de la fête du roi, être passée en revue, le 1ᵉʳ mai, sur le plateau du Coudiat-Aty. Ils formèrent le projet de s'emparer, ce jour-là, de Constantine par surprise. On profiterait de l'absence des troupes pour tomber à l'improviste sur les postes gardiens des portes, lesquelles seraient occupées par des partisans de l'ex-bey. Celui-ci se trouverait à proximité et se jetterait dans la place au moment opportun. Les tribus, voisines de la ville, se levant en masse, attaqueraient la garnison démoralisée. Mais tout fut découvert. Des lettres furent saisies, qui donnaient tous les détails du projet.

On n'en passa pas moins les troupes en revue, le 1er mai, avec toute la pompe imaginable, en présence d'une affluence d'indigènes, d'autant plus considérable qu'ils étaient venus dans un tout autre but que celui de voir le défilé. Seulement, les postes étaient doublés et une partie de la garnison consignée dans les casernes. En outre, au moment convenable, Belatar, kaïd de Milah, le kaïd du Smendou et trois autres personnages de rang inférieur furent arrêtés : tous furent condamnés à mort par le conseil de guerre. Les deux premiers ont dû payer leur dette hier, les trois autres ont été recommandés à la clémence royale.

Qu'un homme gémisse de voir sa patrie sous un joug étranger : qu'il mette tout en œuvre pour l'en délivrer, je le conçois très bien ; mais je ne voudrais pas qu'il eût recours à la bassesse et à la dissimulation. Ce Belatar, il fallait le voir faire à M. Molière, commandant militaire de Milah, de continuelles protestations de fidélité qu'on ne lui demandait pas. Celui-ci, malgré sa finesse et l'habitude qu'il avait du commerce des Arabes, était bel et bien sa dupe. Il me semble qu'à sa place, je serais quelque peu honteux d'avoir eu aussi peu de perspicacité.

J'ai retrouvé ici mon ami Mustapha, le coulougli. Ennuyé du service, il a quitté sa compagnie pour revenir chez son père. Il avait été en quelque sorte forcé par Belatar d'entrer dans le bataillon turc, et, depuis longtemps, il avait l'intention d'en sortir. Il a dû avoir quelque peine à régulariser sa position, car on retient les soldats de ce bataillon sous les drapeaux par tous les moyens possibles. Ces pauvres diables, qui sont toujours dans les camps, loin de leurs femmes et de leurs enfants, ont la nostalgie de leurs douars, et sont toujours en instance pour obtenir des permissions. Aussi se trouve-t-il rarement plus des deux tiers des effectifs présents dans chaque compagnie.

Ce brave Mustapha m'entoure de soins. Depuis deux jours, j'ai mangé de tous les mets du pays : couscoussou arrangé de toutes les façons, une pâte qui ressemble tout à fait à des nouilles un peu grossières; du tsmar, espèce de confiture sèche faite dans le Sahara avec des dattes; du bon beurre frais et surtout du lait qui me vient de partout en abondance.

Il n'est pas d'instant dans la journée où ce brave Mustapha n'accoure avec quelque plat de sa façon. Coûte que coûte, il faut en goûter. J'ai beau lui dire que je n'ai pas faim, il faut s'exécuter. Il est sûr que, si je meurs ici, ce sera plutôt d'indigestion que de faim! J'ai obtenu à grand'peine qu'il n'y mît pas les assaisonnements usités dans le pays. Les Arabes aiment ce qui a un goût très prononcé : ils abusent du poivre et du poivre long, ils boivent volontiers du vinaigre. Quand ils ont pris l'habitude de boire des liqueurs fortes, il les absorbent avec excès. Sur ce point, les femmes font comme les hommes. Ils chiquent du tabac très fort. Les maladies, les indispositions ne les décident pas à combattre cette funeste hygiène.

Toute cette bonne chère ne m'empêche pas de m'occuper de ma santé. En l'absence du médecin, je me suis ordonné à moi-même un traitement : il consiste à boire, avant chaque repas, une tasse de tisane amère ; c'est une infusion, non sucrée, de racines de citronnier. Il me semble que je m'en trouve bien.

27 *juillet*, *Milah*. — Ce que j'avais de sérieux

SÉJOUR A MILAH ET A CONSTANTINE.

à faire ici est terminé. Je puis donc partir sans inconvénient pour Constantine. Mais, pour faire ce voyage dans de bonnes conditions, il faut : 1° le faire en bonne compagnie, c'est-à-dire en nombre suffisant pour pouvoir résister aux attaques des bandits qui courent la campagne. Ces attaques ne sont que trop fréquentes. Il faut, en second lieu, ne pas voyager par la chaleur : c'est ce que je dois à tout prix éviter, sous peine de rechute. Je suis donc forcé d'attendre une occasion favorable, qui ne se présentera peut-être pas de sitôt.

En avant donc, mon cher petit cahier. Je trouverai bien, dans mes souvenirs ou dans les observations que je puis faire et même dans les renseignements que je pourrai recueillir, quelque chose de digne de toi et peut-être aussi des lecteurs qui parcourront ces lignes.

J'ai appris dernièrement que le duc d'Orléans se proposait de faire bientôt un voyage en Algérie. Ce prince partirait de Paris le 20 août, se rendrait directement à Oran, où il passerait deux jours, puis à Alger, où il resterait quelque temps. Bougie recevrait ensuite sa visite et il débarquerait à Philippeville (Stora), où il serait reçu par le général Galbois. Alors, réalisant le rêve du maréchal Valée, il retournerait à Alger par terre, en passant par Sétif. L'exécution de cet important projet n'est pas d'une médiocre difficulté, surtout si les garnisons françaises et turques ont quitté cette dernière ville avant-hier, comme le bruit en a couru. Ce serait mal préparer le succès de l'expédition projetée pour le duc d'Orléans.

D'autre part, on annonce que les tribus des environs de Sétif, se voyant compromises par les avances qu'elles nous ont faites, ont émigré à la suite de nos troupes et se sont installées à quatre lieues en avant de Djemilah, en arrière du défilé de Mons. Ce déplacement créerait une difficulté de plus à l'expédition.

La route de Milah à Constantine est, comme je l'ai déjà dit à plusieurs reprises, infestée par les bandits. Elle a été, dans ces derniers temps, le théâtre de nombreux assassinats. Tout récemment, deux Turcs et un zéphir, qui faisaient route ensemble, ont été massacrés; une razzia a été faite sur la tribu dont faisaient partie les meurtriers. C'est de cette razzia que provenait le troupeau de bœufs, de vaches, de chèvres et de moutons que j'ai vu à Beni-Guescha, troupeau dont j'ai tiré le lait qui m'a été si agréable et si utile dans mon indisposition.

Ici habite un Français, qui cherche à s'identifier autant que possible avec les indigènes, avec lesquels il fait bon ménage d'ailleurs. Il a pris leurs habitudes et a épousé une femme arabe. L'intention peut être bonne, mais on se demande à quel résultat il peut arriver. Je ne vois là que de l'originalité.

La chaleur est ici moins forte qu'à Beni-Guescha : aussi, le nombre des malades est-il insignifiant, tandis qu'au camp il est de 25 p. %. Il est vrai qu'ici la garnison, au lieu d'être sous des tentes, est logée dans de bonnes baraques. La ceinture de jardins qui entoure la ville peut aussi avoir une certaine influence sur la salubrité.

Du reste, dans cette saison, ces jardins sont d'une végétation magnifique, ils sont peuplés d'arbres fruitiers d'espèces variées, sous lesquels croissent de superbes légumes : concombres, pastèques, tomates, aubergines, etc. Des irrigations bien entendues y sont faites à intervalles réguliers. Chacun sait le jour et le nombre d'heures où il peut disposer de l'eau, et les infractions au régime établi sont sévèrement punies. Les arbres sont d'une belle venue, mais leurs fruits, à part les oranges et les grenades, sont de qualité médiocre. Ici, pas de taille, pas de greffes, aucun de ces procédés que les jardiniers français emploient, avec tant de succès, pour améliorer les espèces. En mangeant des abricots, j'ai plus d'une fois regretté les délicieux abricots de France. Les pommes et les poires sont aussi fort dégénérées. Voilà les résultats de la paresse !

Une question m'a été posée tout à l'heure : « Des deux villes de Milah et de Constantine, quelle est la plus élevée au-dessus du niveau de la mer ? » A mon avis, l'altitude de Milah est moindre que celle de Constantine. Elle n'est pas de beaucoup supérieure à celle de la plaine qui s'étend au bas des cascades du Rummel.

Une médisance. — On lit dans un journal de date récente, que « le capitaine X. a été investi du commandement de Djemilah. C'est un choix bien justifié par la capacité et l'activité de cet officier, qui semble vraiment fait pour des commandements de cette importance. » Suivent une longue série des améliorations réalisées sous son impulsion, l'énumération et la description minutieuse des objets antiques trouvés dans les fouilles qu'il a dirigées. C'est là que perce le bout de l'oreille : par là, il se trahit et signe son article.

On voit qu'il n'a pas besoin de son prochain pour donner une haute idée de sa personne et pour rédiger les éloges qu'il mérite !

On vient de m'apprendre le départ du capitaine Foy. C'est un chagrin pour moi. Je comptais bien le revoir à Constantine et trouver, dans sa société si agréable, un dédommagement aux ennuis que me donnera l'attente du départ.

Les rats et les puces sont ici en abondance : les premiers amènent les secondes, je crois. En supprimant les rats, on se débarrasserait du même coup des puces; mais la chose est plus facile à dire qu'à faire. Les rats sont bien tenaces et, une fois installés quelque part, il est bien difficile de les en faire déguerpir. C'est un vrai fléau! Rien n'échappe à leur dent vorace et, malgré les plus grandes précautions, on arrive difficilement à leur soustraire ce qu'ils convoitent. Ils ne sont pas peureux. Que, pendant la journée, il se fasse un peu de silence dans la chambrette, ils se montrent. Ils habitent sous la tuile, au-dessus des roseaux qui servent de lattis et de plafond. Ils y ont percé des débouchés; si l'on parvient à les interdire, ils en ouvrent d'autres. Ces animaux, d'une prestesse et d'une agilité surprenantes, montent et descendent le long des murs verticaux comme s'ils étaient sur des surfaces horizontales. Ils paraissent et disparaissent en un clin d'œil. Il m'a pris quelquefois la fantaisie de chercher à les frapper. Tentatives inutiles! Le *quatre-de-chiffres*, ce piège d'une si grande efficacité, a été employé avec succès contre eux, mais le premier jour seulement. Le second jour, ils s'en sont défiés et il est resté tendu toute une nuit sans résultats. Nous avons cherché à nous défaire de ces animaux par le poison, ils ne s'y sont pas laissés prendre.

Une chose m'ennuyait beaucoup. Imaginez-vous que, dans leurs courses nocturnes, ils avaient pris l'habitude de passer sur mon lit! Le hasard, sous la forme de deux pigeons, m'a délivré de ce contact peu agréable. Mon lit était accoté à une cloison, dont la partie supérieure était d'une faible épaisseur et reposait sur un socle en maçonnerie plus épais et d'une hauteur d'environ $0^m,80$. Il en résultait un replat horizontal, qui régnait dans toute la longueur de la chambre.

Ce replat leur servait pour arriver au-dessus de mon lit, sur lequel ils sautaient, et de là sur le sol. Mon brave Desjardins, ayant un jour acheté au marché une paire de pigeons pour les besoins de notre cuisine, les plaça sur ce replat pour leur faire passer la nuit. Or, pendant cette nuit, j'entendis à diverses reprises des coups d'ailes, toujours suivis d'un bruit de chute, et mon lit cette fois fut respecté. J'ai compris que les pigeons avaient interdit le passage aux rats... Nous nous sommes bien gardés de sacrifier ces défenseurs improvisés, mais les rats ont continué leurs prouesses, en prenant un autre chemin !

Pour éviter à mes habits le contact impur de ces animaux, j'avais imaginé de les étendre sur une corde, comme on étendrait du linge pour le faire sécher. Vaine précaution ! sans avoir pris des leçons de Mme Saqui, ils sont plus habiles que tous les saltimbanques du monde. Je vous assure qu'ils n'ont pas besoin de balancier !

Pour soustraire un morceau de lard à leur voracité, nous l'avions suspendu à un fil de fer vertical attaché au milieu d'un autre fil de fer horizontal. Eh bien, ils se sont joués de notre invention ! Le matin, nous avons trouvé le lard réduit de moitié. Je pourrais citer bien des faits du même genre.

Le patriarche de Milah est probablement notre chaufournier, Hadjali-Dehli. Il a plusieurs filles et sept garçons, dont cinq sont mariés et ont des enfants. Par ces mariages, il est allié à presque toutes les familles de la ville. Comme, d'ailleurs, il possède plusieurs maisons à Milah et qu'il passe pour avoir beaucoup de douros, il a une grande influence. Cet Hadjali-Dehli est un petit vieillard à barbe blanche, d'une tenue plus que négligée. Il a presque l'air d'un mendiant; il est encore vigoureux, quoiqu'il ait dépassé soixante et dix ans. Il fait honte aux jeunes gens par l'activité qu'il déploie dans les travaux de son état, et il fait certainement, à lui tout seul, autant de travail que tous ses associés ensemble. C'est le seul homme laborieux de la bande. Il faut voir toutes les simagrées que font les autres avant de se mettre à l'ouvrage et la manière empruntée avec laquelle ils travaillent : ils cherchent toujours à faire leur besogne assis, comme si leurs jambes ne pouvaient pas supporter le poids de leur corps.

Dans mes conversations avec mon ami Mustapha,

je lui ai tant parlé des merveilles de Paris qu'il désire ardemment les voir. J'ai été imprudent, car il m'est impossible de l'emmener, comme il le voudrait. Alors même qu'en France mes occupations me permettraient de m'occuper un peu de lui, je ne pourrais être complètement à sa disposition, ainsi qu'il serait absolument nécessaire; car il ne pourrait se faire entendre de personne. Il y a aussi la question de dépenses. Ce voyage serait au-dessus de mes moyens.

Autre difficulté. Il est certain qu'il me serait impossible de le reconduire à Toulon, lorsqu'il se déciderait à retourner dans sa famille. Ces réflexions me chagrinent parce que, dans l'ignorance où il est de la manière dont les choses se passent en France, il aura de la peine à admettre cette impossibilité.

On vient de monter sur affût deux des quatre canons en fonte envoyés ici d'Alger; on a l'intention sans doute de les tirer à l'occasion des fêtes de Juillet. La vue de ces pièces produit un grand effet moral chez les Arabes. Elles ne pourraient cependant pas servir avantageusement pour la défense de la ville, à cause du rideau épais d'arbres qui l'entoure. Des fusils de rempart pourraient être d'une plus grande utilité : avec ces armes faciles à déplacer, on produirait des effets à distance, qui empêcheraient les Arabes de s'approcher de l'enceinte.

Quel insecte insupportable que la mouche ! Encore un des fléaux du pays : nulle part on n'est à l'abri de ses importunités. A la maison comme dans la campagne, à l'ombre comme au soleil, partout elles vous tourmentent. Ces insectes, ne vous laissant ni loisir ni repos, vous font subir une question incessante. Voulez-vous écrire ? le papier en est couvert. Voulez-vous lire ? les pages de votre livre en sont noircies. Voulez-vous manger ? elles viennent se mêler à tous vos aliments. Voulez-vous reposer ? elles savent interdire tout accès au sommeil. Quoi que vous fassiez, vous en avez toujours une vingtaine sur le visage ; vos mains et vos vêtements en sont toujours couverts. Impossible de rien exposer à l'air, qui ne soit à l'instant sali par leurs déjections. Notons toutefois que ce dernier inconvénient est beaucoup moindre ici qu'il ne le serait en France, où les rideaux et les tentures des appartements demandent à être respectés. Dans l'état de simplicité, je devrais dire de pauvreté, dans lequel nous vivons, les mouches ne peuvent rien tacher !

28 *juillet*. — Si quelqu'un m'eût dit, il y a six mois : « Tu passeras les fêtes de Juillet à Milah », je lui aurais certainement répondu que ce n'était pas probable. Ce quelqu'un aurait pourtant dit juste. Oui, pendant qu'en France, dans chaque ville, le peuple tâche de prendre sa part de la joie officielle, ici le travail continue comme à l'ordinaire. On ne peut guère songer aux victimes de Juillet. Nous avons assez de nos victimes plus récentes et qui nous touchent de plus près.

Moi, enfermé dans mon réduit, je songe à Quinçay. Je pense aux bons parents qui l'habitent ; je m'associe à leurs douces occupations, à leurs plaisirs ; je les entends parler de moi, me plaindre et faire des vœux pour mon prochain retour. Ce n'est qu'à Constantine que je saurai la date de mon départ pour la France. Alors seulement je pourrai supputer le nombre de jours qui nous sépareront encore et je me hâterai de leur faire connaître la date probable de mon arrivée.

Mais que dis-je ! ne serai-je pas en France militaire comme ici ? N'existera-t-il pas toujours une barrière entre moi et les miens ? Les murailles et les ponts-levis de Belfort, ma nouvelle destination, ne seront-ils pas encore un obstacle à notre réunion?

En France, il y aura du moins la facilité et la sûreté de la correspondance! La réponse à une lettre ne se fera pas attendre pendant deux mois comme ici. C'est déjà un grand point.

Les rêves que nous avons faits et discutés sérieusement, le capitaine Foy et moi, se réaliseront-ils? Amélie sera-t-elle une créature non imaginaire, destinée à embellir les jours de ce brave capitaine? Et moi, trouverai-je le moyen de me créer une famille? C'est à quoi je n'ose penser. Les obstacles se dressent de toutes parts. Ainsi, moi, un militaire destiné à affronter tous les hasards, il me viendrait à l'idée d'attacher l'existence d'une femme à la mienne! à ma vie que le devoir peut m'obliger à exposer à chaque instant! Je serais l'appui de jeunes enfants et une balle ennemie pourrait, d'une minute à l'autre, leur enlever cet appui! Est-ce là de la raison? Sans fortune, puis-je prétendre à la main d'une femme, qui pourrait, non seulement se suffire à elle-même, mais encore suffire à ses enfants? C'est cependant le seul cas où il me serait permis de songer au mariage.

Mais ce doit être une chose si douce que la vie

à deux. Un homme est-il complet sans une femme? Une femme, c'est son meilleur ami, c'est son plus intime confident; par elle, les joies sont doublées et les peines sont diminuées de moitié. Quel trésor qu'une femme comme j'en voudrais une! Que d'attentions une bonne femme a pour un mari aimé! Comme par elle et près d'elle les choses les plus indifférentes doivent acquérir de prix! Quand, le soir, fatigué des travaux de la journée, je rentrerai chez moi, je ne trouverais plus une chambre vide, muette et froide : j'y trouverais le visage gracieux et les soins d'une amie; que sais-je, les caresses d'un enfant! Mon âme s'épanouit à ces douces pensées. Alors je me sentirais vivre, je sentirais battre mon cœur, et la vie aurait pour moi un triple, un quadruple prix. Qui me dira où est ce trésor? Belfort, le renfermes-tu dans tes murs? Est-ce à toi que je devrai le bonheur?

Deux carrières me sont ouvertes : je devrais dire, peuvent m'être ouvertes. Je puis être tout à fait militaire, c'est-à-dire ne songer qu'à mon état, laisser de côté les joies du cœur, renoncer à une vie bien douce, à une tendre union pour aller au devant des dangers, supporter les fatigues et mener une existence du moins bien remplie, si elle ne peut être heureuse. Voilà une carrière à embrasser, des chances à courir. Le but à atteindre dans cette voie, ce sont des grades, des honneurs; mais, par contre, on gagne des infirmités et on se prépare souvent une vieillesse anticipée, qui se passera dans l'isolement. Elle sera honorée sans doute, mais privée de toutes les consolations du cœur.

D'un autre côté, je pourrais, en renonçant au brillant de la carrière des armes, me contenter de la paisible position de capitaine du génie, et vivre tranquillement, sans faste et sans bruit, dans quelque petite place forte perdue, avec une femme modeste, aimante et de charmants enfants. C'est là du bonheur, mais du bonheur bourgeois. C'est la *mediocritas aurea* du poète. Oui, je crois que la redingote un peu passée de mode du vieux capitaine en retraite est à préférer au brillant uniforme du général.

Mais serai-je maître de vivre dans une si douce médiocrité? Les circonstances en décideront. A mon âge, l'avenir est encore bien loin. Qui peut savoir ce qu'il me réserve? En attendant, agissons avec prudence et ayons confiance en Dieu.

Après une sieste de deux ou trois heures, me

voilà debout encore une fois, et encore une fois la plume à la main : c'est en ce moment ma seule et unique ressource contre l'ennui.

Le commandant Niel vient de rentrer en France. Le commandant Simon le remplace. On le dit excellent homme. Il vient chercher ici les épaulettes de lieutenant-colonel. Cette mutation n'a pas beaucoup d'intérêt pour moi, puisque j'attends l'instant de mon départ. Ce nouveau chef du génie va faire prochainement une tournée pour reconnaître sa circonscription. Je ne sais si, à son passage, il me trouvera encore ici; car je suis bien décidé à suivre le conseil qu'il me donne de me rendre le plus tôt possible à Constantine.

Le temps s'est un peu rafraîchi. Je vais faire une promenade dans les jardins, ce sera peut-être la dernière.

Je rentre, le soleil vient de se coucher. En ma qualité de convalescent, je n'ai pas voulu m'exposer à l'humidité; ma promenade a été délicieuse. Quel parti l'on tirerait en France d'une aussi belle situation! J'ai erré pendant plus d'une heure sous ces ombrages, en rêvant, pensant à une multitude de choses sans rien approfondir. Mon âme était tranquille et calme; je me sentais vivre, et le temps se passait dans une sorte de béatitude. J'ai regagné la casbah en traversant la ville à petits pas, en coudoyant cette population qui prenait le frais. Je connais presque tous les habitants. Les enfants s'empressaient autour de moi en disant : Mon lieutenant, mon lieutenant ! Les pères, d'un ton grave : *Emsa-ala-krer*. Je répondais, avec toute la gravité dont j'étais susceptible : *Besslema*. Tout se fait et se dit ici avec beaucoup de gravité. Les enfants mêmes paraissent graves, c'est peut-être un effet du costume. Il faut voir des enfants de trois ou quatre ans cheminer drapés dans leurs petits burnous : on dirait de petits sénateurs romains. C'est d'un très gracieux effet.

On parle du départ, pour demain soir, d'un certain nombre de personnes allant à Constantine. Je profiterai probablement de l'occasion.

1er *août, à Constantine.* — Me voilà à Constantine. Je suis parti de Milah le 28 juillet, à neuf heures du soir. La lune s'élevait brillante dans un ciel serein. J'espérais que, eu égard à la fraîcheur de la nuit, la route se ferait sans fatigue et assez rapidement, mais quel désappointement ! Nous devions escorter un troupeau de bœufs, de moutons et de chèvres, celui de Beni-Guescha, qui se rendait à Constantine. Les bœufs marchaient assez bien, mais les autres! combien de fois je les ai maudits. Nous avancions au petit pas de nos chevaux ; puis, après un parcours de cent pas, il fallait attendre ; nous étions trop loin du troupeau. Impatientés, nous descendions de cheval et nous nous étendions sur le sol, mais bientôt la tête du troupeau se présentait en mugissant. Il fallait se remettre en selle. Ces courtes haltes si répétées me fatiguaient beaucoup. D'autre part, les chemins étaient affreux, les ravins nombreux et les ruisseaux difficiles à traverser à la pâle lueur de la lune. Le passage de l'oued Koton a surtout été très pénible. A trois heures du matin, aux premières lueurs du crépuscule, nous n'avions guère fait que le tiers du parcours! Nous prîmes le parti de laisser le troupeau à la garde des conducteurs qui, d'ailleurs, étaient tous armés. Cependant nous n'arrivâmes à Constantine qu'à neuf heures du matin, après douze heures de route. Nos montures étaient éreintées. Elles avaient prouvé, une fois de plus, quel fond ont les chevaux arabes.

Quant à moi, j'ai supporté ce pénible voyage mieux que je ne l'espérais. Aujourd'hui, je suis entièrement remis de mes fatigues, et ma santé est meilleure qu'à mon départ de Milah.

3 *août, Constantine.* — A quand le départ pour la France? C'est la question que je me fais et que tout le monde me fait. Pas de réponse possible jusqu'à présent. Tout va bien, d'ailleurs.

Que de jouissances se préparent pour moi! J'en suis heureux d'avance. Bon oncle! bonne tante! je vais donc vous revoir! Je pourrai vous serrer dans mes bras. A Reims, je pourrai passer quelques bons jours près de mon père et de ma mère, au milieu de tous ceux que j'aime et dont l'absence m'a été si difficile à supporter.

J'ai vu hier Mustapha Ben-Dehli, une de mes connaissances de Milah : c'est bien un Arabe pur sang. Il est encore venu m'accabler de ses demandes indiscrètes : As-tu du sucre? Veux-tu me donner des souliers? Je n'ai pas d'orge pour mon mulet, etc. Notez que celui qui parle est le fils du plus riche habitant de Milah. A sa demande d'orge, je lui fis observer qu'il aurait bien pu en emporter.

— Je suis parti bien précipitamment, me dit-il, j'ai craint de m'attarder : c'est la cause de mon oubli.

Je ne m'y suis pas laissé prendre, ce gaillard-là a voulu faire une économie!

Une allocation de 350,000 francs est faite pour l'année prochaine à la place de Constantine. Elle doit être employée à des constructions de bâtiments militaires. On a donc l'intention de s'établir sérieusement en Algérie. Malheureusement, on aura de la peine à dépenser cette somme; les bras manquent et la garnison ne peut en fournir. Elle est réduite au minimum, en raison des détachements envoyés en expédition.

Bou-Salam, qui prétend à la possession de la Medjana, est venu, dit-on, à l'instigation d'Abd-el-Kader, punir les habitants de Sétif du bon accueil qu'ils ont fait aux Français. Il menace maintenant Djemilah. Il aurait trois pièces de canon. Une colonne est partie d'ici le 31 juillet sous le commandement du colonel Guesviller, pour aller porter secours à Djemilah; elle poussera peut-être jusqu'à Sétif.

On fait courir mille bruits sur Djemilah : je les crois sans fondement. Cependant, il ne faut jurer de rien; car le commandant de ce poste ne serait pas fâché d'avoir quelques coups de fusil à tirer. S'il prenait l'offensive, il dépasserait le but. C'est une position défensive qu'on a voulu organiser.

J'ai été mis hier en relations avec M. le capitaine du génie Viala, qui m'a inspiré de la sympathie. Je ne crois pas qu'il soit de la famille du jeune patriote que *le Chant du départ* a immortalisé. Il arrive du Sénégal. Ce qu'il m'a dit du régime des colonies n'est pas de nature à me faire désirer d'y être envoyé. Les conditions dans lesquelles s'y trouvent les officiers du génie sont inacceptables.

Dans la marine, tout se fait par des commissions : ce sont des commissions qui reçoivent les matériaux et qui procèdent à la réception des travaux faits. Presque toujours il y a disette d'hommes compétents pour les former. Alors c'est le gâchis. Il arrive que l'avis donné par un officier du génie sur des questions techniques est repoussé par des officiers d'infanterie de marine ou des commissaires de marine, totalement étrangers aux questions dont il s'agit. De là, des animosités qui nuisent au service. C'est à la suite d'une décision prise contrairement à un avis bien motivé, qu'il avait donné en toute conscience, que M. le capitaine Viala a quitté le Sénégal.

Autre inconvénient du séjour aux colonies, que le temps qu'on doit y passer n'est pas limité. On court le risque d'y rester indéfiniment, si personne ne demande à être employé sur les points où vous vous trouvez.

5 *août, Constantine*. — Voici le jour de mon départ fixé. Sauf obstacles et circonstances impossibles à prévoir, je quitterai cette ville le 15 de ce mois. Je vais faire tout ce qui dépendra de moi pour tâcher de trouver un compagnon de voyage. Il est si ennuyeux de voyager seul! Les impressions et les sensations que l'on éprouve perdent la moitié de leur valeur quand on ne peut les communiquer.

11 *août, Constantine*. — Je ne puis m'expliquer comment il se fait que, avec ma manie d'écrire à tort et à travers, j'aie pu, n'ayant aucun service et par conséquent libre de mon temps, rester du 5 au 11 août sans prendre la plume.

Après réflexions, je trouve mille raisons pour expliquer cette interruption. Ici, je suis logé chez un camarade, et la cohabitation n'est guère favorable au travail. D'autre part, nous recevons de nombreuses visites des autres officiers du génie qui habitent la maison. En outre, depuis mon arrivée ici, la maison est une véritable infirmerie : la fièvre y règne. Chacun est atteint à son tour, et ces indispositions sont la cause de nombreux dérangements. Je dois ajouter qu'un camarade est venu de Guelma pour visiter Constantine et que, comme je puis disposer de mon temps, j'ai tout naturellement été désigné pour l'accompagner dans ses excursions.

J'oubliais une leçon d'arabe que l'interprète du génie vient donner tous les jours à mon hôte, leçon dont je fais mon profit : car elle est la source d'une foule de renseignements intéressants sur les mœurs et les habitudes des habitants de Constantine en particulier, et des Arabes en général.

CHAPITRE XII.

RETOUR EN FRANCE.

Départ. — Passage au Smendou; aux Toumiettes; à El-Arrouch.
— Importance de cette station. — Gué de l'oued Rezas. — Ce
qu'était devenue Philippeville. — Difficulté de l'embarquement.
— Navigation difficile. — Relâche à Bougie; nous passons la
nuit à terre. — Messe le lendemain dimanche. — Arrivée à
Alger le troisième jour seulement. — Voyage à Blidah. — Visite
au colonel Duvivier; son bon accueil. — M. Hase. — Départ pour la France. — Rade de Mahon. — Lazaret de Toulon :
sa description; règlements; la vie qu'on y mène. — Visite
de la douane. — Toulon : ascension du Faron. — Marseille,
lever du soleil. — Organisation défectueuse du transport des
voyageurs. — Lyon : Fourvières. — Diligence embourbée.
— Arrivée à Paris : déception; je continue mon voyage. —
Séjour à Quinçay, puis à Reims. — Joie de mon excellent père.

Le départ du paquebot sur lequel je devais prendre passage à Philippeville ayant été retardé de huit jours, au lieu de quitter Constantine le 15 août, j'ai attendu jusqu'au 22.

Au camp du Smendou, j'ai été reçu d'une manière charmante par le vieux Séverac. J'ai revu avec intérêt cette station à l'établissement de laquelle j'avais contribué et où j'avais passé six semaines. Aux Toumiettes, site pittoresque s'il en fut, je trouvai les camarades Schmitt et Worms, le capitaine Montauban et cet excellent docteur Philippe qui a partagé nos dangers et nos souffrances à Djemilah. Des Toumiettes à El-Arrouch, que de gibier dans la campagne! Je vis avec plaisir que des déboisements considérables avaient été faits, à droite et à gauche de la route, pour la sécurité des voyageurs. Le camp d'El-Arrouch est bel et bien terminé. La garnison était logée dans des baraques en A, ainsi nommées à cause de leur forme; ce système est peu commode pour l'habitation, mais il offre une grande résistance aux intempéries. La fièvre régnait en maîtresse dans ce camp. La station d'El-Arrouch avait déjà pris une certaine importance. J'ai pu y dîner et coucher à l'hôtel. J'y ai vu un convoi arabe considérable, composé de mulets et de chameaux.

Le lendemain, j'ai traversé paisiblement le passage des oliviers, autrefois si dangereux. J'ai revu la voie romaine, le camp d'El-Dis encore occupé, mais provisoirement; le défilé où, lors de l'expédition de Stora, un convoi de ravitaillement fut enlevé le 8 octobre par les Kabyles, puis le gué de l'oued Résas où, ce même jour, j'ai reçu le baptême du feu, et enfin Philippeville.

Quels changements se sont opérés sur ce point en dix mois! Nul doute que cet établissement ne prenne par la suite une grande importance. J'y retrouvai le capitaine Brincard. Il n'était pas très satisfait de sa position; il aurait voulu qu'on lui laissât plus d'initiative. Je pris domicile dans une baraque en planches affectée au service du génie, très heureux de me trouver au milieu d'anciens camarades. On me félicita de ma décoration, on me questionna sur l'affaire de Djemilah. De mon côté, je me renseignai sur l'occupation de Djijelli et sur la démonstration faite par la garnison de Bougie.

J'appris, entr'autres choses intéressantes, que les bandits kabyles se rendaient, de temps en temps, à Philippeville pour y commettre des vols. Pendant mon séjour, le cheval du capitaine Andreau fut volé. Ces méfaits, très fréquents, sont encouragés par la facilité avec laquelle les Kabyles vendent le produit de leurs vols.

Mon séjour à Philippeville fut de courte durée. Le vapeur *le Cocyte* se présenta dans la rade de Stora deux jours après mon arrivée. Il faisait trop mauvais temps pour qu'il pût accoster à Philippeville; nous dûmes aller nous embarquer à Stora, à une distance d'environ cinq kilomètres. Par certains vents, cette rade n'est pas tenable (1). Le navire était à l'ancre assez loin du rivage. Il fallut s'y faire conduire en canot. Je ne parle pas de ce trajet en canot, qui n'était pas sans difficulté, à cause de la grande hauteur des vagues; mais je veux signaler spécialement les difficultés qu'il fallut surmonter pour arriver à entrer dans le navire. Le bateau était à peu près immobile; mais la surface de la mer était très agitée; tantôt l'eau qui l'entourait s'élevait à la hauteur du bastingage, tantôt elle s'abaissait assez pour mettre à découvert une partie de la coque. En conséquence, le canot, arrivé bord à bord, obéissant au mouvement de la vague, il fallait une certaine adresse pour arriver à mettre, au moment favorable, le pied sur l'escalier (casse-cou) incrusté dans la paroi extérieure du navire, puis une grande agilité pour grimper, en s'aidant des tire-veilles, de manière à avoir terminé son ascension avant que le canot ne fût revenu au sommet de sa course. Gare à celui qui se serait trouvé

(1) Témoin le naufrage dramatique de la gabarre *la Marne*, qui eut lieu en 1840.

en retard! Heureusement, j'avais vingt-cinq ans, et je fis mon ascension sans encombre.

Notre navigation, très pénible, fut contrariée par un vent debout très violent ; de plus, nous avions un brick à la remorque. Cependant, nous arrivâmes bientôt en vue de Djijelli, assez près du rivage pour que l'on pût distinguer les nombreux ouvrages fortifiés qui l'entourent. A la nuit tombante, nous étions à proximité de Bougie. En raison du mauvais temps et des périls auxquels une navigation de nuit, le long d'une côte dangereuse, pouvait exposer le navire, on jugea à propos de jeter l'ancre dans la rade (1). Je pus aller passer la nuit à terre. J'y trouvai Benoist, mon camarade de Bône. Le lendemain, qui était un dimanche, nous pûmes assister à une messe dite par Monseigneur d'Alger, à cette époque évêque seulement, dans une très jolie chapelle. Il était, sans que je m'en doutasse, un de mes compagnons de voyage.

Le navire reprit sa route le lendemain. La navigation était plus difficile encore que la veille. Le vent faisait rage et nous poussait à la côte. Il

---

(1) La rade de Bougie est la meilleure et la plus sûre station maritime de toute la côte d'Afrique. On aurait pu y créer un bon port, à beaucoup moins de frais qu'à Alger.

fallut s'en éloigner beaucoup et, malgré cette précaution, ce fut avec la plus grande peine que nous parvînmes à doubler le cap Matifou. Nous passâmes la nuit au large et nous n'entrâmes dans le port d'Alger que le matin du troisième jour. Le vapeur qui faisait le service de France ne nous avait point attendu. Il était parti la veille.

De là, un séjour forcé à Alger. J'en profitai pour visiter les monuments et les choses intéressantes de la ville et des environs que, faute de temps, il m'avait été impossible de voir, à mon arrivée de France. Ainsi, l'hôpital du Dey, la casbah et en particulier le pavillon où fut donné le soufflet effacé par l'expédition de 1830, la pointe Pescade, les voûtes de la pêcherie et surtout les travaux du môle.

Je trouvai même le temps d'aller à Blidah, qu'une belle et bonne route reliait déjà à la capitale.

Une espèce de coche disloqué avec un attelage boiteux (un petit cheval et un grand mulet) nous y conduisit. Pendant ce trajet, nous visitâmes Douéra où se fit le déjeuner, Bouffarick, et nous pûmes nous faire une idée de la plaine de la Mitidja couverte presqu'en totalité de palmiers nains. A Beni-Méred, village de la banlieue de

Blidah, on nous demanda nos passe-ports. Après avoir visité la ville, dont l'intérieur est loin de répondre à l'aspect extérieur, et les célèbres jardins d'orangers qui l'entourent d'une ceinture qui, en certaines saisons, n'est que trop odoriférante, je me présentai chez le commandant militaire, le colonel Duvivier, en déclinant ma qualité d'officier du génie venant de Constantine. Il m'accueillit avec beaucoup de bienveillance et poussa l'amabilité jusqu'à me faire partager son dîner et m'offrir l'abri de sa tente pour la nuit. J'acceptai. Je me défiais des hôtels de Blidah, en admettant qu'il y en eût à cette époque.

Le lendemain, de bon matin, je pris congé de mon hôte en lui témoignant toute ma reconnaissance de son bon accueil, et après une ascension au fort de Sidi-Mimich, pour juger de l'aspect du pays, je repris mon berlingot, qui me ramena heureusement à Alger. Là, j'éprouvai un grand désappointement en apprenant que M. Hase, cet excellent homme, ce numismate si distingué, notre professeur d'allemand à l'École polytechnique, de qui j'avais eu à me louer tout particulièrement, était parti le matin même pour Blidah avec le camarade Sarlat, arrivé la veille par le bateau de Bône. Quelle déconvenue!

Enfin, le jour de mon embarquement pour la France arriva et, tout joyeux à la pensée que mon exil était fini, je pris passage à bord du *Cerbère*. La mer était grosse; il eût fallu être un marin plus solide que moi pour s'installer sur le pont de navire. Aussi, je dus renoncer à jouir des distractions que peut donner la vue de la mer, et me confiner dans ma cabine. Pendant la nuit, nous eûmes un moment de bien-être; le navire fit une pause dans la rade de Mahon, et je pus en admirer la beauté et l'étendue. La nuit suivante, après une navigation assez tourmentée, nous entrâmes dans la rade de Toulon et nous quittâmes le navire de grand matin, le 17 septembre, pour entrer au lazaret.

L'aspect de cet établissement ne prévient pas en sa faveur. Il est situé au bas d'une pente raide, parsemée de quelques arbustes rabougris : c'est un vrai site de Provence, genre rocheux, sec et stérile. Il est entouré de murs assez élevés pour prévenir toute tentative d'évasion.

A première vue, il ne paraissait pas devoir présenter beaucoup de ressources, aussi bien pour les occupations sérieuses que pour les distractions. En somme, c'est une prison, sans l'infamie, où l'on ne passe que peu de temps, il est vrai, où l'on peut communiquer avec un certain nombre de personnes, mais ce n'en est pas moins une véritable prison. J'avais le bonheur d'avoir, parmi mes compagnons d'infortune, quelques aimables camarades dont j'avais fait la connaissance pendant la traversée. Leurs goûts différaient quelque peu des miens. Cela n'avait pas grande importance : dans les circonstances où nous nous trouvions, on ne doit pas être trop exigeant.

21 *septembre*. — C'est demain que nous devons quitter le lazaret. Cette séquestration, que je redoutais tant, n'a pas été aussi terrible que je le craignais. L'inspection de mon journal prouve bien que je n'ai pas éprouvé d'ennui. — Aucune inscription n'y a été faite pendant ce séjour. — Des ressources inattendues se sont présentées : l'obligeance d'un de mes compagnons m'a muni de livres intéressants en quantité suffisante pour occuper mes loisirs; et comme, en fait de lectures, je venais de subir un jeûne de dix-huit mois, je m'en suis donné à cœur-joie, et le temps a passé avec une rapidité sans égale. Je n'ai plus rien à lire, une demi-journée me reste; employons-la.

Le lazaret de Toulon consiste en un assemblage de petits bâtiments, placés sans ordre et sans idée d'ensemble. Ces constructions ont été faites successivement et au fur et à mesure des besoins. L'une d'elles porte la date de 1728, ce qui donne à penser qu'elle a pu être bâtie sous l'influence de la fameuse peste qui affligea Marseille en 1720.

Le séjour qu'on faisait dans l'origine au lazaret était de quarante jours. Aujourd'hui, il est variable et sa durée est fixée, d'après l'état sanitaire de la contrée d'où viennent les navires. Pour ceux qui, comme nous, viennent de l'Algérie, elle est de sept jours, les jours d'entrée et de sortie compris. — Ceux qui arrivent du Levant doivent passer ici trente-cinq jours.

Si, pendant la durée d'une quarantaine, un des voyageurs mourait, ses compagnons de voyage seraient tenus de recommencer la quarantaine : nous avons failli subir l'application de cette mesure. Depuis notre arrivée, un matelot est mort à bord du *Cerbère*, navire sur lequel nous avons fait la traversée. L'autopsie a démontré heureusement qu'il n'était pas mort d'une maladie contagieuse.

On observe ici, dans toute sa rigueur, la prescription d'isolement. L'ensemble des bâtiments est divisé en parties indépendantes les unes des autres et sans aucune communication entr'elles. Chacune est affectée à des quarantenaires de même provenance. Tout contact entre quarantenaires de catégories différentes est expressément défendu, sous peine, pour le délinquant, de passer dans la catégorie dont le séjour doit durer le plus longtemps. On tue impitoyablement les chiens qui sortent de l'enceinte à eux affectée. Les précautions les plus minutieuses sont prises pour empêcher la diffusion de la contagion. Les lettres émanées des quarantenaires sont maniées avec des pincettes. Leur argent n'est mis en circulation qu'après avoir passé dans le vinaigre. Sous prétexte de désinfection, on vient infecter tous les matins leur chambre avec du chlore. Tout cela, à mon avis, est entaché d'exagération, puisqu'il est constaté par l'expérience de plus de neuf années, que l'Algérie n'est infectée d'aucune maladie contagieuse.

La suppression, en temps normal, de ces pratiques surannées et si peu justifiées, est bien à désirer, en raison des pertes de temps qu'elles imposent aux voyageurs.

Je termine ce que j'ai à dire sur le lazaret

par l'exposé de l'emploi du temps. Pour le lever, pas d'heure fixe ; cela se comprend. Pour moi, c'était six heures. Déjeuner à neuf heures et demie ; ce repas et surtout le dessert sont traînés en longueur ; c'est une ressource pour les désœuvrés. Vient ensuite le café. Puis les conversations s'engagent. Il est rare qu'on quitte la salle à manger avant midi. Le dîner a lieu à quatre heures et demie ; il se prolonge pour les mêmes raisons et par les mêmes moyens. Il était souvent nuit noire, lorsqu'on quittait la table. On faisait quelques tours dans la cour pour prendre l'air et on rentrait pour écouter quelques virtuoses du chant, plus ou moins comiques. Il était aussi permis de lire. La soirée était coupée par quelques tournées de vin sucré. Ces heures se passaient en commun, comme on le voit. Les intervalles entre le lever et le déjeuner, et entre celui-ci et le dîner, appartenaient à la vie privée.

22 *septembre*. — Un canot nous conduisit à la douane, dès le matin, pour la visite de nos bagages. Parmi les miens, se trouvait un sac confectionné avec un morceau détaché, après la prise de Constantine, d'un tapis qui se trouvait dans une mosquée ; un officier l'avait coupé pour en faire un lit provisoire. Dieu sait dans quel état il était après deux ans d'usage! « L'entrée des « tapis du Levant est interdite, me dit le doua- « nier qui s'occupait de moi. Ils doivent être « confisqués ». J'aurais bien donné le tapis ; mais, que faire des objets qu'il contenait? Je cherchai à l'apitoyer. Impossible! Il ne connais- sait que sa consigne. « Eh bien! fis-je impatienté, « s'il en est ainsi, j'aime mieux le jeter à la mer. » J'en fis le geste, un chef intervint, qui modéra le zèle de son subordonné.

A peine débarqué, je courus au bureau du génie, où je trouvai Quiot, un de mes anciens à l'École, qui m'apprit que les voitures de Toulon à Marseille ne voyageaient que pendant la nuit. J'avais donc toute ma journée à ma disposition. Il s'empara de moi et me fit visiter, avant le déjeuner, toutes les curiosités de la ville : le fort Lamalgue, le mourillon, l'arsenal, les cales cou- vertes, la corderie, le bagne, etc. L'après-midi fut consacrée à une ascension au Faron, du haut duquel on jouit d'une vue admirable : on em- brasse l'ensemble de la ville, du port et des deux rades. On distingue tous ses forts et on aper- çoit même les îles d'Hières.

Dans le trajet de Toulon à Marseille, j'ai pu ad- mirer de nouveau les gorges d'Ollioules et reconnaître tous les sites qui avaient attiré mon attention, lors de mon départ pour l'Algérie. J'arrivai à Marseille au lever du soleil. Je n'oublierai jamais le spectacle grandiose que présentait cet astre, s'élevant majestueusement au milieu de la forêt de mâts qui hérissait le port. Je me donnai le plaisir de visiter le fort de la Garde et je me mis en quête d'une voiture pour Paris. A cette époque, il n'existait pas de chemin de fer et il ne fallait pas, en automne, songer à remonter le Rhône en bateau. Mes recherches furent vaines. Il n'existait pas de voitures menant directement à Paris; mais on pouvait, me dit-on, s'y rendre sans perdre de temps, par une voiture qui correspondait avec une diligence partant d'Aix. Je suivis ce conseil intéressé : le renseignement, malheureusement, était faux. A Aix, pas de correspondance. Il me fallut attendre une demi-journée pour trouver le moyen d'aller à Avignon. Là, je fis une nouvelle pause pour attendre le départ d'une voiture qui conduisait à Orange. C'est à Orange seulement, qu'après un nouvel arrêt, je pus prendre une voiture pour Lyon.

Il est bien entendu que j'utilisai tous ces séjours forcés pour visiter les monuments, etc., des lieux où je me trouvais; mais cela n'avait pas de charmes pour moi. J'avais trop hâte d'arriver. Je tâchais de tuer le temps; voilà tout.

A Lyon, il me fallut faire encore une longue station : heureusement, j'y connaissais un officier du génie. On m'apprit qu'il habitait un des forts qui entourent la place. Je m'y rendis et nous passâmes ensemble une journée très agréable. Nous fîmes l'ascension de la colline de Fourvières. De ce point on embrasse, comme dans un véritable panorama, tout l'ensemble de la ville. Enfin, à neuf heures et demie du soir, je montais dans la diligence qui devait me conduire jusqu'à Paris. Toutefois, il fallut encore faire une longue pause à Châlon-sur-Saône.

Jusque-là, le temps avait été beau; mais nous n'avions pas perdu pour attendre.... A peu de distance de Châlon, il devint affreux. La route était défoncée. On fut obligé de renforcer l'attelage. Il y avait sept chevaux à la diligence, et cependant au milieu d'une rampe, la voiture s'arrêta subitement. Elle était embourbée jusqu'au moyeu. Les cris, les coups de fouet du postillon, rien n'y fit. Impossible de démarrer, et l'averse continuait. La plupart des voyageurs descendirent de voiture pour diminuer la charge;

tentatives inutiles! Le véhicule semblait cloué au sol. Alors, quelqu'un eut une idée lumineuse : « Montons sur les chevaux! » En leur donnant plus de poids, ils produiraient plus d'effet. Nous étions jeunes. La chose paraissait originale. Ce qui avait été dit fut fait : trois ou quatre d'entre nous enfourchèrent les chevaux de devant. Et alors, réunissant nos cris et nos excitations à ceux du postillon et à ses coups de fouet multipliés, le charme fut rompu. La voiture se remit en route.

Une belle journée nous dédommagea le lendemain de nos tribulations de la nuit. Nous traversions la Bourgogne; on était en pleine vendange. La récolte était bonne et les vendangeurs joyeux.

Arrivé à Paris, je me fis conduire au domicile de mon oncle, place du Palais-Bourbon. Quelle déception! L'appartement était vide. Mon oncle et ma tante étaient à la campagne, dans le sud du département du Loir-et-Cher, à Quinçay, leur nouvelle acquisition.

Malgré ma fatigue, je me décidai à les rejoindre immédiatement. C'était un nouveau voyage! Je portai au ministère de la guerre une demande de congé; puis, je m'enquis des moyens de transport à employer pour me rendre à Selles-sur-Cher, à six kilomètres de Quinçay.

A cette époque (1839), le chemin de fer d'Orléans n'existait pas. Il me fallut subir de nouveau les fatigues d'un voyage en diligence. Cette voiture me transporta jusqu'à Blois, d'où une mauvaise patache me conduisit à Selles-sur-Cher. J'y arrivai à six heures du matin. J'avais reçu antérieurement des instructions détaillées m'indiquant ce qu'il y avait à faire pour aller de Selles à Quinçay.

Le temps était beau. Je laissai mon bagage à Selles et je me mis résolument en route, en quête de cette nouvelle propriété, devenue mienne depuis près de trente ans. Je suivis mes instructions de point en point et, après une heure de marche, je faisais mon entrée dans le nouveau domaine. C'était le 29 septembre 1839.

Quelle joie de revoir ces bons parents, bien portants et installés dans une situation charmante, au milieu de vastes jardins en voie d'agrandissement, dans une belle habitation qu'ils faisaient approprier à leurs goûts!

Un repos de quelques jours me remit entièrement de mes fatigues, et je pus donner mon concours à l'amélioration du domaine, d'abord par des semis et des plantations de bois, et ensuite par les études détaillées que je fis des bâtiments à construire pour compléter l'installation. Ces occupations allongèrent un peu mon séjour, trop sans doute au gré de mon père et de ma mère qui m'attendaient avec une grande impatience. Mais qu'y pouvais-je faire? Je devais tant à ces bons parents! C'était une manière de payer ma dette.

Enfin, je devins libre, et Reims eut son tour. J'y séjournai pendant quelque temps avant de me rendre à Belfort, ma nouvelle destination. Le premier mouvement de mon excellent père, en m'apercevant, fut de regarder à ma boutonnière. Le brave homme, vieux soldat de l'empire, qui connaissait tout le prix d'une croix bien gagnée, ne pouvait croire que son fils eût été fait chevalier de la Légion d'honneur à vingt-cinq ans.

A Reims, je pus goûter, dans leur plénitude, les joies de la famille dont j'avais été si longtemps privé. Mes oncles et mes amis me firent fête. Les invitations pleuvaient, c'est à peine si j'y pouvais suffire. Il n'eût pas fallu que cette vie de cocagne durât trop longtemps: mon estomac, un peu fatigué par les privations éprouvées en Algérie, aurait pu en souffrir.

Dans des cas semblables, on est fondé à contester la justesse de ce proverbe bien connu : « *Abondance de biens ne nuit pas.* »

APPENDICE.

(*a*) Expédition d'Alger en 1830; débarquement; combats de Staouëli et de Sidi-Kalef; attaque du fort l'Empereur; peu de fondement des accusations portées contre le général en chef; sa douleur.

(*b*) Occupations de la ville de Bône en 1830, 1831 et 1832. Attaque de Bône par Ben-Aïssa; reprise de la citadelle par un coup de main hardi.

(*c*) Au sujet de la 1re expédition de Constantine : situation déplorable de l'armée; tentative d'attaque sur deux des portes de la ville. — Retraite — Changarnier.

(*d*) Attaque de Medjez-el-Amar en 1837 par Achmet-bey.

(*e*) De la musique chez les Arabes.

(*f*) 2e expédition sur Constantine en 1837. — Mort du général en chef. — Difficultés de l'attaque; souffrances de l'armée. — Assaut; effets désastreux d'une explosion. — Prise de la ville. Causes présumées de l'explosion. — Du capitaine Hackett et de sa compagnie. — Le garde du génie Négrier. — Reproches injustes faits au service de l'intendance. — Accusation perfide contre le général Danrémont.

(*g*) Des chaouchs. — Anecdotes.

(*h*) Une des qualités essentielles de l'officier de guerre.

(*i*) Du colonel Duvivier et du lieutenant Rittier. — Mœurs arabes.

(*j*) Défense de Djemilah : extraits du *Journal des Débats* du 29 janvier 1839.

(*k*) L'homme aux sept femmes.

(*l*) Nécessité de la sieste.

(*m*) Les Arabes sont mendiants, de mauvaise foi, thésauriseurs, pillards et jaloux.

(a) Au sujet de l'expédition d'Alger en 1830.

On sait que l'armée qui fit l'expédition d'Alger en 1830 se composait de trois divisions formant un effectif d'environ trente-cinq mille hommes. Le commandant en chef était le comte de Bourmont. Le débarquement des troupes eut lieu le 14 juin, par un temps splendide, dans la presqu'île de Sidi-Ferruch, à environ vingt kilomètres de la ville. L'ennemi, qui était campé à deux kilomètres de la côte, ne fit aucune tentative sérieuse pour le troubler.

A peine débarquée, la première division marcha contre lui. Il lâcha pied après un engagement sans importance : les trois divisions prirent alors position en avant de la presqu'île, dans laquelle tout le matériel nécessaire à une entreprise de cette importance devait être rassemblé. Dès le lendemain, on commençait en travers de l'isthme la construction d'un retranchement destiné à interdire l'accès de la presqu'île par terre.

Dans une campagne maritime, la base d'opérations ne peut être que la mer et, sur les côtes de l'Algérie qui sont peu sûres, la moindre tempête pouvait, en obligeant la flotte à s'éloigner du rivage, interdire toute communication entre elle et l'armée. Il était donc nécessaire, avant tout, de débarquer le matériel. Une tempête qui eut lieu le 16 démontra, d'ailleurs, la nécessité de cette opération. Aussi, le commandant en chef se décida à ne pas s'éloigner de Sidi-Ferruch, avant que le débarquement ne fût complètement effectué. De là, une inaction que les Turcs attribuèrent à l'impuissance. Ils n'hésitèrent pas à prendre l'offensive et, le 19, ils attaquèrent notre ligne sur tous les points à la fois. Suivant leur tactique ordinaire, la bataille commença par une attaque de tirailleurs. Chaque tribu arabe était conduite par un Turc, qui portait un petit drapeau. Celui-ci, après avoir choisi un emplacement favorable, y plantait son drapeau et assignait à chacun sa place.

Cette fusillade ne produisit pas d'effet sérieux; mais survint bientôt la cavalerie des janissaires, qui se précipita avec une fureur telle que la gauche de la ligne de défense fut enfoncée. Les conséquences de cette charge auraient pu devenir désastreuses, sans le feu terrible qu'un brick, embossé sur le rivage, dirigea sur les assaillants. Ils furent ébranlés et des renforts, envoyés à propos, déterminèrent leur retraite. Les deux premières divisions les poursuivirent vigoureusement, enlevèrent le camp de Staouéli et s'y établirent. Après ce succès, il semblait à toute l'armée que la marche en avant s'imposait; mais le convoi maritime qui devait amener l'artillerie de siège n'était point encore en vue, et le commandant en chef crut prudent de l'attendre. Qu'aurait-il pu faire devant Alger sans cette artillerie?

Encouragé par notre attitude seulement défensive, le commandant de l'armée turque tenta une nouvelle attaque, le 24. Elle fut repoussée avec une grande vigueur et nos troupes poursuivirent l'ennemi jusqu'à huit kilomètres d'Alger. Là, elles reçurent l'ordre de ne pas s'avancer davantage. On n'avait point encore de nouvelles de l'artillerie de siège. Ce ne fut que deux jours après que le convoi qui l'apportait fut signalé. Rien ne nous retenait plus, l'ordre de marcher sur Alger fut donné.

On ne pouvait investir cette ville sans s'emparer, au préalable, du *fort l'Empereur*, situé à environ 800^m de la place, sur une hauteur qui en domine tous les abords. Le siège du fort était donc nécessaire.

Lors de l'ouverture de la tranchée, le corps expéditionnaire devait être disposé ainsi : les travailleurs au centre et les troupes en armes sur les deux ailes pour tenir en respect les forces turques et arabes qui tenaient la campagne. Or, la 2e division, mal dirigée, s'égara en allant prendre sa position et se retrouva, le soir, au point qu'elle avait quitté le matin.

Il en résulta que, pendant toute la journée, les travailleurs désignés furent obligés de suppléer à son absence et de repousser les attaques de l'ennemi. Ils étaient très fatigués le soir, lorsqu'ils prirent leurs outils : d'autre part, le terrain était rocheux et très dur; aussi le matin, la tranchée n'avait guère que 0^m.50 de profondeur. On dut l'abandonner pendant toute la journée, car elle ne donnait qu'un couvert insuffisant.

Qui fut blâmé? le directeur des attaques, le général Valazé. Était-ce juste? Le général commandant la 2e division, auquel on aurait dû imputer cet insuccès, était mauvais coucheur; on voulut le ménager.

Le 1er juillet, l'artillerie commença ses batteries. Tous les travaux de terrassement, tranchées, parapets et plate-formes, étaient terminés le 3. Le 4, on allait commencer le tir en brèche. Il était trois heures du matin, lorsqu'une explosion épouvantable se fit entendre. Les Turcs venaient d'abandonner le fort en mettant le feu aux poudres. La place n'avait plus qu'à se rendre.

Ne résulte-t-il pas de cet exposé succinct que cette expédition fut conduite avec la prudence la plus justifiée et que les accusations d'hésitation et d'inertie portées contre le général en chef tombent d'elles-mêmes? Pour mener à bonne fin cette entreprise difficile, un siège était nécessaire. On ne pouvait l'entreprendre sans disposer du matériel indispensable à une opération de cette nature. La suspension de la marche en avant était donc la conséquence forcée du retard qu'avait subi l'arrivée des pièces de siège.

L'expédition n'a duré d'ailleurs que dix-neuf jours.

La joie d'un si beau succès n'a pu compenser chez le comte de Bourmont la douleur qu'il a ressentie de la perte de deux de ses fils, dont l'un était son aide de camp et l'autre, capitaine dans un régiment d'infanterie. Ce dernier a été victime de son imprudence. Des Bédouins, cachés dans des broussailles, inquiétaient beaucoup sa compagnie. Il s'avança, seul, vers eux pour reconnaître leur position. Une balle l'atteignit en pleine poitrine. Les siens l'emportèrent. Sa blessure, bien que dangereuse, laissait quelque espoir; mais il mourut dans un bain qu'il avait voulu prendre, malgré la défense du médecin. Quel chagrin pour son malheureux père! une fois entré à Alger, il ne quitta plus la chambre qu'il occupait dans la casbah!

(b) Les diverses occupations de la ville de Bône.

La ville de Bône a été occupée, dès 1830, peu de temps après la prise d'Alger, par une brigade envoyée par le général de Bourmont. Le débarquement eut lieu sans opposition. Ces troupes furent établies à la casbah et s'y étaient maintenues, malgré les attaques des Kabyles, lorsque, le 25 août, elles furent rappelées à Alger par suite de la révolution de Juillet.

La casbah fut réoccupée le 14 septembre 1831, à la demande des habitants de Bône, par une compagnie de zouaves. Mais Ibrahim, ancien bey de Constantine, qui avait su capter la confiance des Français, étant parvenu à s'en emparer par trahison et à introduire dans la ville des tribus hostiles, les zouaves l'abandonnèrent. La plupart furent massacrés en cherchant à se réfugier à bord du stationnaire. Le commandant français et le capitaine de la compagnie subirent le même sort.

En mars 1832, la ville fut livrée au pillage par ordre du bey de Constantine. Ses derniers défenseurs se retirèrent dans la casbah. Ils allaient l'abandonner, lorsque les capitaines d'Armandy, de l'artillerie, et Yousouf, des chasseurs, y pénétrèrent par escalade avec trente marins français et en prirent possession au nom de la France. Un bataillon y fut envoyé, et depuis ce temps Bône et sa banlieue sont aux mains des Français.

On ne lira pas sans intérêt quelques détails sur ce hardi coup de main. Le capitaine d'Armandy, qui avait quitté la France trois mois après sa sortie de l'École d'application de l'artillerie et du génie pour aller en Perse, était, en 1832, consul pour la France à Bône. Yousouf s'y trouvait aussi, avec quelques partisans de la cause française, lorsque Ben-Aïssa, lieutenant d'Achmet, envoyé par lui pour châtier les habitants de cette ville de leur bon vouloir à l'égard des Français (1), vint camper sous ses murs. Il ne réussit pas dans ses tentatives d'escalade; mais il arriva à pénétrer dans la place en enfonçant la porte dite de Constantine. D'Armandy et Yousouf, prévenus à temps, s'embarquèrent précipitamment, tournèrent le rocher du Lion et se dirigèrent vers la casbah avec trente marins du stationnaire. Yousouf avait des intelligences dans la place. A l'aide d'une corde qui leur fut jetée dans un angle rentrant, les deux officiers et les marins escaladèrent les murs. A leur apparition, quelques murmures se firent entendre. On coupa les têtes d'un certain nombre de récalcitrants et la garnison se soumit.

Cependant, Ben-Aïssa sommait la casbah de se rendre. On lui répondit qu'il n'avait qu'à quitter Bône s'il ne voulait pas être canonné, et la canonnade commença. Il fut forcé de se retirer, mais il emmena captifs à Constantine tout ce qui restait d'habitants dans la ville. Voilà la cause de la haine profonde

---

(1) La ville de Bône est entourée de Kabyles, ennemis des Arabes par nature; c'est pour se garantir de leurs hostilités que les habitants de Bône se sont faits les amis des Français.

que tous les habitants de ce pays ont pour Ben-Aïssa !

(c) Au sujet de la première expédition de Constantine.

On sait que la première expédition contre Constantine, celle de 1836, échoua par suite du froid intense et des intempéries continues que l'armée eut à supporter. L'état sanitaire était devenu très inquiétant; les travaux d'approche étaient impossibles sur un terrain détrempé à une grande profondeur. Le séjour de l'armée devant la place se prolongeant outre mesure, les vivres et les munitions de guerre étaient sur le point de manquer.

Un conseil de guerre fut rassemblé. Tous les membres furent d'avis que la retraite était nécessaire, si l'on voulait échapper à un désastre complet; mais il en coûtait au maréchal de se retirer sans avoir rien fait de sérieux. Il savait, d'ailleurs, que le bey Achmet avait quitté la ville et, confiant dans les promesses de Yousouf que nous avions nommé bey pour le remplacer, il espérait qu'une tentative faite contre la place déterminerait nos partisans à agir pour nous en faciliter l'entrée.

Il décida donc que des attaques de vive force seraient tentées simultanément contre deux des portes de la ville. Or, des reconnaissances faites par le service du génie avaient convaincu le colonel Lemercier, qui commandait cette arme, de l'impossibilité d'arriver à un résultat heureux. Aussi, lorsqu'il reçut l'ordre de préparer ces attaques, crut-il de son devoir de faire des observations; elles furent mal accueillies. Comme il insistait, le maréchal impatienté lui dit avec humeur : « Vous ferez de la science plus tard. Ces attaques auront lieu. Que mes ordres soient exécutés. » Elles eurent lieu, mais toutes deux furent désastreuses pour nous.

La retraite fut ordonnée, le 24 novembre. Elle fut très inquiétée, surtout à l'arrière-garde; mais le commandant Changarnier sut contenir les Arabes et montra un sang-froid et une énergie qui révélèrent en lui des talents militaires de premier ordre. Ce fut le commencement de sa fortune.

(d) Attaque de Medjez-el-Amar.

C'est à Medjez-el-Amar qu'a été organisée l'armée qui devait faire, en 1837, le second siège de Constantine. Achmet-bey, pour prévenir le danger qui le menaçait, attaqua cette armée lorsqu'elle n'avait encore ni cavalerie ni artillerie : l'occasion était donc des plus favorables. Il avait son projet. Son infanterie, — plus de six mille hommes, — devait culbuter l'un des postes avancés qui occupaient les hauteurs dominant le camp, et sa cavalerie, se précipitant par la trouée, prendrait à revers le reste des défenses. C'était bien combiné sans doute, mais aucun des postes avancés ne se laissa entamer, tous tinrent bon. La lutte dura trois jours, les 21, 22 et 23 septembre. Ce fut un spectacle des plus intéressants, et, sans courir le moindre risque, ceux qui habitaient le camp pouvaient, avec des longues-vues, en voir tous les détails. Une attaque en troupe serrée, qui seule eût pu produire quelque effet, n'était pas d'ailleurs dans les allures des Arabes. Ils ont du courage, c'est incontestable, mais ils ne sont propres qu'à la guerre de tirailleurs, et non pas comme nous l'entendons.

Chez nous, les tirailleurs couvrent le gros de la troupe; mais, chez eux (c'est la seule manœuvre en usage), chacun combat pour son compte, chaque individu agit d'après son inspiration et ne prend conseil que de son courage et de son astuce.

Les zouaves et les soldats des bataillons d'Afrique étaient bien les adversaires à leur opposer. Ils comprennent parfaitement ce genre de guerre. C'était merveille de voir les adversaires arabes et zouaves se glisser et ramper à travers les broussailles, s'établir derrière les buissons, profiter de toutes les aspérités du terrain, et là, agenouillés, couchés même, tirer sur tous les ennemis qu'ils pouvaient apercevoir.

Ce genre d'engagement est une véritable chasse dans laquelle l'homme est, tout à la fois, chasseur et gibier. Toutes les ruses sont admises. Ainsi, tel zouave plaçait, près de lui, son caban sur un buisson; l'Arabe, trompé, déchargeait son fusil sur le caban et se trouvait à la merci de son adversaire. Les zéphirs plantaient des bâtons sur lesquels ils mettaient leur képi. Quand l'Arabe avait tiré, ils faisaient tomber subitement ce képi; et si celui-ci, se croyant débarrassé de son ennemi, se découvrait, c'en était fait de lui.

Achmet-bey était sur le terrain avec sa musique qui, pendant l'action, faisait entendre constamment ces airs mélancoliques qui ont tant d'effet sur les indigènes.

Le bey comprit bientôt que tous ces efforts isolés des assaillants ne pouvaient rien contre des troupes disciplinées et bien commandées; aussi, désespérant de déloger les Français de leurs positions, il se replia le troisième jour sur le Raz-el-Akba.

Pendant l'attaque de Medjez-el-Amar, les Haractas faisaient une diversion sur Guelma, pour y retenir la garnison. Ils entouraient la ville et tiraillaient contre les murailles. Ils se retirèrent dès qu'ils apprirent que le bey avait abandonné son entreprise.

(e) De la musique chez les Arabes.

En parlant, à la page précédente, de la musique d'Achmet-bey, il m'est revenu à la mémoire une conversation que j'ai eue à Constantine avec notre ami Mohammed, le propriétaire d'une des maisons occupées par les officiers du génie. C'était un dimanche : la musique du 61ᵉ jouait, sur la place de la casbah, quelques morceaux de son répertoire, au grand plaisir de la population, qui l'entourait en foule, mêlée aux soldats français. On entendait parfaitement ce concert de chez nous. Mohammed paraissait écouter avec attention. « Eh bien, lui dis-je,

c'est beau! cela vaut mieux que la musique arabe.
— Cela ne me plait pas autant, répondit-il, ça ne me dit rien. Qu'est-ce que çà dit? » Ces mots ont besoin d'explication.

La musique chez les Arabes est toujours adaptée à des paroles connues de tous. Ils ne tiennent compte que des paroles, et le son (la mélodie) est tout à fait accessoire pour eux.

N'est-ce pas un peu la même chose chez la plupart des Français? Ainsi pour un connaisseur, un musicien, l'air de *la Marseillaise*, sans les paroles, produit un grand effet; il est entrainant, il excite l'enthousiasme; tandis que, chez la plupart de ceux qui le chantent, ce sont les paroles surtout qui produisent l'excitation qu'ils ressentent.

(f) Expédition contre Constantine en 1837.

Les forces concentrées à Medjez-el-Amar, en 1837, pour la seconde expédition sur Constantine, s'élevaient à environ treize mille hommes, commandés par le général Danrémont. Partie le 1ᵉʳ octobre, l'armée arriva, le 6, devant la place. Dès le 9, trois batteries étaient établies sur le Mansourah, et le 11 on avait terminé la construction d'une première batterie de brèche, à 400 m. en avant du côté sud-ouest de la ville. Une seconde batterie de brèche fut improvisée dans la nuit du 11 au 12, à 150 mètres seulement de la muraille.

Le 12, à huit heures et demie du matin, le commandant en chef allait, accompagné du duc de Nemours et du chef d'état-major général de l'armée, examiner les travaux, lorsqu'il fut tué par un boulet. Le plus ancien des généraux de division, le général Valée, prit le commandement. La brèche fut faite dans la journée du 12. Le lendemain, l'assaut fut donné avec succès.

Voilà le récit résumé des faits; il ne donne aucune idée des obstacles qu'il a fallu surmonter pour arriver à ce résultat. Je vais tâcher de les faire connaître : alors seulement cette opération de guerre, remarquable entre toutes, pourra être appréciée à sa juste valeur.

Dans cette expédition, comme dans la première, l'armée eut beaucoup à souffrir du mauvais temps. Pendant presque toute la durée du siège, elle campa dans la boue. Ce ne fut qu'avec la plus grande peine qu'on parvint à vaincre les difficultés que présentait l'établissement des tranchées, et surtout celui des batteries d'artillerie, sur un terrain rocheux et labouré en tous sens par les projectiles de la défense qui disposait d'une artillerie puissante et bien servie. L'armée était furieuse d'être réduite si longtemps à l'inaction. Ce fut avec une bruyante explosion de joie qu'elle salua le premier coup de canon français. On allait enfin riposter et répondre coup pour coup.

A la fin du siège, la situation était devenue déplorable. Les vivres et les fourrages manquaient; les chevaux et les mulets mangeaient tout ce qui se trouvait à leur portée : du bois, du cuir, de la terre même. Les munitions de l'artillerie étaient épuisées et la brèche n'était pas *vraiment* praticable. La veille de l'assaut, le général R. de Fleury, dont on ne peut suspecter la bravoure, déclarait au conseil de guerre que la retraite allait devenir nécessaire. Cependant, on fut d'avis de s'obstiner. Pouvait-on avoir pris tant de peine et enduré tant de souffrances sans résultat? Tout le monde sentait que le salut de l'armée était dans la prise de la place, où elle trouverait en abondance tout ce qui lui manquait.

On se décida donc à donner l'assaut. Dans le génie, tous les officiers voulaient y prendre part. On choisit, d'abord, ceux qui avaient fait partie de la première expédition. On voulait les mettre à même de prendre leur revanche, puis le complément fut désigné par un tirage au sort.

Quel émouvant spectacle que cet assaut, de la réussite duquel dépendait le salut de toute une armée!

On vit d'abord les zouaves, s'élançant au pas de course, le colonel Lamoricière à leur tête, et abordant la brèche au milieu d'une grêle de balles; venait ensuite, à peu d'intervalle, une colonne commandée par le colonel Combes. La première colonne était à peine engagée qu'une épouvantable détonation se fit entendre. — On ne savait que penser. — Elle fut suivie du spectacle le plus douloureux. Au sommet de la brèche apparaissaient une foule d'hommes noirs, fumants, qui revenaient lentement vers la batterie de brèche en poussant des cris aigus. Puis on vit le brave colonel Lamoricière, porté sur les bras des siens, et enfin le colonel Combes, les cheveux en désordre, le visage couvert d'une pâleur mortelle, se traînant à peine. Il se présenta au Prince, et après lui avoir donné quelques détails sur l'état des choses, lui demanda de lui permettre d'aller se faire panser. — On le pansa, ce fut en vain ; le lendemain, il n'était plus.

Ce lugubre défilé avait jeté l'inquiétude et le découragement dans les esprits ; on se demandait ce qu'allaient devenir ces colonnes privées de leurs chefs, en face d'obstacles multipliés et contre lesquels un feu bien nourri était constamment dirigé. Un grand bâtiment, situé à droite de la brèche — la caserne des janissaires — incommodait surtout les assaillants. Tous les regards étaient fixés sur cette caserne. Après quelques instants d'attente, qui parurent des siècles, le feu devint moins vif. A travers l'une des fenêtres en ogive de cette caserne, on aperçut un pantalon rouge ; peu après, le feu cessa, le silence se fit, et un zouave se montrant par une ouverture, cria : *Vive le roi!* Ce cri fut répété avec enthousiasme. Constantine était prise !

Les Arabes s'attendaient à cet événement. Le Coran renferme, disent-ils, un verset qui annonce aux vrais croyants que toutes leurs villes seront reprises par les Roumis.

Il a été impossible de découvrir la véritable cause de l'explosion qui a fait tant de victimes dans la première colonne d'assaut. Voici une explication plausible de ce *désastre*. Pour mettre des munitions à portée des défenseurs de la brèche, les Arabes avaient amassé dans une maison adossée au rempart une certaine quantité de poudre. On peut supposer qu'en se retirant devant la colonne d'assaut, ils ont semé une traînée de poudre, à laquelle, une fois à l'abri, ils ont mis le feu au moyen d'une fusée. Un fait milite en faveur de cette opinion : c'est que parmi les victimes de l'explosion on ne trouva qu'un seul Arabe.

Après cette catastrophe, il y eut dans l'attaque un moment d'hésitation ; quelques soldats perdaient la tête ; on la perdrait à moins. Mais les sapeurs du génie qui se trouvaient sur les lieux, se reportant aux guerres souterraines qu'on leur fait faire chaque année pour leur instruction, convaincus qu'une fois l'explosion produite, tout danger avait disparu, n'hésitèrent pas à s'élancer à travers les décombres et furent suivis par la masse des combattants.

A cet assaut mémorable, qui coûta la vie à bon nombre de nos meilleurs officiers, fut tué un de nos camarades d'un grand avenir, le capitaine Hackett. A la première expédition, il avait fait avec beaucoup d'habileté la reconnaissance de la porte d'El-Kantara, une de celles contre laquelle fut tentée une attaque de vive force en 1836.

Pendant la première expédition, sa compagnie fut l'une des plus maltraitées. Elle avait beaucoup souffert pendant la retraite et fut laissée à Guelma pendant plus de deux mois, sans abri, par un temps très pluvieux et sans ressources aucunes. Hackett ne perdit pas courage et parvint, à force de travail et d'industrie, à installer des baraques et à faire vivre sa troupe, tant bien que mal, au moyen de plantes arrachées dans la campagne. Un grand nombre de sapeurs moururent à la suite de ces privations. J'ai vu à Bône, pendant

APPENDICE. 371

mon séjour, les restes de cette compagnie. Son effectif de cent cinquante hommes était réduit à quarante; ceux qui avaient survécu faisaient peine à voir.

Un de ceux qui se sont fait remarquer le plus au siège de 1837, c'est le garde du génie Négrier. Entraîné par son ardeur, oubliant que son emploi ne l'obligeait en rien à prendre part à l'action, il suivit la première colonne d'assaut jusqu'à la brèche. Elle n'était pas *vraiment* praticable. Une partie du mur était encore debout, émergeant au milieu des décombres. On demandait à grands cris des échelles pour franchir ce terrible obstacle. Négrier retourne sous un feu terrible à la tranchée, saisit une lourde échelle d'escalade et l'emporte seul, — il était taillé en Hercule, — l'applique au mur, et en un clin d'œil se montre au haut de la brèche. Son exemple fut suivi et bientôt le sommet du mur était couronné d'assaillants. Il fut une des victimes de l'explosion qui lui creva un œil.

Ce fait d'armes lui valut la croix et l'honneur de figurer sur l'admirable toile d'Horace Vernet (assaut de Constantine) qui fait partie du musée de Versailles.

Un officier, qui a pris part au siège de Constantine, vient de me répéter, avec beaucoup d'acrimonie, les reproches d'imprévoyance et de mauvaise organisation du service des vivres qu'on a faits tant de fois au service de l'intendance.

Ceux qui s'acharnent ainsi contre ce corps n'auraient probablement pas mieux fait à sa place! Dans cette expédition, tout lui a été contraire. Il faut se rappeler qu'on opérait dans un pays à peu près sauvage, sans voies carrossables et par un temps détestable, qui rendait les transports bien difficiles. Ce mauvais temps contrariait aussi beaucoup les travaux d'approche, et par ce fait, l'instant où l'artillerie a pu agir a été très retardé. De là, une plus grande durée pour le siège et par suite la pénurie des vivres et des fourrages.

Il est certain que le général Danrémont, dont le caractère était vif et emporté, a dû souvent être de très mauvaise humeur et que les fréquents reproches qu'il a faits au chef de l'administration ont pu être quelquefois immérités. Mais les représailles exercées par ce fonctionnaire, après la mort du général, ont dépassé toute mesure. Il a prétendu que celui-ci, découragé, avait l'intention de battre en retraite, et il a été jusqu'à écrire cette phrase, dont il était fier : « C'est le boulet qui a tué le général Danrémont qui nous a ouvert les portes de Constantine. » Ceci est une insigne calomnie. Je tiens d'un témoin *auriculaire* que, lorsque, dans le conseil de guerre, le général R. de Fleury demandait la retraite avec instance, même au prix de l'abandon du matériel, le général Danrémont lui répondit avec beaucoup d'animation : « Battre en
« retraite, mais c'est impossible ; c'est vouloir sacrifier
« l'armée sans résultats. Il n'y a de salut pour nous que
« dans la prise de la ville, aussi mon parti est pris :
« plutôt que de lever le siège, je périrai, moi et mon
« dernier soldat, sous les murs de Constantine. »

La phrase de M. le sous-intendant D** est donc fausse de tous points.

(g) Des chaouchs.

Les *chaouchs* (bourreaux) ne sont pas tenus à l'écart comme les bourreaux de France; ils sont, au contraire, respectés, presque vénérés comme les représentants de la justice. Le chef des chaouchs de Constantine se tient toujours à portée du général, comme il l'aurait fait pour un chef indigène. Si le général donne un dîner, par exemple, il se tient dans la salle à manger. N'est-ce pas se conformer trop scrupuleusement aux usages du pays? Cela peut avoir quelques inconvénients, comme on va voir.

Dans un grand dîner, où se trouvaient des dames, le chef des chaouchs qui se pique de politesse et de savoir-vivre, en voyant une dame qui lui inspirait de la sympathie, s'approcha d'elle, lui prit respectueusement la main et la baisa (c'est ainsi que les Arabes témoignent leur respect à leurs supérieurs). Cette personne, arrivée depuis peu à Constantine, fut flattée de cette marque de déférence et s'empressa de demander à son voisin quel était ce personnage. Jugez de la déconvenue de cette malheureuse, lorsqu'elle apprit que la main qui avait pressé la sienne avait coupé plus de cinquante têtes!

Cette révélation a dû lui gâter un peu son dîner, à moins qu'elle ne se soit décidée à en prendre son parti aussi facilement que l'a fait une autre dame de la garnison dans une circonstance différente, mais assez curieuse pour être rappelée.

Un assassinat avait été commis sur la personne d'un Français, par un de ces Arabes qui viennent apporter des légumes au marché. Ce crime, étant parvenu à la connaissance du mari d'une jeune dame, le mit dans une fureur extrême.

« Il n'y a donc aucune sûreté ici? criait-il, il faut prendre les mesures les plus rigoureuses. Puisqu'ils cachent des armes sous leurs vêtements, il faut les forcer à aller nus.

— Vous n'y pensez pas, dit quelqu'un, mais la décence, la morale... » et s'adressant à la dame : N'est-ce pas, Madame, que vous ne voudriez pas qu'il en fût ainsi?

— Moi! Monsieur... moi! mais il faudrait bien s'y habituer! »

(h) Une qualité essentielle à l'officier de guerre.

Dans le récit de mon voyage de Bône à Constantine, je me suis beaucoup loué de la réception cordiale qui nous avait été faite par les officiers du génie attachés à la place de Medjez-el-Amar, et j'ai exprimé l'étonnement que j'avais éprouvé à la vue de leur installation si confortable. Ceci m'a inspiré quelques réflexions qui ne sont pas sans intérêt.

Une des qualités les plus essentielles de l'officier de guerre, c'est de savoir se contenter de peu; qualité précieuse que l'éducation ou la réflexion seules peuvent donner. Heureux ceux qui, nés dans une condition modeste, ont contracté tout naturellement, dans le milieu où s'est passée leur enfance, l'habitude de la sobriété et de l'économie! J'ai pu, pour mon compte, apprécier les bons résultats de cette habitude, puisque je lui ai dû d'être à peu près indifférent aux privations auxquelles j'ai été soumis.

Je ne suis pas ennemi du confort, mais je ne le recherche pas, et je me suis toujours très bien trouvé de ne pas en avoir besoin. A poste fixe, on peut presque toujours s'en procurer avec de l'argent; mais quand on est, pour ainsi dire, voué à la mobilité comme je l'ai été pendant la plus grande partie de mon séjour en Algérie, il n'est pas possible, même à prix d'argent, de s'en procurer. C'est toujours désagréable pour ceux qui sont habitués à ne manquer de rien.

(1) Au sujet du colonel Duvivier et du lieutenant Rittier.

Voici quelques renseignements sur le colonel Duvivier et sur les mœurs arabes, qui m'ont été donnés par le lieutenant du génie Rittier, à mon passage à Guelma.

Le colonel Duvivier, qui commandait à Guelma, avait parfaitement compris sa position, et il travaillait de la manière la plus intelligente à l'établissement de l'autorité française. Il était parvenu à se concilier tous les indigènes dans un rayon très étendu. Sa maison, je devrais dire la baraque qu'il habitait, leur était toujours ouverte. Il les laissait puiser dans sa bourse et, en cas de plainte ou de contestation, justice était toujours rendue sur le champ. Aussi était-il idolâtré. C'était un Dieu pour ces malheureux. Quand il fut rappelé en France, ce fut une désolation générale. Le jour où il quitta Guelma, la porte du camp était assiégée par tous les cheiks des environs. Il partit au milieu d'une double haie de cavaliers indigènes, qui manifestaient leur tristesse de la manière la plus touchante. « Leur père leur était enlevé! »

M. Duvivier, qui était entré au service dans le génie, avait conservé un bon souvenir de ses débuts et témoignait beaucoup d'égards au lieutenant Rittier, qui commandait à Guelma le détachement de cette arme. Un rapprochement avait eu lieu entre ces deux hommes et, malgré la différence d'âge et de grade, une certaine intimité en était la conséquence. Aussi le lieutenant fut-il très affligé du départ du colonel; il l'accompagna assez loin du camp et ne put retenir ses larmes en le quittant. Sa douleur fut très appréciée par les Arabes, et ils reportèrent sur lui l'affection qu'ils avaient vouée au colonel. Il n'eut donc aucun effort à faire pour se placer, vis-à-vis d'eux, dans la position toute spéciale dans laquelle je l'ai vu. Dans quelque tribu, dans quelque douar qu'il se présente, il est toujours le bienvenu, et les Kabyles viennent chez lui comme ils venaient chez le colonel. Cela ne laisse pas que d'avoir quelques inconvénients; car, lorsque vous les recevez, ils se mettent tout à fait à leur aise chez vous. Si vous n'y mettez bon ordre, ils s'emparent de tout ce qui leur

convient. Vous pouvez, il est vrai, faire la même
chose chez eux, sans qu'ils le trouvent mauvais;
mais la partie n'est pas égale. Il est bien peu de
choses dans leurs cabanes que vous voudriez prendre
la peine d'emporter!

On comprend donc que Rittier trouve sa position
charmante, et, que désigné pour rentrer en France,
il soit heureux qu'on ait oublié jusqu'à présent de
lui envoyer son ordre de rappel.

Ce qui facilite beaucoup ses rapports avec les indigènes, c'est la connaissance qu'il a de leur langue
et l'étude qu'il a faite de leurs usages et de leurs
habitudes. Dans ces conditions, il a pu pénétrer dans
leur intérieur et y faire des observations d'un certain intérêt.

D'après lui, ce peuple a beaucoup de superstitions;
les marabouts en font ce qu'ils veulent. Un personnage reconnu comme marabout est souvent l'objet
d'une vénération sans bornes. Les marabouts évitent
de se montrer et vivent dans la plus rigoureuse
retraite. Cette vie mystérieuse aide beaucoup à leur
influence. Le peuple en fait des sorciers. Ils ont le
pouvoir de faire les choses les plus surprenantes.
Ainsi, ils marchent sur l'eau, ils peuvent se transporter instantanément à des distances considérables.

Rittier, tout *sami-sami* (ami) qu'il est avec les Kabyles, n'a jamais pu arriver à voir un seul marabout. Ayant appris, un jour, que l'un d'eux et ses disci-
ples faisaient un acte religieux dans un lieu consacré
à leurs rites, il s'y rendit. Dès qu'il parut, les disci-

ples se groupèrent autour de leur maître et il lui fut impossible de rien voir.

Les femmes s'occupent de divination, je devrais dire de *réussites*. En voici une qu'elles répètent souvent depuis le départ du colonel Duvivier. Il s'agit de savoir s'il reviendra ou non en Algérie. Un grain de blé, par exemple, désigne le colonel; un petit caillou, la France; et un morceau de bois ou de charbon, l'Algérie. Les trois objets sont mis dans un cornet qu'on agite et dont on jette le contenu sur le sol ou sur un tapis. Suivant leurs positions respectives après la chute, on conclut que le colonel restera en France ou qu'il reviendra. Comme elles désirent beaucoup son retour, elles trouvent des prétextes pour recommencer l'opération jusqu'à ce que le résultat soit conforme à leur désir. Le tout se fait en prononçant des paroles mystiques. C'est, comme on voit, une véritable incantation. On cherche aussi de la même manière à savoir s'il aime toujours les Arabes.

Les Arabes (c'est toujours Rittier qui parle) ne sont pas aussi intolérants qu'on pourrait le croire. Ainsi — ne serait-ce pas de la flatterie? — ils sont persuadés que le colonel Duvivier et Rittier iront en paradis, à cause de la bienveillance avec laquelle ils traitent les Arabes.

(j) Défense de Djemilah.

(Extraits du *Journal des Débats* du 29 janvier 1839.)

Constantine, 28 décembre 1838.

Pendant notre absence (1), le bataillon d'Afrique avait été vigoureusement attaqué par les Kabaïles à Djemilah : on croit qu'il en était venu de Bougie et qu'ils étaient dirigés par un déserteur français. L'audace de ces montagnards était telle qu'ils arrivaient jusqu'au pied de nos retranchements, et qu'on dut faire plusieurs sorties à la baïonnette pour les repousser. Là aussi, ils perdirent beaucoup de monde et nous n'eûmes qu'un soldat légèrement blessé. Le lendemain, la colonne poursuivit sa marche sur Milah (2), après avoir laissé à la garnison de Djemilah autant de vivres et de munitions que nous le pouvions. Un officier du génie resta pour diriger le travail de fortification; un officier d'artillerie, avec deux pièces de montagne, leur fut adjoint.

Constantine, 3 janvier 1839.

Le récit que je vous ai envoyé de nos deux dernières expéditions vous a appris que le bataillon

(1) Pendant que la colonne expéditionnaire faisait la reconnaissance de Sétif.
(2) La colonne rentrait à Constantine.

d'Afrique avait été laissé à Djemilah pour y tenir garnison. Comme le plus grand nombre l'avait prévu, ce camp, jeté à quinze lieues en avant de Milah, a été obligé de se replier. En effet, à peine étions-nous rentrés à Constantine que des Arabes vinrent nous rapporter qu'on entendait la canonnade dans la direction de Djemilah; peu de temps après, arrivèrent des lettres du commandant du camp qui annonçait qu'il était attaqué par environ deux mille Kabyles; qu'on avait détourné le cours de la rivière qui donnait de l'eau au camp (1), enfin que sept cents hommes allaient mourir de soif, si on ne les secourait promptement.

Le colonel du 26e partit aussitôt à la tête de deux bataillons de son régiment; mais lorsqu'il arriva, les Kabyles s'étaient déjà retirés. Le chef Bou-Agaz, qui avait paru sur les lieux la veille (2), les avait fait disperser. Il est certain que l'attaque des Kabyles était dirigée par un sergent du génie, qui avait déserté de Bougie. Ils avaient entouré notre camp d'une ceinture de petits postes en pierre, disposés en échiquier, et qui enfilaient toutes les faces de notre retranchement; ils avaient établi aussi des cavaliers de tranchée pour plonger dans l'intérieur du camp. Malgré la supériorité du nombre, malgré ce commencement de tactique, les Kabyles ont éprouvé des pertes considérables. Le nombre des morts a dépassé cent, et celui des blessés doit être au moins du

(1) La vérité est que l'accès du ruisseau, qui coulait dans un ravin situé à une certaine distance du camp, était interdit à la garnison.
(2) Quelques heures avant l'arrivée de ces bataillons.

double. Quant à nous, nous avons perdu huit hommes et on a ramené environ trente blessés (1); les soldats ont été réduits à boire leur urine et le sang des chevaux. On ne pouvait communiquer dans l'intérieur du camp qu'au moyen de fossés de trois pieds de profondeur. L'audace des Kabyles les a poussés jusqu'à venir tirer leurs coups de fusils par les créneaux pratiqués dans la muraille !

Ces événements ont démontré l'impossibilité de conserver une garnison à Djemilah, tant que les communications ne seraient pas assurées avec nos autres établissements...

Ces considérations déterminèrent le lieutenant général à faire rentrer le camp de Djemilah; et, pour que les Arabes ne prissent pas ce mouvement en arrière pour une fuite, il fut résolu que les troupes s'arrêteraient à Milah et qu'elles commenceraient aussitôt à travailler à la route que nous suivrions au printemps, pour nous diriger du côté de Sétif.

(k) L'homme aux sept femmes.

J'ai connu à Milah un homme d'une position assez élevée : il était le second du kaïd, à l'époque où l'autorité de celui-ci s'étendait dans une certaine zone autour de la ville. Il a aujourd'hui environ trente-six ans (je dis *environ*, parce que la plupart des indigènes ne connaissent pas exactement leur âge : il n'y a

(1) Cette évaluation de nos pertes est bien au dessous de la réalité.

point ici de registres de l'état civil), et cependant il est sans forces, usé jusqu'à la corde et se traînant à peine. Il doit ce fâcheux état à ses excès vénériens. Avant l'âge de puberté, il a pris une femme. Bientôt dégoûté d'elle, il en a pris une autre, qui lui fut livrée dans l'âge le plus tendre. Épuisée par les excès de son mari, elle succomba au bout de très peu de temps. Quatre autres femmes eurent successivement le même sort. Ceci ne l'empêcha pas d'en trouver facilement une septième, avec laquelle il vit maintenant en compagnie de la première. Il a donc été successivement le bourreau de cinq malheureuses femmes; il en a eu quinze enfants, dont il ne lui reste que trois.

Quelle atroce barbarie! Dans ce pays, la femme n'est qu'un instrument de plaisir. On la regarde comme un être inférieur à l'homme; elle n'a pas d'âme. C'est souvent à coups de bâton que les maris leur témoignent leur mécontentement. Que de fois, en circulant dans les rues de Milah, j'ai entendu les cris de ces malheureuses victimes!

Pauvre peuple, tu ne soupçonnes pas les douceurs qu'on peut trouver dans le mariage. En réduisant la femme à l'état d'abrutissement et d'esclavage le plus complet, tu te prives des plus grandes jouissances que l'homme peut avoir ici-bas. En cédant à la fougue de leurs désirs et en se plongeant avec excès dans les jouissances brutales, ces malheureux ruinent leur santé et se préparent une mort anticipée.

L'exemple que je viens de citer est loin d'être une exception, et on rencontre souvent ici des hommes de trente à quarante ans qui traînent péniblement un corps décrépit.

(1) **Nécessité de la sieste.**

L'attention qu'ont les indigènes de se tenir enfermés dans leurs maisons pendant la chaleur les exempte des maladies dont les Français sont atteints pendant l'été. Ceux-ci veulent suivre ici leurs habitudes de France, négligent de faire la sieste, affrontent les ardeurs du soleil et travaillent au plus fort de la chaleur. Ils ne s'inquiètent pas même du siroco. C'est ainsi qu'ils contractent les maladies qui les déciment. On comprend que ceux qui arrivent de France soient plus facilement atteints que ceux qui, fixés depuis quelque temps en Algérie, s'y sont, en quelque sorte, acclimatés.

(m) **Défauts et vices des Arabes.**

Tous les Arabes sont mendiants, depuis le premier jusqu'au dernier. Lorsqu'ils viennent dans le taudis que nous habitons, ce brave Desjardins et moi, ils cherchent immédiatement si quelque objet ne serait pas à leur convenance. En général, ce sont les souliers qui attirent le plus leur attention. Laissez-les faire, ils essaieront toutes vos chaussures les unes après les autres et vous demanderont celles qui leur conviennent le mieux, sans réfléchir qu'elles vous sont nécessaires. Il leur serait bien égal que vous fussiez obligé de marcher nu-pieds. Vous les leur refusez, bien entendu. Alors ils vous proposent de vous les acheter et ils vous offrent sérieusement cinq sols d'une paire de souliers de six francs. Toutes vos observations sont vaines. Si vous arrivez à leur faire abandonner cette sotte demande aujourd'hui, ils la reprendront demain avec une ténacité plus grande encore, si c'est possible.

Voici deux faits qui montrent combien les Arabes sont de mauvaise foi. L'un d'eux prête à un autre, sans témoins, sans billet, tout à fait de confiance, *quinze* douros (soixante et quinze francs). Celui-ci lui en rend *dix*, quelque temps après, en demandant un délai pour payer le reste. Sur ces entrefaites, le créancier, qui est engagé dans le bataillon turc, est rappelé dans sa compagnie. Il est absent pendant deux mois. A son retour, il va réclamer le remboursement du reste de son prêt. « Je t'ai payé, dit l'autre, avant ton départ. » Notez que le débiteur est d'une famille riche et bien posée dans la ville !

Dernièrement, il a fallu mettre en prison un indigène de ma connaissance, pour le contraindre à payer une dette de *cent* francs.

Une fois qu'ils tiennent l'argent, ils ne le lâchent plus. Un douro qu'on reçoit ne sort plus de la maison ; il va grossir le magot. Ils seraient de force à emprunter de l'argent pour augmenter le trésor enfoui.

Je suis porté à croire que cette manie d'enfouir

des réserves de numéraire date du temps où ils étaient exposés à subir des avanies.

J'ai reçu tout récemment la visite du fils d'un Arabe, qui a été décapité par l'ordre d'Achmet pour s'être opposé, les armes à la main, au pillage de sa maison par les satellites du bey. Il paya de sa tête cet acte de courage. Et on regretterait la domination de ce tigre! Cela n'est pas possible!

Ces populations sont tellement hostiles les unes aux autres et si pillardes, que l'on n'est sûr de sa récolte que lorsqu'elle est remisée. Pour empêcher les Kabyles de venir dévaster leurs jardins, les habitants de Milah les gardent en armes. L'un d'eux vient d'être assassiné par ces maraudeurs. Cet événement n'a étonné personne.

L'entrée des maisons est strictement interdite aux étrangers. C'est la conséquence de la jalousie conjugale. Il paraît que cette interdiction n'est guère à regretter, car l'intérieur de ces maisons est fort sale. La cuisine s'y fait dans l'écurie, sans autre lumière que celle que donne le combustible. Le sol est couvert de mauvais tapis ou de nattes délabrées, sur lesquels se roule toute la population de la maison. Les enfants sont nus.

TABLE

	Pages.
Avant-propos	VII
Chap. I. — Voyage de Paris à Toulon	1
Chap. II. — Voyage de Toulon à Alger et à Bône	29
Chap. III. — Séjour à Bône	42
Chap. IV. — Voyage de Bône à Constantine	85
Chap. V. — Séjour à Constantine. — Mes occupations	108
Chap. VI. — Travaux du camp du Smendou. — Construction de la route de Constantine à Stora	158
Chap. VII. — Expédition de Philippeville	202
Chap. VIII. — Construction de la route de Constantine à Milah. — Reconnaissance sur Sétif — Défense de Djemilah.	219
Chap. IX. — Saison d'hiver à Milah et à Constantine	262
Chap. X. — Construction d'ouvrages défensifs à Djemilah et à Beni-Guescha	289
Chap. XI. — Séjour à Milah et à Constantine en expectative de départ	305
Chap. XII. — Retour en France	335
Appendice	355

www.ingramcontent.com/pod-product-compliance
Lightning Source LLC
Chambersburg PA
CBHW052046230426
43671CB00011B/1812